북한의 선군정치

김정은의 선택은?

북한의 선군정치

김정은의 선택은?

초판 1쇄 발행   2019년 12월 30일

엮은이 ∣ 이상숙
발행인 ∣ 윤관백
발행처 ∣ 도서출판 선인

등록 ∣ 제5−77호(1998.11.4)
주소 ∣ 서울시 마포구 마포대로 4다길 4 곳마루 B/D 1층
전화 ∣ 02)718−6252 / 6257   팩스 ∣ 02)718−6253
E-mail ∣ sunin72@chol.com
Homepage ∣ www.suninbook.com

정가   21,000원
ISBN   979-11-6068-327-1   93300

현대북한연구회 연구총서 ⑨

북한의 선군정치

김정은의 선택은?

이상숙 엮음

 도서
출판 선인

| 책을 펴내며 |

2020년 현대북한연구회가 창립 20주년이 되었다. 법인이나 학회가 아닌, 단순한 스터디 모임이 20년간 유지된 것은 흔하지 않은 일이다. 20년 동안 연구회가 유지될 수 있었던 원동력은 바로 북한 관련 전문 학술서적의 발간일 것이다. 동일 주제하에 분야별 연구를 진행하고 이를 한 권의 책으로 모아서 발간하는 작업을 통해 학문공동체로서의 정체성을 형성하고 발전시켜왔다.

이번 연구회의 총서 주제는 '북한의 선군정치'이다. 선군정치를 화두로 삼은 것은 김정일 시대의 선군사상이 김정은 시대에 어떻게 변화되었고 어디로 가고 있는지에 대한 의문에서 시작되었다. 김정일 시대를 한마디로 '선군의 시대'라고 할 수 있다면, 선군정치의 지속과 변화를 추적하는 것이 김정은 시대를 분석하는 핵심이 될 것이기 때문이다.

이 책은 북한 선군정치의 지속과 변화를 각 분야별로 검토하였다. 이를 위해 김정일 시대의 '선군'을 정의하고 해석하였으며, 이를 토대로 김정은 시대의 '선군'을 확인하였다. 따라서 이 책은 2018년 조선노동당 제7기 제3차 전원회의의 새로운 전략 노선이 나오게 된 원인에 대한 흥미로운 시사점을 주고 있으며, 김정은 시대의 새로운 사상에 대한 몇 가지 전망을 보여주고 있다.

이 책을 기획한 김일한 전 회장님께 특별한 감사를 전하며, 편집을 이끌어준 김선호, 신대진, 임상순 연구이사들에게 감사를 표한다. 또한 공동 작업의 어려움을 감수하고 훌륭한 옥고를 보내준 열 명의 저자들에게 일일이 감사 인사를 전하지 못했으나 이 지면을 빌려 감사를 드린다. 20년간 현대북한연구회를 위해 노력해주신 박호성, 곽승지, 권영경, 신효숙, 이대근, 이수석, 정성장, 서보혁, 전영선, 안제노 박사님을 비롯한 전직 회장단 및 선배님들께도 감사를 드리며, 항상 북한 연구에 관심을 가지고 좋은 책을 발간하는 선인출판사 윤관백 대표님께 고마움을 전한다.

2019년 12월

현대북한연구회 회장 이상숙

차 례

선군정치의 어제와 오늘

임상순

1995년 1월 1일 김정일은 권력을 승계한 후 맞이한 첫 해 새 아침, 평양 인근에 위치한 '다박솔' 초소를 방문했다. '3대 혁명역량'의 위기를 해결하기 위한 전략으로 '군을 활용한 돌파'전략을 선택한 것이다. 1997년 이후 북한은 이 전략을 '선군정치'라고 명명하였다.

북한은 선군정치를 '당과 수령에 대한 충성심이 제일 높고, 조직성과 규률성 단결력이 제일 강한 혁명의 주력군을 내세우는 정치방식'이며 '사회의 온갖 낡고 반동적인 것을 극복하고 혁명대오를 단결'시키는 위력한 정치방식이라고 정의한다. 이러한 선군정치는 1998년 9월 5일 헌법개정을 통해, 이전에 국가 수반이었던 주석제를 폐지하고 국방위원회 기능과 국방위원장의 권한을 강화하는 형식으로 제도화 되었다. 최고인민회의 상임위원회 위원장이라는 명목상의 국가대표를 별도로 두고, 김정일은 헌법상 일체의 무력을 지휘통솔하며 국방사업 전반을 지도하는 국방위원장의 직책을 가지고, '정치, 군사, 경제 영역 전체를 통솔 지휘'하였고, '국가 체제와 주민의 운명을 수호하고, 나라의 방위력과 전반적 국력을 강화발전시키는 사업'을 조직 영도하였다.

1990년 중후반 식량난이 극심했던 '고난의 행군' 시기에 48만 명 이상이 초과 사망하고, 12만 명 이상의 출생 손실이 발생하는 체제 위기 상황에서 북한 정권이 붕괴하지 않고 유지 될 수 있었다는 점에서 선군정치가 어느 정도 성과를 거두었다고 할 수 있다. 하지만, 선군정치로 인한 자원 분배의 왜곡은 이후 북한 경제회복에 많은 문제를 야기 시킨 것 또한 사실이다.

김정일 정권 시기 특히, 체제 위기 상황에서 형성되고 구축되어 온 선군정치는 2011년 12월 김정일 사망 이후, 권력을 승계한 김정은에 의해 계승되었다. 2011년 12월 30일 최고사령관으로 추대된 김정은은 이틀 후인 2012년 1월 1일 첫 현지지도로 '서울 류경수 제 105탱크사단'을 방문했다. 이 탱크사단은 1960년 8월 25일 김정일이 정치 사업에 나선 후 첫 번째로 방문한 군부대로서, 북한은 8월 25일을 김정일의 본격적인 선군영도활동이 시작된 날로 기념하고 있다. 그리고 김정은은 선군정치 덕분에 북한이 핵 보유국이 될 수 있었다고 강조하였다. 하지만 김정은 정권이 맞이한 현실이 김정일 시대의 위기상황이 아니고, 당면한 과업 또한, 김정일 시대의 '체제 위기' 극복이 아니라 '체제 안정'과 '체제 발전'이기 때문에 선군정치 노선을 변화시킬 수밖에 없었다.

김정은 시대 선군정치의 변화는 제도의 변화로 먼저 나타났다. 2016년 6월 29일 최고인민회의는 제13기 4차회의에서 '국방위원회'를 폐지하고 '국무위원회'를 신설하였다. 국방위원장을 대체한 국무위원회 위원장은 국가를 대표하는 최고영도자이자 최고사령관으로서, 국가의 일체 무력을 지휘 통솔한다. 그리고 국무위원회는 국가주권의 최고정책 지도기관으로, 국방건설 사업을 비롯한 국가의 중요정책을 토의, 결정하고, 국무위원장 명령, 국무위원회 결정, 지시 집행 정형을 감독하고 대책을 수립하며, 국무위원장 명령, 국무위원회 결정, 지시에 어긋나는 국가기관의 결정, 지시를 폐지하는 등의 임무와 권한을 가진다. 이로써, 국방위원회라는 비상기구에 의한 국가 통치시대가 마감되고, 국무위원회라는 정상기구에 의한 국가 운영이 제도적으로 시작되었다.

김정은 정권은 김정일 시대에 선군정치를 바탕으로 기반을 다진 핵무력을 더욱 강화 발전시켜서 플루토늄 원자탄, 우라늄 원자탄 그리고, 수소탄을 모두 확보하였고, 핵무기로 미국 본토를 직접 타격할 수 있는 대륙간탄도미사일(ICBM), 잠수함발사탄도미사일(SLBM) 개발에 성공하였다. 이를 토대로 2017년 11월 29일 '국가 핵무력 완성' 선언을 하였고, 2018년 평창동계올림픽 참가를 시작으로 대화 공세에 나서서 2019년 현재까지 세 차례의 남북정상회담과 두 차례의 북미정상회담이 개최되었다.

이 책은 이러한 선군정치의 시대적, 역사적 배경을 바탕으로 선군정치의 의미와 역할을 정치(선군사상 포함), 군사, 당군관계, 대외관계, 경제, 문학, 사상 등 다양한 학문영역에서 조망해 본다.

1장, 2장, 3장, 10장에서는 선군정치의 등장 배경과 역할 그리고, 선군사상의 의미를 탐구한다. 체제 위기 극복 방안으로 등장한 선군정치가 어떠한 원칙을 가지고 있으며, 선군정치의 지속성과 변화에 영향을 미치는 것이 무엇인지 살펴본다. 그리고 선군정치를 이념화한 '선군사상'이 주체사상과 어떤 관계인지를 '선군후로의 사상' '군대=혁명의 주력군'이라는 개념으로 정리한 후, 마지막 장인 10장에서 전통사상의 관점에서 선군사상을 재조명한다.

4장과 5장에서는 선군정치 과정에서 군에 자원이 우선적으로 투입됨으로써 나타나게 된 결과물인 핵 개발과 국방과학기술의 발전을 '핵 교리' 변화과정 그리고, 북한 핵 무기, 미사일 기술 진전과정을 중심으로 살펴본다.

6장과 7장에서는 선군정치가 당군관계에 어떤 변화를 가져왔는지 그리고, 대외관계에 어떤 영향을 미쳤는지를 설명한다. 특히, 당군관계는 국방위원회와 국무위원회의 비교를 중심으로 살펴볼 것이며, 사회주의 국가 그중에서 중국의 당군관계 변화를 주로 참고하였다. 대외관계 측면에서는 선군정치 시기 자원배분 우선순위로서 선군후경, 사회적 최우선 과제, 최고지도자의 역할과 책임이 대외관계에 어떤 영향을 미쳤는지를 검토한다.

8장과 9장에서는 선군정치 시기 '선군경제노선'이라는 경제발전 노선과 선군문학의 등장 및 변화를 정리한다. 선군경제노선을 통해 계획과 시장의 실험적 공존이 진행되었고, 결과적으로 계획과 시장의 공존이 제도화된 북한식 시장사회주의가 나타났음을 밝힌다. 선군문학 부분에서는, 김정일의 선군영도업적을 반영한 '영도자의 문학'이 문학의 형식과 양상에 영향을 주어 문학이 보다 다양하고 다채로운 면모를 갖추게 되었고, 문학의 이러한 경향이 모든 장르에 전반적으로 반영되었음을 설명한다.

2019년 12월 현재, 김정은 정권은 체제 보장과 국제사회의 경제제재 해제, 대북 경제지원 확대 등을 추구하면서 북한 핵문제를 둘러싼 북미 간의 협상에 본격적으로 나서고 있다. '체제 위기' 돌파를 위하여 김정일 정권이 채택한 '선군정치'가, 정상국가로 국제사회에 나오고자 하는 김정은 정권에 의해서 앞으로 어떠한 변화를 맞이하게 될 것인가? 이 질문은 차기 연구 과제로 남겨두기로 하되, 이에 대해 이 책은 몇 가지 단서를 제공할 것이다.

아무쪼록 선군정치를 다양한 관점과 학문적 시각에서 조명한 이 책이 독자들에게 김정은 정권으로 대표되는 북한을 이해하고 북한의 미래 변화를 예측하는데 작은 도움이 되기를 기대한다.

거친방법, 실용적 목표

선군정치의 지속과 변화

김일한

Ⅰ. 문제제기

김정일 국방위원장이 1995년 1월 1일 평양인근 '다박솔'포병부대를 방문하면서 '첫 포성'을 울렸다는 선군정치[1]는 최근까지 6차례의 핵실험과 다수의 탄도미사일 발사로 이어졌다.

1990년대 초반 사회주의권의 체제전환은 북한체제에 심각한 후유증을 안겨주었다. 사회주시장의 붕괴와 기록적인 자연재해가 겹치면서 북한체제는 1990년대 중반 '고난의 행군'이라는 건국 이후 최대의 위기에 직면했다.

미국을 비롯한 서방세계는 북한의 붕괴를 희망하면서 북핵 협상의 유리한 고지를 선점하기 위해 북폭 위협을 서슴지 않았고, 사회주의 동맹국의 지원을 기대할 수 없는 상황에서 북한은 위태로운 체제보장 협

---

[1] 『로동신문』, 2001년 11월 18일; '선군정치'라는 용어는 1997년부터 공식문건에 등장한다. '우리는 백배 강해졌다' 『로동신문』, 1997년 12월 12일. 3면, 정론; 북한에서 군중시사상은 고난의 행군을 마치고 사회주의 강성대국의 기치를 내건 1998년 4월 인민군 창건기념일에 나온 '선군혁명영도'에서 시작되었다는 견해도 있다. 곽승지, "김정일시대의 북한이데올로기: 현상과 인식," 『통일정책연구』 제9권 2호 (2000), p. 130.

상을 진행했다.

체제보전을 위한 북한의 선택은 '선군정치'라는 이름으로 군대를 동원하는 것이었다. 북한의 공식문헌은 선군정치의 목적을 다음과 같이 설명한다.[2] 첫째, '인민군대를 무적필승의 강군으로 만들어 사회주의 조국을 굳건히 보위'하고 둘째, '인민군대를 핵심으로 본보기로 하여 혁명의 주체를 튼튼히 마련'하며, 셋째, '인민군대를 혁명의 기풍으로 하여 전반적 사회주의 건설을 힘 있게 추진'한다는 것이다. 이를 위한 방법으로 첫째, '인민군대의 불패의 위력을 계속 강화'하고, 둘째, '국방공업중시, 국방공업을 발전'시키며, 셋째, '온 사회에 총대중시, 군사중시기풍을 확립'하고, 넷째, '인민군대의 혁명적 군인정신과 투쟁기풍을 따라 배우기 위한 운동'을 전개한다는 것이다. 즉, 군사력을 강화해 국가를 수호하고, 이완된 혁명주체를 군대로 대체하며, 붕괴된 경제시스템을 군대를 통해 복원하겠다는 일종의 국가 위기극복 전략인 것이다.

위기관리이자 국가관리방식으로서의 '선군정치'의 등장과 함께 국가전략목표인 '강성대국론'이 제시되었다.[3] 1998년 본격적으로 등장한 강성대국론은 3가지의 전략적 국가목표를 제시하고 있는데, 첫째는 사상·정치강국 건설이고, 둘째는 군사강국 건설이며, 셋째는 경제강국 건설이다.

---

2) 서동명,『선군정치는 사회주의위업승리의 위력한 담보』(평양: 과학백과사전출판사, 2002), p. 1.

3) 1998년 2월 김정일 위원장의 자강도 현지지도 및 '8·15'를 전후해 '강성대국'이라는 용어가 제시되었다. 북한은 중앙방송을 통해 "강선의 정신과 강계의 혁명정신으로 일어날 때 조국은 위대한 강성대국으로 만방에 위력을 떨칠 것이다"(1998.4.8)라고 주장했고, 이어『로동신문』(1998년 8월 22일). 정론 '강성대국'은 "위대한 장군님께서 선대국가수반(김일성) 앞에 조국과 민족앞에 다지신 애국충성맹약이며 조선을 이끌어 21세기를 찬란히 빛내이시려는 담대한 설계도"로 규정했다. 이어 8월 31일 '광명성 1호' 발사를 강성대국으로 진입하는 신호탄으로 규정하고 대대적인 사상전을 시작했다.

동구 '사회주의 배신자들'이 하지 못한 사회주의 사상을 고수하고, 사회주의 국가보위를 위해 국방력을 강화하며, 이를 뒷받침하기 위해 붕괴된 경제 시스템을 복원하고 경제성장을 추진하기 위해(국가목표: 강성대국론), 가장 잘 훈련되고 조직규율과 충성심이 강한 군대가 동원(위기관리전략: 선군정치)된 것이다. 즉, 선군정치와 강성대국론은 '변화된 국제환경과 엄혹한 국내 경제상황'을 극복하는 방법과 목표로 제시된 것이다.

1995년 김정일 시대에 등장한 이후 '선군정치'는 김정은 시대의 다양한 정치적 사건을 배경으로 지속성과 변화의 양상을 보여주고 있다. 특히 2013년 3월 31일 당 중앙위원회 전원회의 결정 "경제건설과 핵무력건설병진노선" 채택, 2018년 4월 20일 당 중앙위원회 제7기 3차 전원회의 결정 "경제건설과 핵무력건설 병진노선의 위대한 승리"와 "경제건설총집중노선" 채택은 북한 정치방식의 극적인 전환을 보여준다.

이러한 변화가 국가적 위기관리전략으로서 '선군정치'의 효용성 약화에 따른 폐기인지, 아니면 정치방식의 변화를 통한 '선군' 혹은 '군대'의 새로운 활용법을 제시한 것인지는 연구자들의 몫일 수밖에 없다. 그럼에도 불구하고 후자로의 전환일 가능성이 높은 징후는 다양한 사례를 통해 목격되고 있다.

　사례 1. 2018년 2월 북한 당국은 1978년 4월 25일 이후 지속적으로 기념해오던 건군절을 2월 8일로 복원했다.[4] 평창올림픽 이후 남북관

---

[4] 1978년 2월. '조선인민군은 조선인민혁명군의 직접적인 계승자'로 규정하고 건군일을 김일성의 항일빨치산 시절 '조선인민혁명군 항일유격대' 창립일인 1932년 4월 25일로 변경했다. 그러나 인민군 창설일인 건군절을 4월 25일에서 2월 8일로 다시 변경했는데,『조선중앙통신』, 2018년 2월 23일 "조선로동당 중앙위원회 정치국이 2월 8일을 조선 인민군 창건일로 할 데 대한 결정서를 22일 발표"하고 기존의 건군절이었던 1932년 4월 25일을 "조선인민혁명군 창건일"로 바꾸고 대신 "2월 8일을 2·8절(건군절)로 할 것"이라고 밝혔다.

계의 급격한 복원과 4월 27일 남북정상회담 합의, 동시에 진행된 북
미 관계정상화 협상과정에서 대규모 군사 퍼레이드를 동반한 건군절
기념행사는 북한의 주변국 외교에 도움이 되지 않기 때문이다.

　　사례 2. 2019년 신년사를 통해 김정은 위원장은 '군수공업의 민수
전용' 성과에 대해 "군수공업부문에서는 경제건설에 모든 힘을 집중
할데 대한 우리 당의 전투적호소를 심장으로 받아안고 여러가지 농
기계와 건설기계, 협동품들과 인민소비품들을 생산하여 경제발전과
인민생활향상을 추동하였습니다."라고 강조하면서, 향후 경제분야에
서 군수공업의 역할을 주문했다. "군수공업부문에서는 조선반도의 평
화를 무력으로 믿음직하게 담보할 수 있게 국방공업의 주체화, 현대
화를 다그쳐 나라의 방위력을 세계선진국가수준으로 계속 향상시키
면서 경제건설을 적극 지원하여야 하겠습니다."5)

　　분명한 것은 2016년 전후 김정은 시대의 '선군'은 김정일 시대의 그것
과 역할이 달라진 것만은 분명해 보인다. 그렇다고 위기극복전략으로서
'선군'과 그 목표로서 '강성국가'의 논리가 폐기되었다고 판단하기는 이
르다. 북한은 여전히 위기국면을 통과하고 있고, 국가목표에는 도달하
지 못하고 있기 때문이다.

　　이 글은 북한 선군정치의 과거, 현재, 미래를 평가·분석하고 과제를
제시하기 위해 북한의 선군정치 평가 자료와 함께 국내 2차 자료를 연
구의 토대로 삼고 있다. 더불어 이 글은 세 가지 목적을 가지고 있는데,
먼저, 선군정치의 등장배경, 선군정치의 역사적 배경, 선군정치의 작동
원리를 검토하는 것이고, 이를 토대로 둘째, 선군정치가 북한사회에 미
친 영향을 분야별로 분석하기 위한 기초자료로 기능하는 것이다.6) 또

---

5) 『로동신문』, 2019년 신년사, 2019년 1월 3일.
6) 현대북한연구회의 '선군정치' 연구기획은 다음과 같은 질문에 과학적이고 학
　술석인 대답을 준비해야 할 것이다. 선군정치는 북한의 체제 보장을 위해 여

한 김정은 시대의 국가전략과 목표로서의 '선군'과 '강성국가'가 어떤 지속성과 변화양상을 내포하고 있는지를 분석하는 것이다.

<그림 1> 선군정치의 등장배경

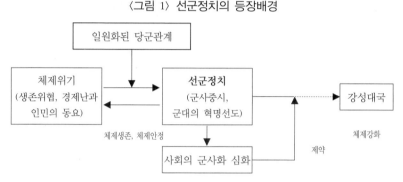

* 출처: 김진환, "북한의 선군정치(先軍政治) 연구" (동국대학교 사회학과 석사학위 논문, 2000), p. 3.

II. 1990년대 북한의 대내외 환경: 고난의 행군과 핵 위기

선군정치가 등장한 북한의 1990년대는 '고난의 행군' 시기였다. 북한이 공식적으로 인정하는 고난의 행군 발생의 3대 원인은 '사회주의시장의 붕괴, 자연재해, 서방세계의 대북고립 책동'이다.[7] 더불어 1990년대 김일성 주석의 사망과 김정일의 권력승계, 북핵 위기의 촉발 등 정치적 과제들이 산재해 있었다.

___

전히 유효한가, 선군정치는 북한사회를 어떻게 변화시켰고 또한 북한체제에서 선군정치는 지속가능한가.

7) 정기풍(김철주사범대학 정치사학과 강좌장)은 2005년 미국 소재 매체와의 인터뷰에서 1994년 7월 김일성 주석 사망 후 2000년 10월 노동당 창건 55돌을 기해 고난의 행군이 끝났다고 선언하기까지 고난의 행군을 벌일 수밖에 없었던 이유로, 사회주의 시장의 붕괴, 연이은 자연재해, 미국을 위시한 자본주의 열강들의 대북 고립, 봉쇄, 압살 책동을 꼽았다. 『연합뉴스』, 2005년 10월 1일.

고난의 행군을 촉발한 사회주의권의 체제전환은 북한체제를 지탱해 왔던 가장 중요한 정치경제적 배경이 증발했음을 의미했다. 사회주의 군사블럭이 소멸한 상태에서 북한은 미국과 직접 전선을 마주해야 했다. 더불어 우호적이었던 사회주의 바터(barter)경제가 경화(hard currency) 경제로 전환되면서 북한의 사회주의 경제시스템이 급격하게 힘을 잃었다. 초강대국 미국과 전선을 마주한 북한은 새로운 군사적 대응방법이 필요했고, 붕괴된 기간산업을 재건할 새로운 경제적 처방이 또한 필요했다.

1. 대내적 요인: "고난의 행군"

"사회주의 시장의 붕괴"

동구와 구소련 등 사회주의권의 체제전환은 북한을 고립시켰다. 사회주의 국제시장이 사라진 것이다. 정기풍은 "사회주의 나라들과 경제 관계를 가질 때는 형제 나라니까 우리한테 봄에 휘발유가 필요하면 돈 안주고 가을에 주겠다고 하고 먼저 가져온 후 가을에 과일이면 과일, 물고기면 물고기를 주었다"며 "이렇게 경제를 운영했는데 사회주의가 무너지면서 시장이 사라졌다"는 것이다. 이어 "우리 사람들은 고지식하게 뭘 모르고 계약도 대강 체결해 놓고, 사회주의 때는 어깨 툭 치면 '아, 합시다' 했는데 자본주의는 안 그렇고 표받침 하나 틀리지 않게 하면서 '안 된다, 안 된다' 하니까 대외경제 관계가 절벽 같은 난관에 딱 봉착했다"고 강조했다.

"자연재해"

1995년과 1996년의 대홍수 및 1997년의 가뭄이 초래한 극도의 식량난은 북한 사회에서 군대의 역할이 현저히 중대하게 되는 중요한 계기가

되었다. 3년간의 자연재해로 북한에서 적게는 수십만에서 수백만으로 추산되는 인구가 아사하였고,8) 인민들의 상당수가 식량을 구하기 위해 전국을 돌아다니거나 국경을 넘어 중국으로 탈북하는 사태가 발생하였다. 1990년대 중반의 위기 상황에 대해 북한은 "세계적 판도에서 사회주의 국가들이 연이어 무너지고 제국주의자들이 저들의 승리를 요란스럽게 광고하며 기고만장하여 날뛰던 그때, 사회주의 조선의 존재를 두고 커다란 우려와 사회주의 종말이라는 가시 돋친 낭설까지 떠돌던 시기, 그에 편승이나 하듯 수백 년 내에 처음 보는 무서운 자연재해가 연이어 들씌어졌다 … 20세기 마지막 연대에 우리 인민이 단행한 고난의 행군은 한 나라 한 민족의 역사에서나 인류사에 있어서 그 유례를 찾아볼 수 없는 최악의 시련이었다."9)고 설명하고 있다.10)

당시의 식량난은 가혹한 시련이었다. 중앙으로부터 식량은 물론 생활필수품이 제대로 공급되지 못하면서 북한 계획경제의 근간을 이루는 중앙공급체계가 거의 마비되는 사태가 조성되었다. 체제이완 현상이 광범하게 만연하며, 당 및 행정조직, 사회단체들이 상부 지시대로 움직일 수 없게 되었다.11)

자연재해가 농사에만 영향을 미친 것은 아니었다. 전력, 석탄, 금속, 철도 등 북한의 4대 주요 경제분야가 연쇄반응을 일으키며 북한경제를 초토화시켰다. 정기풍 교수의 증언을 들어보자. "1990년대 접어들면서 100년만의 장마 등 연이은 자연재해가 있었다. … 제일 심각했던 게 저

8) 국가정보원은 1990년대 중·하반기에 북한에서 기근으로 약 34만 명이 아사한 것으로 추산하고 있다. 정성장, "김정일의 '선군정치': 논리와 정책적 함의," 『현대북한연구』 4권 2호 (2001), p. 85.
9) "절세의 위인, 위대한 노선," 『조선중앙방송』 정론, 2001년 2월 18일.
10) 정성장, "김정일의 '선군정치': 논리와 정책적 함의," pp. 85~86.
11) 김정일의 연설(1996년 12월 7일), "우리는 지금 식량 때문에 무정부 상태가 되고 있다," 『월간조선』, 1997년 4월호; 서동만, "북한 정치체제 변화에 관한 시론," 『북조선 연구』 (파주: 창비, 2010), p. 179.

수지의 댐이 다 터져 농토 수만 정보를 쓸어갔다. ... 또 자연재해가 겹치다 보니까 탄광들이 침수되고, 석탄 생산을 못 하니 화력발전소가 못 돌아가 전기가 죽고 화학공업이 죽었다. ... 전기가 죽으니까 철도가 다 마비돼 그 전에는 기차가 일분만 연착해도 야단을 때렸는데 고난의 행군 때는 달리던 기차가 레일 위에서 하루동안 멎어도 대책이 없을 때도 있었다"는 것이다. 또한 "철도가 멈추자 광석을 실어나르지 못해 용광로가 멎어 철이 안 나와 기계공장이 멎고 경공업공장들이 다 타격을 받는 등 연쇄반응이 일어나 공장굴뚝이 숨죽었다. ... 이렇게 공장이 하나 둘 숨죽기 시작해 연쇄반응이 나 경제가 딱 막힌 것이다. ... 지금은 막 말하지만 그때는 남들이 업수이 볼까봐 그런 말 일체 비밀에 부치고 못했지만 정말 막대한 피해를 입었다."고 털어났다.[12]

북한지도부는 군 조직을 동원해 사태수습에 나서게 되었다. 자연재해에서 비롯된 식량난이라는 극한적 상황에서 당을 통한 사회통제에는 한계가 발생했고, 정치적·경제적·사회적 안정을 유지하기 위해 군대가 보다 중요한 역할을 떠맡는 것이 불가피하게 된 것이다.[13]

"서방세계의 대북고립 압살책동"

미국을 위시한 자본주의 열강들의 대북 고립, 압살 책동은 냉전의 해체에 따른 자주국방의 이유를 더욱 강화시켰다. 정교수는 "그때로 말하면 사회주의를 건설하던 다른 나라들이 다 무너지고 중국은 사회주의 깃발을 들고는 있지만 워낙 큰 나라니까 호락호락 할 수 없는데다가 중·미관계는 부드러운 관계가 오래 지속돼 왔다"며 "미국은 우리(북)를 미워했는데 50년대 군사적으로는 안됐고 사회주의는 다 무너졌지 경제적으로 어렵지, 이번 기회에 압살하자고 한 것"이라고 지적했다. 미국의

---

12) 『연합뉴스』, 2005년 10월 1일.
13) 정성장, "김정일의 '선군정치': 논리와 정책적 함의," p. 86.

대북 군사적 압력과 인권, 종교, 탈북자 문제 같은 정치적 압박, 경제적 봉쇄 등 "정치, 군사, 외교, 경제적으로 우리를 압살하기 위한 책동이 이루 말할 수가 없었다"고 회고했다.

2. 대외적 요인: 핵 위기와 외교적 고립

1990년대 초 동서독의 통일, 동구 사회주의권의 체제전환과 구소련의 해체 등 냉전체제의 붕괴는 북한의 국제적 고립을 심화시켰다. 특히 구소련의 해체는 북한이 초강대국인 미국에 맞서기 위해 필요로 하는 현대무기의 주요 공급원 상실 및 '국제혁명역량'의 결정적인 약화를 의미했다. 그리고 미국이 세계유일의 초강대국으로 부상한 상황에서 1990년대 초반 핵개발 문제를 둘러싼 미국과의 갈등은 북한의 체제생존을 위협하는 요인으로 작용했다. 북한은 체제 생존을 위해 온갖 노력을 경주해야 하는 상황에 직면하게 된 것이다.[14]

1993년 북한의 신년사는 '4대군사노선'을 호명했다. 약 30여 년 만에 다시 등장한 것이다. "우리는 적들의 침략도발책동에 대처하여 나라의 방위력을 강화하는데 힘을 넣어야 합니다. 우리는 전군의 간부화, 전군의 현대화, 전민 무장화, 전국 요새화방침을 철저히 관철하여 혁명무력을 강화하고 전인민적 방위체계를 더욱 튼튼히 해야 합니다"[15]라고 강조했다. 이러한 흐름은 1994년도 신년사에도 등장하는데, "우리는 올해에도 적들의 전쟁도발책동에 대처하여 나라의 방위력을 강화하는데 응당한 힘을 넣어야 합니다. 우리는 어떠한 불의의 사태에도 주동적으로 대처할 수 있는 정치 사상적 준비와 군사적 준비 물질적 준비를 튼튼히

---

14) 정성장, "김정일 시대 북한의 선군정치와 당군관계,"『국가전략』제7권 3호 (2001), p. 57.
15) 북한 신년사, 1993년 1월 1일.

갖추며 온사회에 군사를 중시하고 인민군대를 적극 원호하는 기풍"[16]을 철저히 세울 것을 주문했다. 이와 같이 '4대 군사노선'이 느닷없이 등장한 것은 당시 남북장관급회담과 북일수교 회담이 와해되고 한반도의 '핵위기'가 고조되는 시점과 밀접한 관련이 있었다.

III. 위기돌파전략과 국가목표: 선군정치와 강성대국론

북한은 고난의 행군, 안보위기 등 1990년대 위기를 극복하는 방법으로 '선군정치'가 등장했다. 그리고 선군정치를 통해 달성해야 할 국가전략목표로 '강성대국[17]'이 제시되었다. 1990년대 위기 → 선군정치 → 강성대국의 매커니즘을 다시 주목해야 하는 이유는 현재의 북한체제를 규정하는 1990년식 원형질(Prototype)이기 때문이다.

〈표 1〉 1990년대 이후 북한의 위기극복전략과 선군정치 작동 메커니즘

원인	처방	목표
사회주의 시장 붕괴	전반적 사회주의 건설	경제강국
자연재해	혁명주체 재건	정치사상강국
대북 고립 책동	사회주의 조국 보위	군사강국
고난의 행군	선군정치	강성대국(국가)

16) 진희관, "북한에서 '선군'의 등장과 선군사상이 갖는 함의에 관한 연구,"『국제정치논총』제48집 1호 (2008), p. 380.
17) 2011년 12월 김정일 사망 이후 북한은 2012년 신년공동사설을 통해 '강성국가' 달성을 강조하면서 '강성대국'이라는 용어를 대체했다.

1. 위기의 유산: 선군정치의 등장과 진화

가. 주체사상: 선군정치의 뿌리

고난의 행군 이후 누적된 국가적 과제, 즉 사회주의 경제건설, 계속 혁명, 사회주의제도 고수와 국가보위를 위해서, 군대를 앞세우는 선군 정치는 "당과 수령에 대한 충성심이 제일 높고, 조직성과 규률성, 단결 력이 제일 강한 혁명의 주력군으로 내세우는 정치방식인것만큼 사회의 온갖 낡고 반동적인것을 극복하고 혁명대오를 단결"[18]시키는 위력한 정 치방식으로 제시되었다.

또한 국가위기관리 방법으로서 선군정치의 이론적 근거로서 1995년 이후 북한의 공식문헌은 선군정치의 뿌리를 주체사상에서 찾고 있다. 선군정치가 "제국주의, 지배주의의 온갖 도전을 짓부시고 자주적으로 혁명과 건설을 수행하기 위한 위력한 정치방식이며 바로 여기에 선군 정치가 주체사상의 원리에 기초하고 있는 가장 위력한 사회주의정치방 식으로 되는 근거"[19]이다. 즉 주체성(자주성)을 토대로 혁명과 건설, 그 리고 사회주의 제도(국가 보위)를 고수하는 주체사상의 핵심적 논리가 선군정치에서도 그대로 구현된다는 것이다.

선군정치의 이론적, 사상적 뿌리는 다시 김일성의 항일무장혁명투쟁 의 역사로 확장되었다. "우리 인민의 혁명투쟁력사는 군대를 먼저 창건 하고 그에 토대하여 혁명과 건설을 전진시켜 온 독특한 력사, 군건설과 혁명투쟁 전 과정에 완전한 독자성을 견지한 특수한 력사이다. 선군정 치가 주체사상에 뿌리를 두고 있다는것은 주체사상이 그 원리적기초로 될뿐아니라 주체사상을 지도적지침으로하여 승리하여 온 혁명과 건설

---

18) 서동명, 『선군정치는 사회주의위업승리의 위력한 담보』, p. 35.
19) 위의 책, p. 25.

의 업적과 경험을 기초로 하고 있다는것을 의미한다. 조선혁명의 전 로 정은 선군사상, 총대중시사상이 빛나게 구현되어 위대한 현실로 꽃 펴 온 자랑찬 력사"[20]로 규정하고 사상이론적 정통성을 부여했다.

이론적 정통성과 함께 혈통적 정당성까지 부여했는데, 김일성과 김정 일의 대를 이은 혁명방식으로 선군정치를 격상시켰다. "위대한 수령 김 일성동지께서 군대를 가지고 당도 창건하시고 나라를 세우신것처럼 위 대한 령도자 김정일동지께서 선군정치를 하시여 군대를 틀어쥐고 사회 주의건설도 하고 조국보위도 하였기때문에 모진 고난과 시련을 이겨 내고 사회주의를 지켜 낼수 있었다. 선군정치야말로 우리 혁명을 든든 히 받쳐 주고 활력을 주는 깊고 억센 뿌리임을 확증해 주는 우리 혁명 의 고귀한 업적과 경험이며 주체사상을 지도적지침으로 삼고 우리 식 대로 혁명을 해나가는 실천투쟁속에서 창조된 위력한 사회주의정치방 식이다."[21]

이러한 군의 중요성에 대한 강조는 이제 당, 인민과의 관계설정에서 종래의 패턴을 역전시킬 정도까지 이르렀다. 1997년 4월 9일 김정일의 국방위원장 취임 4돌 기념 중앙경축보고대회에서 총정치국장 조명록은 "최고사령관 동지께서는 군대는 곧 인민이고, 국가이며, 당이라는 독창 적인 군 중시 사상을 밝히시고, 우리 인민군대를 혁명주체의 핵심력량, 주체위업 완성의 주력군의 지위에 확고히 올려놓으셨다." 나아가 "령도 자와 인민, 최고사령관과 전사들의 관계를 명령과 복종의 관계가 아니 고, 부모와 자식 간의 혈연적 관계이며 영원한 한식솔"이라고 강조했 다.[22]

---

20) 위의 책, pp. 28~29.
21) 위의 책, p. 30.
22) 서동만, "북한 정치체제 변화에 관한 시론," p. 182.

나. 선군정치의 적응

선군정치의 사상이론적 정당성을 확보하는 과정에서 김정일 국방위원장의 군 관련 행보는 주목할 만하다. 1994년 군 관련 활동은 전체 공식 현지지도의 4.7%에 불과했지만, 1995년에는 공식 현지지도의 57%로 급증했고, 1996년에는 군부대 시찰 등이 더욱 크게 증가해 74%을 넘어섰다. 1997년, 1998년과 1999년에도 각각 67%, 70%, 59%를 넘은 절대적인 비중을 차지했다. 1차 남북정상회담 개최와 북·미 관계의 개선가능성을 보였던 2000년에 그 비중이 29%로 현저하게 줄어들었지만, 부시행정부 출범으로 북·미 관계가 급속도로 냉각된 2001년에는 다시 47%로 증가했다. 이 같은 사실은 김정일의 군 관련 활동이 대외환경의 악화 또는 개선에 큰 영향을 받았다는 사실을 보여준다.[23]

〈표 2〉 1994년 이후 김정일 공개활동 중 군 관련 행사

	총 횟수	군 관련 행사수	군관련 행사수/총횟수(%)
1994	21	1	4.7
1995	35	20	57
1996	52	35	74
1997	59	40	67
1998	70	49	70
1999	69	41	59

* 출처: 이대근, "조선인민군의 정치적 역할과 한계─김정일 시대의 당·군관계를 중심으로" (고려대학교 정치외교학과 박사학위논문, 2000), p. 75.

---

23) 정성장, "김정일의 '선군정치': 논리와 정책적 함의," p. 84.

다. "사회주의 배신자들의 교훈"

선군정치 선언과 함께 김정일의 군 관련 행보는 체제전환국들의 '교훈'이 중요하게 작용했다. 1989년 12월 루마니아 군부가 차우세스쿠의 명령에 불복종함으로써 결과적으로 군부 쿠데타와 체제몰락, 1991년 8월 구소련 군부의 '배신'으로 사회주의체제가 붕괴되었기 때문이다.

북한은 특히 "쏘련방이 세계적인 군사강국으로서의 군력을 갖고 있음에도 사회주의냐, 자본주의냐 하는 준엄한 시기에 총소리 한 방 울리지 못하고 사회주의를 지켜내지 못한 것은 군사를 정치와 완전히 분리시켜 군대를 비정치화한 집단으로 만든 현대 사회민주주의자들의 〈개혁〉, 〈개편〉정책의 후과"[24]이며, "군부가 흔들리지 않고 사회주의 배선자들에게 단호하고도 무자비한 총소리를 울리였다면 사태는 달리 되었을 것"이라고 주장했다. 소련 군대가 "비정치화, 비사상화를 골자로 한 고르바쵸프팀의 군 〈개혁〉, 〈개편〉정책에 따라 륙해공군 총정치국을 없애고 당조직을 해산하는 것으로 당의 군대이기를 그만두었"기 때문에 "그것이 화단이 되어 사회주의적 성격을 잃은 것은 물론 공산당 해체, 쏘베트정권의 붕괴, 자본주의 복귀에 이르렀다"고 진단하고 있다.

소련과 동유럽의 사태로부터 북한 지도부는 "사회주의 사회에서 군대는 당의 영도를 떠나서는 자기의 계급적 성격을 견지할 수 없고" 강한 군사력을 가지고 있어도 군대를 확고하게 장악하지 못하면 체제가 붕괴될 수 있다는 두려움은 명확했던 것으로 보인다.[25]

---

24) 김철우, 『김정일장군의 선군정치』(평양: 평양출판사, 2000), pp. 2~3.
25) 정성장, "김정일의 '선군정치': 논리와 정책적 함의," p. 82.

2. 선군정치의 원칙과 방법[26]

선군정치의 논리적 구조는 사회주의 정치방식으로서 원칙과 선군정치의 실천적 방법으로 구분된다. 먼저 정치방식으로서 선군정치의 원칙은 기존 사회주의적 정치방식과 더불어 군 중심의 정치방식인 '선군정치'를 추가하는 방식으로 '선군先軍'을 정당화하고 있다. 둘째, 정치방식으로서 군사선행의 구체적인 방법은 인민군대 강화, 국방공업 육성, 군사중시기풍 조성, 군인정신 따라배우기 등이 제시되고 있다.

〈표 3〉 선군정치의 원칙과 방법

정치방식적 원칙	실천적 방법
① 혁명적무장력으로서 인민군대의 강화 ② 인민군대 본보기화와 혁명 주체 육성 ③ 인민군대를 통한 사회주의 건설	① 인민군대의 불패의 위력 강화 ② 국방공업중시, 국방공업 발전 ③ 온 사회의 총대중시, 군사중시기풍 확립 ④ 혁명적 군인정신 따라 배우기

가. 선군정치의 정치방식적 원칙

첫 번째 원칙은 '사회주의 조국 보위를 위한 무적필승의 강군 육성'이다. 정치방식으로서 선군정치는 정치군사적 체제위기를 극복하기 위해 기존의 사회주의적 정치방식을 보완하는 새로운 정치방식이다. 선군정치의 차별성은 "선군정치, 인덕정치, 사회주의적 민주주의와 대안의 사업체계 등은 우리 식 사회주의의 고유한 정치방식들이다. 우리 나라 사회주의사회에서 실시되고 있는 인덕정치나 사회주의적 민주주의, 대안

---

26) 서동명,『선군정치는 사회주의위업승리의 위력한 담보』, pp. 38~145.

의 사업체계는 수립된 사회주의사회를 공고발전시키는데서 커다란 작용을 하게 되지만 그것이 직접 사회주의국가 사회제도를 원쑤들의 침해로부터 보위하는 정치방식으로는 되지 않으며" 국가를 보위하기 위해서는 "로동계급의 당이 자기의 위업실현을 위한 정치방식을 옳게 구현하자면 정치가 가장 인민적인 것이여야 할뿐만아니라 보다 중요하게는 정치가 총대와 굳게 결합되게 하여야 한다. 총대가 없는 사회주의정치는 철저히 실현될수 없으며 그 승리가 담보되지 않는다"는 것이다.[27]

인민군대를 혁명적무장력으로 강화하기 위해서는 군인과 무기중 선행해서 군인을 강화해야 하는데, "군인과 무기는 혁명적무장력의 2대구성요소이다. 따라서 인민군대를 무적필승의 군대로 키우는데서 군인대중을 사상적으로 준비시키고 군사기술적 위력을 높이는것은 어느 한 문제도 소홀히 해서는 절대로 안될 중요한 문제들로 된다. 그러나 군인과 무기가 다같이 무장력의 주요구성요소라고 하여도 군사활동에서 노는 역할에서는 현저한 차이가 있게 된다. 군사행동의 객관적합법칙성을 과학적으로 인식리용하며 무기와 군사기술, 전략전술을 구상하고 군사활동을 벌리는것은 어디까지나 군인이다. 군사사업에서 나서는 모든 문제는 군인들에 의하여 결정"된다.

"인민군대를 사상의 강군, 신념의 강군"으로 육성한다는 것은 "제국주의자들과의 대결전에서 사회주의의 승리를 결정하는 기본요인은 혁명군대의 병력수자나 무장장비의 현대화수준에 있는것이 아니라 무장력의 주체인 군인들의 사상의식"을 강화하는 것이며, 인민군대가 "수령결사옹위, 인민의 보위자로, 사회주의조국의 수호자로서 자기 사명을 다

---

27) 서동명, 『선군정치는 사회주의위업승리의 위력한 담보』, pp. 38~145; 이러한 논리는 체제위협이 사라지면 선군정치의 역할이 제한될 수 있음을 암시한다. 즉 제국주의의 정치군사적 위협이 약화되거나 제거되면 기존의 사회주의 정치방식이 선군정치의 역할을 대신할 수도 있는 것이다.

해 나가도록 하는대서 중심적인 문제"가 되기 때문이다. 구체적으로 "사회주의조국보위를 위한 투쟁에서 제국주의의 사상문화적침략책동을 단호히 저지파탄시키는 문제는 군사적위력으로 사회주의를 지키는 문제 못지않게 중요하고도 심각한 문제"이다.

그렇다고 기술적 무장력으로서 무기의 중요성을 간과하지 않는다. "인민군대가 현대적군사과학기술과 무장장비로 준비되는것은 사회주의 조국보위를 위한 투쟁에서 최선의 방도로 된다. 오늘 제국주의자들이 사회주의나라들과 자주의 길로 나아가는 나라들을 대상으로 하여 벌리는 침략책동에는 최신군사과학과 기술이 도입된 현대적무기들이 리용되고 있다. 제국주의자들은 침략을 위한 무장장비의 현대화에 계속 힘을 넣고 있으며 무장장비의 현대화수준이 높아짐에 따라 놈들에 의하여 감행되는 전쟁은 정보전, 과학전, 기계화전에 기초한 립체적인 특징을 띠고 있다. 따라서 사회주의조국을 제국주의자들의 침략책동으로부터 굳건히 보위해 나가자면 인민군대가 현대적인 군사과학과 전투기술기재들로 무장되어야하며 그래야 제국주의자들의 군사적침략책동에 주동적으로 대치"할 수 있다.

두 번째 원칙은 '인민군대 본보기화를 통한 혁명의 주체 육성'이다. 두 번째 원칙은 혁명의 주체와 깊은 관련이 있다. 북한은 선군정치를 통해 혁명의 주체문제를 군대로 규정하면서 군대의 역할을 강조하고 있다. 혁명의 주체를 규정하는데 있어서 "기본은 주체의 기둥을 이루는 주력군을 어떻게 규정하는가 하는 것"이며, 변화된 환경에서 선행이론을 넘어서 "선군정치는 력사상 처음으로 인민군대를 혁명의 주체에서 주력군으로 내세우고 인민군대를 핵심으로, 본보기로 하여 혁명의 주체를 튼튼히 꾸림으로써 사회주의위업승리를 확고히 담보"할 수 있게 한다. 선군정치가 "인민군대를 핵심으로, 본보기로 하여 혁명의 주체를 튼튼히 꾸린다고 할 때 그것은 인민군대의 혁명적군인정신과 투쟁기풍으로 사회주의 사회의 모든 성원들을 무장시켜 군대와 인민의 사상정신과 투쟁기풍을 일치시키며 인민군대의 충성심, 조직성, 규률성, 단결력을 사회의 모든 성원들이 따라 배워 그들이 인민군대처럼 수령결사옹위, 결사관철의 정신을 가지고 사회주의를 위한 투쟁에 모든것을 다 바쳐 나가도록 준비시킨다는것을 의미"한다.

즉 선군정치는 군사선행을 토대로 군민일치를 강조하고 있는데, "군민일치는 단순히 군대가 인민을 품고 인민이 군대를 물질적으로 적극 원호하는 문제만이 아니라 인민들의 사상정신적 풍모를 군대와 같은 높이에 틀어 올림으로써 혁명의 주체를 비상히 강화하고 사회주의사회의 정치적지반"을 더욱 공고히 함으로써 "군대와 인민은 사상도, 지향도, 목적도, 행동도 하나로 되고 우리 식 사회주의의 밑뿌리"가 더욱 튼튼해 질 수 있다. 그 결과 "선군정치아래 혁명적군인정신은 전 인민적인 사상과 정신으로 전환되고 인민군대의 혁명적이고 전투적이며 락관주의적인 투쟁기풍과 일본새가 온 사회에 지배되게 되었으며 인민군대의 혁명적인 도덕과 문화가 인민대중속에 깊이 침투되어 사회주의 우리 조국에는 선군시대의 전투적기상"이 넘쳐나게 된다.

세 번째 원칙은, '인민군대를 통한 사회주의 건설 추진'이다. 인민군대가 경제건설을 진두지휘해야 한다는 원칙으로 경제침체의 원인인 제국주의 고립압살책동에 대항하고 전반적인 사회주의건설을 추진하는 것이다. "제국주의자들의 사회주의에 대한 압살책동이 끊임없이 계속되는 조건에서 군대의 위력의 담보와 선도적역할을 떠나서는 사회주의건설이 한 걸음도 전진" 할수 없으며, "오늘의 현실은 일군들이 구태의연한 사고관점, 고정격식화된 틀, 낡은사업방법에서 완전히 벗어 날것을 요구"하고 있는데, 선군정치가 "사회회주의건설에서 작전도, 조직정치사업도, 대중동원사업도 인민군대식으로 패기 있게 전개"할 수 있기 때문이다.

또한 군대와 경제의 관계에 대해서는 "지금까지 사회주의정치는 군대를 정치실현의 수단, 조국보위의 수단으로만 간주하였을뿐 군대를 사회주의건설의 기둥, 주력군으로 내세우지는 못하였다. 따라서 조국을 지키는 문제와 사회주의를 건설하는 문제는 별개의 문제로 론의되었다. 물론 사회주의를 건설하는 사업은 매개 나라마다 자기의 실정이 있고 특성이 있는것으로 하여 그에 대한 정치적령도도 자체의 요구에 따라 실현될수 있다. 그러나 사회주의위업은 언제나 제국주의 도전속에서 수행되여 나가는것만큼 군사를 강화하는 사업은 어느 때나 중시되여야 할뿐만아니라 사회주의조국보위에서나 사회주의건설에서 군대를 주력군으로 내세우는것은 원칙"이 될 수 있다. 그 결과 라남의 봉화28)를 필두로 "전력공업, 철도운수, 금속공업, 석탄공업, 농업부문을 비롯한 사회주의건설의 주공전선들에서 생산이 활성화되고 조성된 난국이 타개"되고 사상강국, 군사강국에 이어 '사회주의 강성대국'건설을 위한 유력한 방법으로 선군정치의 경제적 원칙이 관철된다.

---

28) 서동명, 『선군정치는 사회주의위업승리의 위력한 담보』, p. 79. "라남의 봉화는 선군의 기치아래 전당, 전군, 전민을 새 세기 강성대국건설을 위한 총 진격에로 부르는 새로운 비약과 혁신의 봉화이며 전체 인민이 사회주의건설을 위한 투쟁에서 사상정신적풍모나 투쟁기풍, 일본새에서 근본적인 변혁을 가져오게 하는 기치로 된다. 라남의 봉화는 로동계급이 인민군군인들처럼 살며 투쟁해 나가는데서 전형을 창조한 시대의 기치이다."; '라남의 봉화'는 2001년 8월 김정일 위원장이 러시아를 방문하고 귀국하면서 라남탄광기계연합기업소를 현지지도하고, 현대적인 기계공업기지로 발전한 점을 높이 평가하면서 2001년 11월 22일 등장한 경제슬로건이다. 창조적이고 혁신적인 불굴의 자세 강조, 과학기술개발을 비롯해 유휴자재 활용, 열정적 진취적 사업기풍, 적극적인 실리추구 등 당시 북한이 추진하고 있는 현대적 기술개건, 과학중시사상과 밀접하게 연관되어 있다. 선군정치가 등장한 이후 자력갱생의 경제적 모범사례로 주목하고 있다.

나. 선군정치의 실천적 방법

북한은 선군정치의 실천적 방법으로 다음 네 가지의 구체적인 방법을 제시하고 있다. 첫째, 인민군대의 불패의 위력 강화, 둘째, 국방공업 중시, 국방공업 발전, 셋째, 온 사회의 총대중시, 군사중시기풍 확립, 넷째, 혁명적 군인정신 따라 배우기이다.

더불어 네 가지 선군정치의 실천적 방법이 지속적이고 일관되게 추진되어야 하는 이유는 "만일 인민군대의 강화문제를 조건과 환경의 변화에 따라 달리하게 된다면 선군정치가 바로 실현될수 없고 나아가서는 사회주의위업자체를 위협"하기 때문이며, "정세가 어떻게 변하든 인민군대를 강화하는 사업은 끊임없이 계속되여야 하며 어떤 조건에서든지 인민군대중시는 선차적인 문제"로 간주된다.

실천적 방법 첫째, 인민군대의 강화를 위한 선군정치의 실천적이고 구체적인 방법은 ① 최고사령관 결사옹위, ② 최고사령과의 령군체계 확립, ③ 군대의 반제교양, 계급교양 강화, ④ 관병일치, 상하일치, 군민일치의 미풍 확립, ⑤ 전투정치훈련 강화이다.

인민군대를 강화하는데서 가장 중요한 문제는 첫째, "최고사령관 결사옹위"로 "최고사령관의 명령지시에는 바로 사회주의의 요구, 조선혁명의 요구, 자주성실현에 대한 인민의 요구와 념원이 반영되여 있으며 나라와 민족의 리익, 혁명의 근본리익이 집대성"되어 있으며, "최고사령관의 명령지시는 곧 인민의 생명, 혁명의 운명으로 되고 있으며 이것은 해도 되고 안해도 되는 그런 성격의 문제"가 아닌 것이다. 둘째, "최고사령관의 령군체계 확립"으로, 군대내에 최고사령관의 영군체계를 확립하는 과정에서 당의 영도체계와 관계를 주문하고 있다. 군대에 대한 최고사령관의 영도와 당의 영도는 서로 분리할 수 없다는 논리이다. "당의 령도체계에 대한 옳은 인식을 가지는것이 중요하다. 인민군대안에서 당의 령도체계를 세우는 문제, 당의 령군체계를 세우는 문제는 다같이 최고사령관의 령도체계, 혁명적인 령군체계를 수립하기 위한 제도와 질서를 세우는 문제로서 서로 별개의 문제로 보아서는 안된다. 만일 이 문제를 바로 풀지 못하면 군내의 〈특수성〉을 운운하면서 군대에 대한 당의 령도를 거부하는 길로 나갈수 있으며 나아가서는 최고사령관의 령군체계도 바로 세울수 없게 된다"는 것이다. 즉, "우리 인민군대는 당이 키운 수령의 군대, 당의 군대, 인민의 군대로서 수령과 당과 인민을 위하여 철저히 복무하는것을 자기의 근본사명으로, 군사활동의 근본목적으로 내세우고 있다. 그러므로 인민군대가 수령과 당과 인민을 위하여 가장 철저히 복무하는것이며 군대안에 수령의 령도체계, 당의 령도체계, 최고사령관의 령도체계도 확고히 서 있다"는 것이다. 당과 수령의 영도가 분리될 경우, "쏘련에서는 군대가 최신군사과학기술에 기초하여 생산된 현대적인 군사장비들로 무장하였으며 군대안에 명령지휘체계도 비교적 정연하게 서있었다. 그러나 군대안의 당 조직을 해산한 결과 군대에 대한 당의 령도체계가 마비되고 말았다. 그리하여 한 지휘관이 자기의 주관적 의도에 따라 군부대를 이동시키거나 철수시키는 행동을 하게 되고 종당에는 사회주의가 전면붕괴되는 비극적사태"를 가져 왔다는 것이다. 셋째, "군대안에서 반제교양, 계급교양을 강화"해야 한다. "혁명이 장기화"되면서 "항일혁명투쟁과 조국해방전쟁에서 위훈을 세운 혁명의 1세 2세들"이 사망하고, 따라서 군내에 세대교체가 일어나면서 후세대들에게 "높은 반제의식, 계급의식을 더욱 높여 나갈것을 절실하게 요구"하고 있다는 것이다. "지난 시기 계급적지배와 압박, 혁명의 시련을 겪어 보지 못한 새 세대들이 혁명의 총을 잡고 인민군대의 주력"을 이루고 있기 때문이라는 것이다. 반제, 계급의식의 고양은 "미제가 우리에 대하여 고립압살책동을 로골화할 때는 물론 〈대화〉와 〈협조〉의 간판을 내걸고 우리에게 접근할 때도 혁명적경각성을 더욱 높이고 놈들

의 책동을 예리하게 주시하며 일단 적들이 덤벼 든다면 철저히 짓부실
수 있게 만반의 준비"를 갖추기 위한 것이다. 또한 "지난 시기 사회주의
배신자들은 군대는 어느 정당의 정치리념을 실현하기 위한 군대가 아
니라 국가의 군대로 되여야 한다는 주장을 내세우고 군대의 정치적, 로
동계급적 성격을 부정"함으로써 사회주의 체제의 실패를 가져왔다고 설
명하고 있다. 넷째, "관병일치, 상하일치, 군민일치의 미풍 확립"으로,
"관병일치, 상하일치는 인민군대안에서 동지적단결을 더욱 강화하여 군
대의 전반적정치사상적우월성과 위력을 더욱 높이는 문제이며, 군민일
치는 군대와 인민이 동지적으로 굳게 결합되여 군대의 위력을 높이며
사회의 전반적인정치사상적지반, 사회의 뿌리를 강화하는 문제로 된다.
인민군대가 관병들과 상하사이는 물론 인민대중과 굳게 결합되여 인민
대중의 지지와 신뢰를 받을때 그 위력은 더욱 강화되고 언제 어디서나
필승불패하게 된다는것은 지나 온 우리 혁명의 자랑찬 력사와 선군정
치에 의하여 마련된 오늘의 현실이 증명해 준다"는 것이다. 다섯째, "전
투정치훈련 강화"이다. 전투정치훈련은 "군대의 정치군사적자질을 높이
는 기본고리이며 전투력강화의 기본담보이며, 훈련을 통해 정치군사적
자질과 능력을 부단히 높여 나가야 복잡한 현대전에서 승리"할 수 있
다. 또한 군내의 자만심과 인민위에 군림하는 태도에 대한 경고도 잊지
않는다. "우리 인민군대는 선군정치속에서 풍부한 경험과 어떤 현대전
쟁에서도 승리할수 있는 막강한 위력을 가지게 되였으며 군대에 대한
인민의 신뢰와 지지도 절대적이다. 그렇다고 하여 인민군대는 허장성세
하고 자만도취되여 자기의 위력을 끊임없이 강화하는 사업을 소홀히
해서는 절대로 안되며 더우기 인민의 지지가 크다고 하여 거기에 만족
하여 자기를 과신하는 현상"이 나타나서도 안된다는 것이다.

실천적 방법 둘째, 국방공업중시, 국방공업을 발전을 위한 선군정치
의 실천적인 방법은 먼저, "국방공업의 주체성과 자립성을 강화해 국방

공업에 필요한 원료, 연료, 자재를 자체로 해결하고 군수생산의 만가동을 보장"하며 더불어 "현대군사과학기술의 요구에 맞게 국방과학을 더욱 발전시키며 가치 있는 연구성과들을 국방공업에 끊임없이 도입"하는 것이다. 다음으로 "언제나 국방공업발전에 선차적의의를 부여하고 어떤 조건에서도 국방공업에 필요한 모든것을 최우선적으로 보장"[29]해 주어야 하며, "나라의 사정이 어렵다고 하면서 국방공업발전에 관심을 돌리지 않고 이 문제를 소홀히 한다면 종국적으로는 경제발전도, 인민생활을 높이는 문제"도 해결할 수 없다. 사회주의 조국수호의 물질적 토대이자, 선대수령 김일성의 업적이며 유산인 국방공업중시, 국방공업발전은 포기할 수 없는 혁신과 계승의 대상인 셈이다.

실천적 방법 셋째, 온 사회에 총대중시, 군사중시기풍 확립을 위해서는 첫째, "혁명적군인가정들을 적극 내세우고 혁명적군인가정, 총대가정을 끊임없이 늘여" 나가야 하는데, "조국과 가정은 하나의 운명속에 있으며 함께 발전한다. 따라서 조국을 위하여 자기 가정의 모든것을 다 바쳐 나가는것은 매 가정의 운명의 요구로, 사활적인 것"이다. 특히 "청년들이 혁명의 군복을 입고 총으로 사회주의를 받들어 나가는것은 영원히 사회에 혁명적군풍을 세우고 혁명적군인가정을 꾸리는 사업에도 큰 영향"을 주기 때문이다. 둘째, 전체 인민이 총대를 사랑하고 누구나 군사를 성실히 배우는 기풍을 세워야 한다. 전체 인민은 군사훈련에 자각적으로 성실하게 참여해야하고, 군사조직에 참여해 군사적 자질과 능력을 부단히 높여 나가야 한다. "군사를 성실히 배우는데서 로농적위대원들이 훈련에서 모범이 되는 것이 중요하다. 로농적위대는 전민무장화의 핵심력량이며 민간무력의 기본을 이루고 있다. 그러므로 민간군사훈련에서는 언제나 로농적위대가 앞장에 서야 하며 자기의 훈련성과로

---

29) 당보·군보·청년보, 신년 공동사설, "총진군의 나팔소리 높이 울리며 올해를 새로운 혁명적대고조의 해로 빛내이자," 2009년 1월 1일.

사회의 모든 성원들이 훈련에 적극 참가"하도록 이끌어주어야 한다. 특히 "반항공훈련, 반화학 반원자훈련과 전술훈련, 사격훈련, 대상물방어훈련 등에 성실히 참가"할 것을 주문하고 있다. 셋째, 전쟁노병들과 영예군인들을 적극 내세워 주고 보살펴 주는 기풍을 세우는 것인데, "전쟁로병들과 영예군인들을 적극 내세워 주고 그들의 생활을 잘 보살펴 주는것은 자라나는 새 세대들과 청년군인들을 총대중시, 군사중시의 기풍으로 더욱 철저히 무장시키는데서 중요한 의의"를 가지기 때문이다. 넷째, 제대군인들과 전사자가족들과의 사업을 잘 하는것이 중요한데, "전사자가족들과 인민군후방가족들과의 사업을 잘하는것은 인민군대에 복무하는 군인들에게 커다란 힘을 주고 그들이 군사복무를 영예로, 자랑으로 간직하고 군사복무의 나날을 충성으로 빛내여 나가도록 하는데서 정신적 힘"이 되기 때문이다.

　실천적 방법 넷째, 혁명적 군인정신과 투쟁기풍 따라 배우기운동은 조국보위와 수령결사옹위 정신의 구현이며, 사회주의 강성대국건설구상을 실현하는 구체적인 방법이다. "혁명적군인정신과 투쟁기풍은 당과 수령, 조국과 인민을 위해서는 자기 한몸을 서슴없이 바칠수 있는 영웅적인 희생정신과 기풍으로서 혁명투쟁에서 결사의 각오를 가지고 적극 참가하도록 추동"한다. 특히 "〈고난의 행군〉과 강행군시기 우리 인민을 힘찬 투쟁의 길로 일떠세운 강계정신, 성강의 봉화, 라남의 봉화는 혁명적군인정신과 투쟁기풍의 구현과정에 타오른 선군의 불길, 대진군의 봉화"이다. 군을 앞세우는 선군정치의 독창성은 혁명의 주체를 로동계급에서 군대로 전환하는 이른바, 〈선군후로先軍後勞〉의 원칙으로 드러난다. 군대를 단순히 국가를 보위하는 수단적 역할에서 혁명과 건설을 동시에 수행하는 주체적인 역할로 전환되었다. 즉, "혁명군대는 당과 수령, 조국과 인민에게 충실한 혁명의 정수분자들의 무장집단이다. 혁명군대는 로동자, 농민의 아들딸들로 조직된 사회의 한 부분이며 사회에

인민군대보다 혁명성, 충실성이 높은 집단은 없다. 우리 인민군대는 명실공히 당의 군대, 수령의 군대, 최고사령관의 군대로서 우리 혁명의 주력군"을 형성하며, "제국주의자들의 고립압살책동에 대항해 혁명의 수뇌부를 결사옹위하고, 우리 식 사회주의를 목숨으로 보위하며, 당이 결심하면 우리는 한다는 구호를 높이 들고 최고사령관의 명령을 결사관철하고, 조국보위도 사회주의건실도 다 맡아 하는 인민경제의 주요전선에서 돌파구"를 마련한 것도 인민군대라는 것이 입증되었다는 것이다.

다. 선군정치의 목표: 사회주의 강성대국 건설구상의 등장[30]

1998년 1월 1일 신년 공동논설은 '고난의 행군' 대신 '사회주의 총진군'을 호소했다. '사회주의 총진군, 강행군'은 북한의 당시의 위기를 1950년대 천리마운동 개시 당시 상황에 비유한 슬로건, 즉 50년대식 방식이다. 소련 등으로부터 원조가 끊기면서 자력으로 사회주의건설을 해야 하는 어려운 상황이었지만, 1950년대 고성장의 경험에 따른 자신감이 있었고 사회주의를 건설한다는 목표가 있었다.

---

30) 북한의 공식매체에서 '주체의 강성대국'이란 용어의 최초 등장은 김진국의 "백두의 붉은기 정신은 우리 인민의 영원한 혁명정신,"『로동신문』(1998년 1월 18일)이다. 그리고 공식화된 강성대국론은 최칠남·동태관·전성호, "정론 강성대국,"『로동신문』(1998년 8월 22일), 강성대국론의 결정판은 사설 "위대한 당의 령도 따라 사회주의 강성대국을 건설해 나가자,"『로동신문』(1998년 9월 9일)이라고 볼 수 있다. 더불어 '강성대국론'이 슬로건 차원을 넘어서 체계화된 국정운영의 방향으로 제시된 것은 정관룡·진웅, "위대한 김정일 동지는 숭고한 애국 애족의 리념을 꽃피워 나가시는 절세의 위인이시다,"『로동신문』(1998년 7월 12일); 김진국, "주체의 강성대국,"『로동신문』(1998년 8월 4일) 등이다. 서동만, "북한 정치체제 변화에 관한 시론," p. 186; 김정은 체제 등장 이후 즉 2012년 이후에는 강성국가라는 용어를 주로 시용하고 있다. "**강성국가**의 대문을 열기 위한 올해의 투쟁에서 빛나는 승리를 이룩함으로써 사회주의**강성대국**을 전면적으로 건설하는 새로운 높은 단계에 들어서야 한다." 2012년 신년사.

그러나 고난의 행군도 사회주의 강행군도 위기를 타개한다는 소극적인 대응만 있을 뿐, 적극적인 목표는 제시되지 못했다. 1990년대 후반 김정일 위원장의 권력승계를 위해서는 당면한 위기를 타개하고 보다 희망찬 목표를 인민들에게 제시할 필요가 있었다. 이러한 필요에서 등장한 것이 '강성대국'이란 슬로건이었다. 건국 50주년을 맞아 주민들에게 동원목표로 제시한 북한식 '부국강병론'이라 할 수 있다

1998년 2월 김정일 위원장의 자강도 현지지도를 전후해 '강성대국' 구상이 제시되었다.[31] 같은 해 8월 31일 '광명성 1호'를 발사하고 이를 강성대국으로 진입하는 신호탄의 의미를 부여하면서 전면화되었다.

강성대국 건설구상은 3가지 구체적인 목표로 제시되었다. 첫째는 사상·정치강국 건설이고, 둘째는 군사강국 건설이며, 셋째는 경제강국 건설이다. 사상강국이란 "주체사상에 기초한 당과 혁명대오의 공고한 사상의지적 통일단결이 이룩된 나라", 군사강국은 "강력한 공격수단과 방어수단을 다 갖춘 무적필승의 강군, 전민무장화, 전국 요새화가 빛나게 실현되어 그 어떤 원쑤도 범접할 수 없는 난공불락의 보루"였다. 경제강국은 "사회주의 건설을 다그쳐 경제를 활성화하고 자립경제의 위력을 높이 발양시키면 우리 조국은 모든 면에서 강대한 나라로 빛을 뿌리게 된다"[32]고 설명하고 있다.

한편 북한은 2001년 신년 공동사설에서 '신사고'에 기초해 강성대국 건설을 위한 모든 부문, 모든 분야에 '종자론'[33]을 관철할 것을 촉구했

---

31) 북한은 중앙방송(1998.4.8)을 통해 "강선의 정신과 강계의 혁명정신으로 일어날 때 조국은 위대한 강성대국으로 만방에 위력을 떨칠 것이다"라고 하였고, 판문점 동포 단합대회(1998.8.5)에서도 "민족대단결로 분렬주의 세력이 구축한 분단의 장벽을 단호히 허물어 버리고 부강번영하는 통일 강성대국을 건설"하자고 주장했다.

32) "위대한 당의 령도 따라 사회주의 강성대국을 건설해 나가자", 『로동신문』, 1998년 9월 9일.

33) 1973년 4월 김정일의 「영화예술론」에 등장하는 '종자론'은 "사업에서 근본을

다.[34] '신사고론'은 강력한 국가경제력을 확보하기 위해 새 세기의 요구
에 맞게 사고방식, 투쟁기풍 등에서 근본적인 혁신을 이루어야 한다는
것으로 과거 다른 나라의 낡은 틀과 관례를 전면적으로 재검토하는 '우
리식(북한식)'의 방법론이다.[35]

강성대국론은 대내적으로 김정일 시대의 출범에 즈음해 주민들에게
희망을 줄 수 있는 새로운 정치이념이 필요했고, 대외적으로는 북한정
권이 건재함을 과시하는 슬로건으로 자리를 잡았다.

Ⅳ. '선군정치'의 지속성과 변화: 체제유지와 국가발전전략의 전환?

선군정치의 변주가 시작된 시기는 김정은 시대의 등장과 함께 진행
된 것으로 보아야할 것이다. 이러한 변화는 김정일 시대와 뚜렷이 구분
되는 현상이다. 북한은 2009년 『김정일선집(증보판)』을 발행하면서 선
군정치를 강화한 반면, 김정은 시대의 선군정치는 선대의 업적에 대한
헌사로 그 역할이 제한되었다. 그럼에도 불구하고 '김일성-김정일주의'
라는 선대의 유훈통치 전통이 계승되고 있는 북한사회에서 선군정치의
흔적이 완전히 제거될 가능성은 없지만, 적어도 국가 통치이데올로기,
국가발전전략으로의 역할이 지속될 가능성은 낮아 보인다.

이루는 핵을 틀어쥐고 근원적 문제부터 혁명적으로 풀어 사업전반에서 변혁
을 이룩해 나간다"는 김정일식 사업방식이다. 조선로동당출판사, 『김정일선집
5(증보판)』 (평양: 2010), pp. 18~385.
34) "고난의 행군에서 승리한 기세로 새 세기의 진격로를 열어 나가자," 『로동신문』,
2001년 1월 1일.
35) "모든 문제를 새로운 관점과 높이에서 보고 풀어 나가자," 『로동신문』, 2001년
1월 9일.

1. 『김정일선집(증보판)』에 나타난 선군정치

『김정일선집(증보판)』 편찬위원회는 편찬이유를 "『김정일선집』 증보판에서는 이미 선집에 나간 로작들을 수록하면서 김정일동지께서 혁명활동의 각이한 시기, 각이한 년대들에 집필하신 로작들가운데에서 '선군혁명령도'와 관련한 로작들을 비롯하여 선집에 수록되지 못하였던 중요로작들을 새로 많이 수록"하기 위함이라고 밝히고 있다.[36)]

〈표 4〉 『김정일선집』(증보판) : '선군' 관련 문건 분석

년도	문건	발표	권호	분야
2000	조선인민군공훈합창단은 당의 선군정치를 앞장에서 받들어 나아가는 진격의 나팔수가 되여야 한다	조선인민군공훈합창단 창작가, 예술인들과 한 담화,(2000.6.27.)	20권	예술
2001	위대한 수령님과 당의 군령도업적을 고수하고 빛내여나가야 한다	조선인민군 지휘성원들과 한 담화, (2001.1.3.)	20권	정치
2001	인민군대는 모든 면에서 사회의 본보기가되며 선도자적역할을 수행하여야 한다	조선인민군 지휘성원들과 한 담화, (2001.1.28.)	20권	군사
2001	우리 당의 선군정치는 위력한 사회주의 정치방식이다	조선로동당 중앙위원회 책임일군들과 한 담화,(2001.7.5.)	21권	정치
2002	백두의 선군전통은 우리 혁명의 만년초석이며 백승의 보검이다	조선인민군 지휘성원들과 한 담화, (2002.2.19.)	21권	군사
2002	인민군대는 선군혁명의 주력군답게 인간개조, 사상개조사업에서도 앞장서나가야 한다	조선인민군 지휘성원들파 한 담화, (2002.12.18.)	21권	정치
2003	선군정치를 튼튼히 틀어쥐고 일심단결을 더욱 강화하며 사회주의제도의 우월성을 높이 발양시키자	조선로동당 중앙위원회 책임일군들과 한 담화,(2003.1.2.)	21권	정치
2003	선군혁명로선은 우리 시대의 위대한 혁명로선이며 우리 혁명의 백전백승의 기치이다	조선로동당 중앙위원회 책임일군들과 한 담화,(2003.1.29.)	21권	정치
2003	기자, 작가들은 혁명의 필봉으로 당을 받드는 선군혁명투사가 되여야 한다	기자, 작가들과 한 담화,(2003.2.3.)	21권	언론

---

36) 『김정일선집 1(증보판)』 (평양: 조선로동당출판사, 2009), 서문.

년도	문건	발표	권호	분야
2003	선군시대에 맞는 사회주의적생활문화를 확립할데 대하여	조선로동당 중앙위원회 책임일군들과 한 담화,(2003.2.10.)	21권	정치
2003	선군시대가 요구하는 훌륭한 예술인재를 키워내자	제2차 전국예술교육일군열성자회의 참가자들에게 보낸 서한,(2003.3.27.)	21권	예술
2003	당이 제시한 선군시대의 경제건설로선을 철저히 관철하자	당, 국가, 경제기관 책임일군들과 한 담화,(2003.8.28.)	22권	경제
2005	주체혁명의 새시대, 선군시대의 우리 일군들은 당의 기초축성시기 일군들처럼 살며 투쟁하여야 한다	당, 국가책임일군들과 한 담화, (2005.1.9.)	22권	정치
2005	선군의 기치를 높이 들고 인민군대를 강화하는데 계속 큰 힘을 넣을데 대하여	조선인민군 지휘성원들과 한 담화, (2005.1.23,29)	22권	군사
2005	조선로동당창건 60돐을 성대히 경축한 것은 우리 당과 선군조선의 필승불패의 위력을 과시한 력사적사변이다	당, 국가, 군대책임일군들과 한 담화, (2005.10.10.,15)	22권	정치
2005	백마-철산물길은 로동당시대, 선군시대의 위대한·창조물이다	백마-철산물길올 돌아보면서 일군들과 한 담화,(2005.12.4.)	22권	경제
2007	일심단결의 위력으로 선군조선의 존엄과 위용을 높이 떨쳐야 한다	조선로동당 중앙위원회 책임일군들과 한 담화,(2007.2.17.)	23권	정치
2007	위대한 선군의 기치높이 김일성동지의 위업, 주체혁명위업을 승리적으로 완성해나가자	당, 군대책임일군들과 한 담화, (2007.4.18.)	23권	정치
2007	흥남의 로동계급이 창조한 군중문화예술은 선군시대 로동계급의 본보기예술이다	흥남비료련합기업소 종업원예술소조공연과 함경남도예술단 예술선전대공연을 보고 일군들과 한 담화,(2007.8.11,12)	23권	예술
2007	청년들은 주체의 청년운동의 전통을 이어 선군시대 청년전위의 영예를 높이 떨쳐나가자	청년사업부문 일군들과 한 담화, (2007.8.22.)	23권	정치
2008	관현악파 합창 ≪눈이 내린다≫는 선군시대의 기념비적대걸작이다	공훈국가합창단공연을 보고 당, 군대책임일군들과 한 담화, (2008.5.1.)	23권	예술
2009	원산청년발전소는 강원도인민들의 높은 정신력에 의하여 일떠선 선군시대의 위대한 창조물이다	원산청년발전소를 현지지도하면서 일군들과 한 담화,(2009.1.5.)	24권	경제
2009	대학생들의 예술소조공연은 혁명적군인정신이 맥박치는 훌륭한 공연이다	평양시내 대학생들의 예술소조공연올 보고 일군들과 한 담화, (2009.3.18.)	24권	예술
2009	새로 재건한 평양대극장은 선군시대의 훌륭한 문화전당이다	새로 개건한 평양대극장을 돌아보면서 일군들과 한 담화,(2009.4.4.)	24권	예술

년도	문건	발표	권호	분야
2009	녕원발전소는 혁명적군인정신이 낳은 선군시대의 자랑스러운 창조물이다	새로 건설한 녕원발전소를 현지지도하면서 일군들과 한 담화,(2009.4.18.)	24권	예술
2010	미곡협동농장은 선군시대 본보기농장의 영예를 계속 빛내여나가야 한다	사리원시 미곡협동농장을 현지지도하면서 일군들과 한 담화, (2010.3.13.)	25권	경제
2010	대학생들을 숭고한 정신과 풍부한 지식을 겸비한 선군혁명의 믿음직한 골간으로 키워내야 한다	김일성종합대학 전자도서관, 교육과학전시관, 수영관을 돌아보면서 일군들과 한 담화,(2010.4.12.)	25권	교육
2010	9월방직공장은 우리 당의 선군정치를 천생산으로 받드는 최고사령부의 피복창이 되여야 한다	9월방직공장을 현지지도하면서 일군들과 한 담화,(2010.7.29.)	25권	경제
2011	연극 ≪오늘을 추억하리≫는 선군시대 문학예술을 대표하는 기념비적걸작이다	국립연극단에서 새로 창조한 연극 ≪오늘을 추억하려≫를 보고 일군들과 한 담화,(2011.7.13.)	25권	예술

『김정일선집(증보판)』의 선군정치 관련 문건은 총 29건으로, 정치분야 11건, 예술분야 8건, 경제분야 5건, 군사분야 3건, 그리고 언론과 교육분야 각 1건의 문건을 수록하고 있다. 총 25권의 선집에 정치, 경제 등 전체 분야를 망라하고 있으며, 한 권당 1건 이상의 선군정치 관련 문건이 수록되어 있다.

2. 김정은 발표 문건에 나타난 선군정치

『김정일선집(증보판)』이 강조하고 있는 '선군'의 체계화와는 달리 2011년 12월부터 등장하는 이른바 김정은 발표 문건은 제목이나 내용에서 '선군'을 발견하기 쉽지 않다. 김정은 위원장 어록이 공식적으로 등장하는 시기는 2011년 12월 31일이다.

〈표 5〉 김정은 위원장 발표 문건: ; '선군' 관련 문건 분석

년도	문건	발표	분야
2012	선군의 기치를 더 높이 추켜들고 최후승리를 향하여 힘차게 싸워나가자	위대한 수령 김일성대원수님탄생 100돐 경축 열병식에서 한 연설, 2012년 4월 15일	정치
2012	혁명가유자녀들은 만경대의 혈통, 백두의 혈통을 굳건히 이어나가는 선군혁명의 믿음직한 골간이 되여야 한다	만경대혁명학원과 강반석혁명학원창립 65돐에 즈음하여 학원교직원, 학생들에게 보낸 서한, 2012년 10월 12일	교육
2013	김정일동지의 위대한 선군혁명사상과 업적을 길이 빛내여나가자	선군절에 즈음하여 당보 《로동신문》, 군보 《조선인민군》에 준 담화, 2013년 8월 25일	군사
2014	청년들은 당의 선군혁명위업에 끝없이 충실한 전위투사가 되자	김일성사회주의청년동맹 제4차 초급일군대회 참가자들에게 보낸 서한, 2014년 9월 18일	정치

* 자료: 문건은 2011년 12월 31일부터 2017년 12월 31일까지 공식적으로 등장하는 문건을 취합한 것임.

이후 2017년 12월 31일까지 공식적으로 등장하는 문건은 모두 217건으로 제목에 '선군'을 표기한 문건은 4건에 불과하다. '선군' 대신 '김일성-김정일주의', '주체' 등 북한의 전통적인 정치 슬로건들이 자주 등장하는 것이 특징이다. 물론 문건의 내용중 '선군'을 표기하는 사례는 발견되지만 대체로 선대의 업적을 상징적으로 강조하는 수준이상을 벗어나지 않고 있다.

3. 공식 매체에 나타난 선군정치

김정은 위원장 발표 문건이 '선군'을 사용하지 않은 반면, 공식매체인 『조선중앙통신』은 '선군'을 비교적 자주 사용하고 있고, 주요 논평, 논설 등을 통해 '선군정치' '선군혁명령도' 등 정치적 활용 폭이 비교적 높은 편이다.

〈표 4〉 조선중앙통신: '선군' 관련 보도 분석

	2014	2015	2016	2017	2018	2019*
전체문건	186	125	116	60	11	10
주요문건**	56	29	34	17	4	3

* 자료: 『조선중앙통신』 2014~2018,
* 2019년 9월까지 통계 ** 의례적인'선군'표기 문건은 제외.

그러나 2018년 이후 『조선중앙통신』의 '선군'이라는 용어가 급격하게 감소하는 현상이 나타나고 있다. 2017년 '선군'이 등장하는 전체보도량 60건 중 주요기사가 17건으로 전년 대비 절반수준으로 축소되기 시작해서, 2018년 11건에 4건, 2019년 9월 현재 10건에 3건으로 보도량이 줄어들고 있다.

한편 신년사에 등장하는 '선군' 역시 해를 거듭할수록 사용빈도가 낮아지는 경향이 나타나고 있으며, 2018년과 2019년에는 용어 자체가 신년사에서 사라졌다. 김정일 위원장 사망시점에 이미 작성이 시작된 것으로 봐야하는 2012년 신년사의 17건을 제외하면 2013년 6건, 2017년에는 단 1건이 발견될 뿐이다.

'선군'이라는 전략과 함께 목표로서의 '강성대국(국가)' 역시 사용빈도가 축소되거나 사용을 자제하고 있다. 이러한 현상은 매우 이례적인데, 조선중앙통신 역시 강성국가[37]라는 용어 사용이 감소했다. '선군'과 '강성국가(대국)'이라는 슬로건의 사용과 관련해서 당국 차원의 일정한 조정이 진행되고 있는 것으로 분석이 가능한데 지속적인 관찰과 연구가 필요한 부분이다.

---

37) 조선중앙통신에 나타난 '강성국가' 용어의 마지막 기사는 2016년 4월의 기사이다. "강성국가건설의 전환적국면을 열어놓은 주체98(2009)년의 150일전투와 100일전투," 『조선중앙통신』, 2016년 4월 14일. 조선중앙통신이 보도한 마지막 '강성대국' 용어 역시 "노래 ≪강성대국총진군가≫"(2017.11.29) 가사이다.

〈그림 2〉 신년사(2012~2019): '선군'과 '강성(국가)' 분석

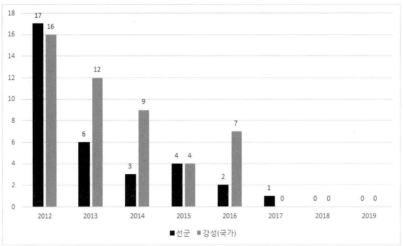

* 자료: 북한 신년사 각 년도.

V. '선군정치'의 변주는 '경제건설 총집중노선'으로 무사히 전환할 수 있을까?

김정은 시대의 선군정치는 새로운 전환점에 위치해 있는 것으로 보인다. 그리고 2018년 새로운 국가발전전략인 '경제건설 총집중노선'은 북미관계 정상화와 맞물려 김정은 시대의 새로운 국가비전으로 전환을 모색하고 있다. 이미 정치군사, 경제, 사회, 문화예술, 교육 등 북한사회 전체 영역에서 선군정치는 새로운 변곡점에 위치해 있는 것이다.

김정일 시대에 등장해서 강성대국이라는 '실용적 목표'를 위해 활용되었던 '거친방법'으로서 선군정치가 어떤 변주를 보여줄지 몇 가지 질문을 다시 점검해야 할 것이다. 선군정치는 북한체제 보장을 위해 여전히 유효한가, 선군정치는 북한사회를 어떻게 변화시켰는가, 그리고 김정은 시대의 선군정치는 어떤 지속성과 변화된 모습을 보여줄 것인가?

참고문헌

1. 국내문헌

곽승지. "김정일시대의 북한이데올로기: 현상과 인식."『통일정책연구』제9권 2호 (2000).

김진환. "북한의 선군정치(先軍政治) 연구." 동국대학교 사회학과 석사논문, 2000.

서동만. "북한 정치체제 변화에 관한 시론."『북조선 연구』. 파주: 창비, 2010.

이대근. "조선인민군의 정치적 역할과 한계-김정일 시대의 당·군관계를 중심으로." 고려대학교 정치외교학과 박사학위논문, 2000.

정성장. "김정일 시대 북한의 선군정치와 당군관계."『국가전략』제7권 3호 (2001).

_____. "김정일의 '선군정치': 논리와 정책적 함의."『현대북한연구』4권 2호 (2001).

진희관. "북한에서 '선군'의 등장과 선군사상이 갖는 함의에 관한 연구."『국제정치논총』제48집 1호 (2008).

2. 북한문헌

김철우.『김정일장군의 선군정치』. 평양: 평양출판사, 2000.

서동명.『선군정치는 사회주의위업승리의 위력한 담보』, 평양: 과학백과사전출판사, 2002.

조선로동당출판사,『김정일선집』(증보판), 평양: 조선로동당출판사, 2009. 각 권.

3. 기타자료

『연합뉴스』
『월간조선』
『조선중앙통신』
『로동신문』

[제 2 장]

선군시대 북한사회의 지배이데올로기 변화

김진환

Ⅰ. 머리말

이데올로기(ideology)는 특정 개인이나 집단의 이해를 대변하는 사상, 가치관 등의 총체다. 사회의 지배집단은 '강압'뿐 아니라 피지배집단의 자발적 '동의'를 이끌어내야만 비로소 자신이 주도적으로 만들어 온 정치·경제구조를 안정적으로 유지·발전시킬 수 있다. 따라서 지배집단은 '강압에 의한 지배'를 위해 상세한 법규와 사법기관을 갖추듯이, '동의에 의한 지배'를 위해 지배이데올로기를 정식화·체계화하고, 대중매체, 언론, 학교 같은 '이데올로기적 국가기구'를 구축한다.[1]

북한사회의 지배집단인 조선노동당이 오랜 전부터 정식화·체계화하고, 관영매체와 선전수단, 학교 등을 활용해 피지배집단인 인민대중에게 내면화시키려 한 '전통적' 지배이데올로기는 '주체사상'과 '집단주의'였다. 주체사상은 한마디로 요약하면, 정치·경제·군사적 예속을 거부하며 혁명과 건설을 인민대중의 힘으로 개척해가야 한다는 사상이다.[2] 조선노동당은 1960대 중반 일시적 경제침체, 사회주의 진영 분열 등에

1) 김진환, "북한 지배이데올로기의 형성과 내면화," 강정구 외, 『시련과 발돋움의 남북현대사』(서울: 선인, 2009), p. 395.
2) 김정일, "주체사상에 대하여(1982. 3. 31)," 『김정일 선집 7』(평양: 조선로동당출판사, 1996), pp. 143~216.

대응해 주체사상을 정식화·체계화하며 주체사상 교양에 주력했다. 한편, 집단주의는 사회의 공통이해가 존재한다는 것을 전제로 개인의 개별이해보다 사회의 공통이해를 더 소중히 여기는 사상으로 정의할 수 있는데, 조선노동당은 주체사상 교양과 마찬가지로 집단주의 교양을 1960년대 중반부터 크게 강화했다.[3]

하지만, 1980년대 중반 이후 안으로는 채취·전력공업 부진, 밖으로는 소련·중국의 대북정책 변화 같은 요인들이 결합되며 경제 후퇴가 시작되자 전통적 지배이데올로기의 영향력이 점차 약화됐다. 김일성이 "부닥치는 난관 앞에서 겁을 먹고 물러서거나 자포자기하는 유해한 사상"으로 정의한 '패배주의'가 확산돼 나갔고, 추가 수입을 얻을 목적으로 조직되는 '부업경리'가 활성화되면서 집단주의에 반하는 '개인이기주의'도 성장하기 시작한 것이다.[4]

조선노동당은 이러한 정치사상적 동요에 대응해 초기에는 "비사회주의적 현상" 타파를 외치며 '공안통치'로 대응했다. 하지만 김정일도 인정했듯이 "빈 밥그릇"을 앞에 둔 인민들이 교양만으로 "사회주의적 애국주의사상"을 가질 수는 없는 노릇이었다.[5] 결국 조선노동당은 1990년대 들어 '선군정치'를 통해 안팎 위기요소에 대응하면서, 한편으로는 '새로운' 지배이데올로기를 만들어 인민들의 정치사상적 동요를 진정시키려 하고 있다. 이 글에서는 선군시대 북한사회 지배집단의 지배이데올로기 행보[6]를 크게 김정일 시대와 김정은 시대로 나눠 살펴보면서, 최근 김

---

3) 김진환, "북한 지배이데올로기의 형성과 내면화," pp. 399~407, pp. 416~424.

4) 김진환, 『북한위기론 : 신화와 냉소를 넘어』(서울: 선인, 2010), pp. 92~104.

5) 김정일, "인민생활을 더욱 높일데 대하여(1984. 2. 16)," 『김정일 선집 8』(평양: 조선로동당출판사, 1998), p. 4; 김진환, 『북한위기론 : 신화와 냉소를 넘어』, pp. 101~103.

6) '지배이데올로기 행보'란 사회의 지배집단이 자신의 지배를 정당화하고 강화·유지하기 위해 지배이데올로기를 만들어내고 이를 피지배집단에게 주입하는 활동을 폭넓게 가리키는 개념이다.

정은의 지배이데올로기 행보에 담긴 함의를 정리해보겠다.

II. 김정일 시대: 선군사상의 정식화 · 체계화

이 글에서 말하는 '선군시대'란 북한사회 역사의 특정 국면으로, 북한
사회가 1990년대 들어 위기에 처하면서 시작됐다. 북한사회의 최고 권
력자가 누구였는지를 기준으로 삼으면, 선군시대는 2012년을 기점으로
김정일이 통치했던 시기와 김정은이 통치했던 시기로 구분된다.

김정일은 심각한 경제난에 따른 패배주의와 개인이기주의 확산, 외교
적 고립과 미국의 대북 강압 등에 대응해 국가사업에서 군사(軍事) 부
문에 우선적으로 주력하고, 군대를 체제위기 극복의 첨병으로 내세우는
선군정치(先軍政治)를 시작했다. 선군정치는 크게 경제, 정치사상, 안보
세 측면에서 전개됐는데, 구체적으로는 주요 생산 현장에 군대 노동력
을 동원해 생산 정상화를 도모하고, 이 과정에서 만들어진 군대의 정치
사상적 모범을 전파하며, 핵 · 미사일 개발을 통해 재래식 무기 열세 극
복, 미국 당국과의 협상 등을 추구했다(〈그림 1〉).

[그림 1] 북한사회 위기와 선군정치

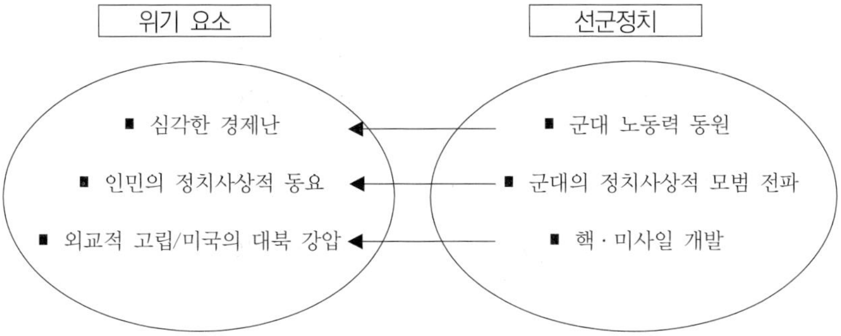

위기 요소	선군정치
■ 심각한 경제난 ◄─	■ 군대 노동력 동원
■ 인민의 정치사상적 동요 ◄─	■ 군대의 정치사상적 모범 전파
■ 외교적 고립/미국의 대북 강압 ◄─	■ 핵 · 미사일 개발

조선노동당은 2000년대 들어 공업·농업 생산 능력 회복, 조직생활과 대중운동의 재개, 남북정상회담, 북·미 협상, 중국·러시아와의 관계 복원 등을 통해 어느 정도 위기가 완화되자[7] 선군정치 경험을 '이론화' 하기 시작했다. 1960년대 중반 일시적 경제침체를 맞아 일제 강점기 민족해방투쟁, 전후 복구와 소련·중국과의 갈등 같은 경험을 토대로 '주체사상'을 정식화·체계화해 갔듯이, 1990년대 선군정치를 통한 위기 대응 경험을 토대로 '선군사상'을 정식화·체계화해나간 것이다.[8]

북한사회의 가장 대표적인 이데올로기적 국가기구는 『로동신문』이다. 따라서 『로동신문』은 북한사회 지배집단의 지배이데올로기 행보를 확인하는 1차 자료로서 유용성이 높다. 『로동신문』에 선군사상이라는 단어가 처음 등장한 건 2001년 4월 25일 사설이다. 하지만 이 사설에는 선군사상이라는 단어가 등장할 뿐 선군사상의 내용이 무엇인지에 대한 설명은 없었다.[9] 선군사상은 그로부터 조금 더 시간이 흐른 2002년 가을부터 본격적으로 정식화된 것으로 보인다.

2002년 10월 5일 『로동신문』은 "선군사상은 주체사상의 근본원리에 기초한 사상이며 주체사상을 구현하기 위한 실천투쟁 속에서 나온 혁

---

7) 북한사회 위기의 발생, 심화, 완화에 대한 자세한 논의는 아래 책 참고. 김진환, 『북한위기론 : 신화와 냉소를 넘어』 (서울: 선인, 2010).

8) 김정일은 지배이데올로기가 구체적 실천 경험을 토대로 만들어진다는 사실과 지배이데올로기 전파의 중요성을 일찍부터 자각하고 있었다. 선군사상의 정식화·체계화도 이러한 맥락에서 이루어졌다. "사회주의사상과 리론은 로동계급의 혁명투쟁이 발전하는 행정에서 시대의 요구와 혁명실천의 경험을 일반화한데 기초하여 마련되며 그것은 사회주의를 위하여 투쟁하는 인민대중의 사상리론적무기로, 투쟁의 지침으로 된다. (…) 로동계급의 당은 사회주의위업수행의 옳은 지도사상과 지도리론을 마련하는것과 함께 그것으로 인민대중을 무장시키기 위한 교양사업을 잘하여야 한다." 김정일, "사상사업을 앞세우는 것은 사회주의위업수행의 필수적 요구이다(1995. 6. 19)," 『김정일 선집 9』 (평양: 조선로동당출판사, 1997), p. 51.

9) 진희관, "북한에서 '선군'의 등장과 선군사상이 갖는 함의," 『국제정치논총』 제48집 제1호 (2008), p. 384.

명사상"이라는 표현으로[10] 주체사상과 선군사상의 관계를 언급했다. 곧
이어 조선노동당은 2003년 신년공동사설에서 "주체사상에 기초한 우리
당의 선군사상은 사회주의위업수행의 확고한 지도적지침이며 공화국의
륭성번영을 위한 백전백승의 기치"라며 선군사상의 실천적 의의를 정리
했다.

이어서 김정일이 2003년 1월 29일 조선노동당 중앙위원회 책임일군
들과 한 담화(이하 1.29담화)에서 선군사상을 "선군후로의 사상", 곧 노
동계급이 아닌 군대를 혁명의 주력군으로 규정한(先軍後勞) 사상으로
좀 더 구체적으로 정의했다. 두 달 여 뒤에는 『로동신문』 편집국논설
(2003. 3. 21)에서 선군사상을 "군사를 모든 것에 앞세울데 대한 군사선
행의 사상이며 군대를 혁명의 기둥, 주력군으로 내세우고 그에 의거할
데 대한 선군후로의 로선과 전략전술"로 정의함으로써[11] 선군사상 정식
화 작업은 일단락됐다.

특히 김정일은 1.29담화에서 "어느 때 어디에서나 로동계급이 혁명의
주력군으로 된다고 보는것은 선행리론에 대한 교조적관점"이라면서 미
국의 대북 강압 강화라는 객관적 조건 변화,[12] 현재 북한사회에 "혁명
성과 조직성, 전투성에 있어서 인민군대보다 더 강한 집단"은 없다는
사실 등을 종합적으로 고려해 노동계급 대신 군대를 혁명의 주력군으
로 내세워야 한다고 역설했다.[13] 김정일이 이처럼 군대를 혁명의 주력
군으로 본 건, 위기에 처한 북한사회에서 개인이기주의가 확산되고 비

---

10) 위의 글, p. 389.

11) 위의 글, p. 390.

12) 당시는 부시 대통령이 2002년 1월에 북한 당국을 '악의 축'으로 지칭한 뒤 북·
   미관계가 악화일로를 걷던 상황이었다.

13) 김정일, "선군혁명로선은 우리 시대의 위대한 혁명로선이며 우리 혁명의 백전
   백승의 기치이다(2003. 1. 29),"『김정일 선집 15』(평양: 조선로동당출판사, 2005),
   pp. 356~360.

사회주의 현상이 만연하는 등 인민대중 중에서 '군인이 아닌 인민'의 정
치사상적 동요가 심각했기 때문이다. 아래 인용문처럼 위기 당시 김정
일은 정치사상적 측면에서 '군인이 아닌 인민'보다 '군인'을 더 높이 평
가하고 있었고, 이러한 맥락에서 "혁명의 주력군 문제, 혁명과 건설에서
혁명군대의 역할문제에 대한 새로운 견해, 새로운 관점"[14]을 제시한 것
이다.

> 많은 군부대를 현지지도하면서 전투적 기백이 넘치는 군인들의
> 기상을 보다가 김일성종합대학 학생들의 예술소조 공연을 보니 너무
> 도 차이가 많습니다. 확실히 총을 메고 조국의 방선을 지키고 있는
> 군인들과 후방에서 책상머리에 앉아 공부하고 있는 대학생들이 다릅
> 니다. (…) 사회의 청년들이 기백이 없고 양기가 없는 것은 청년동맹
> 사업에도 문제가 있지만 기본은 당사업에 문제가 있는 것 같습니다.
> 지금 군대에서는 당정치사업을 활발히 하고 있지만 사회의 당정치
> 사업은 맥이 없습니다. (…) 당일군들이 군중 속에 들어가 정치사업
> 을 하는 것은 없고 신문과 방송에서만 떠드는데 인민들은 전기사정
> 때문에 테레비죤도 제대로 보지 못하고 있습니다. 그러니 인민들의
> 정치적 각성이 높아질 수 없습니다.[15]

조선노동당은 이듬해 이러한 '새로운 주력군 이론'에 따라 혁명의 주
체 이론도 보완했다. 선군정치 실행 이전에는 혁명의 주체를 '수령, 당,
대중의 통일체'로 규정했었는데 "주체혁명의 새시대인 선군시대"에는 군
대가 선도적 역할을 하게 됨으로써 혁명의 주체도 '수령, 당, 군대, 인민
의 통일체'로 규정해야 한다는 것이다.[16] 이처럼 선군사상 정식화 과정

---

14) 위의 글, pp. 358~359.
15) 김정일, "조선노동당 중앙위원회 책임일군들과 한 담화(1996. 12. 7)," 『월간조
　　선』, 1997년 4월호 (1997).
16) 김진환, "조선로동당의 선군정치 서술," 정영철 외, 『조선로동당의 역사학 : 조

에서 인민대중을 '인민'과 '군대'로 나누는 이분법도 자리 잡아 나갔다.

한편 김정일은 1.29담화에서 주체사상과 선군사상·선군정치의 관계를 해명하고 설명하는데 주의를 기울였는데[17] 이와 관련해 조선노동당은 2004년판 당사(『조선로동당력사』)에서 인민대중의 자주성 옹호·실현이라는 주체사상의 요구는 "인민대중의 자주적지향의 유린자이며 교살자인 제국주의가 남아있는 한" "오직 선군사상과 그 구현인 선군정치에 의해서만 확고히 실현될 수 있다"고 최종적으로 정리했다.[18]

흥미로운 점은 2004년판 당사 발간 전후로 선군사상 창시자를 둘러싼 당 선전사업의 혼란이 존재했다는 사실이다. 조선노동당은 2003년 12월 10일 발간한 단행본까지는 선군혁명사상 또는 선군사상의 창시자를 김일성으로 소개해왔다. 그러다 2003년 12월 22일 『로동신문』 1면 편집국 논설에서 김정일이 "선군사상의 창시자"라는 표현을 처음 썼다. 이후 2004년에 발간한 단행본에서 김정일 창시론을 반복하다가, 2004년 12월 22일 『로동신문』 2면 사설에서 "어버이수령님은 선군사상의 창시자"라는 표현을 쓰며 1년여 만에 김일성 창시론으로 복귀했다. 2004년판 당사 역시 "김정일의 선군혁명사상"이라는 표현으로 김정일 창시론을 고수하다가, 2006년판 당사에서 "위대한 수령 김일성동지의 총대중시사상, 선군사상"이라는 표현을 쓰며 김일성 창시론을 명확히 했다.[19]

이러한 혼란을 통해 우리는 김정일이 생전에 김일성의 혁명사상, 곧 '김일성주의'와 구별되는 자기 혁명사상의 '독자성'을 드러내기보다는, 자신의 역할을 김일성주의의 '심화발전'에 국한하는 방향으로 지배이데

선로동당사 비교연구』(서울: 선인, 2008), p. 233.

17) 김정일, "선군혁명로선은 우리 시대의 위대한 혁명로선이며 우리 혁명의 백전백승의 기치이다(2003. 1. 29)," pp. 364~365.

18) 당력사연구소, 『조선로동당력사』(평양: 조선로동당출판사, 2004), p. 539.

19) 진희관, "북한에서 '선군'의 등장과 선군사상이 갖는 함의," pp. 388~389; 김진환, "조선로동당의 선군정치 서술," pp. 238~240.

올로기 행보를 했음을 알 수 있다. 김정은 역시 김정일의 이러한 행보
를 아래처럼 증언하고 있는데, 이 증언을 토대로 보면 앞에서 소개한
'선군사상 창시자 혼란'을 정리하는 과정에서도 김정일의 개입이 있었다
고 추정할 수 있다.

> 김일성주의를 시대와 혁명발전의 요구에 맞게 발전풍부화시킨 장
> 군님의 특출한 업적으로 하여 이미전부터 우리 당원들과 인민들은
> 수령님의 혁명사상과 장군님의 혁명사상을 결부시켜 김일성－김정
> 일주의로 불러왔으며 김일성－김정일주의를 우리 당의 지도사상으
> 로 인정하여왔습니다. 하지만 한없이 겸허하신 장군님께서는 김정일
> 주의는 아무리 파고들어야 김일성주의밖에 없다고 하시면서 우리 당
> 의 지도사상을 자신의 존함과 결부시키는 것을 극히 만류하시였습니
> 다.[20]

지금까지 알아본 선군사상 정식화와 마찬가지로, 선군사상 체계화도
김정일의 연설과 담화를 토대로 이루어졌다. 김정일은 1995년 1월 1일
조선인민군 다박솔 중대 현지지도 때 훗날 자신이 '총대철학'으로 이름
붙인 혁명원리를 처음 언급했고,[21] 2003년 1.29담화에서는 "혁명의 총대
우에 혁명위업의 승리가 있고 나라와 민족의 자주독립과 번영도 있습
니다. 이것은 위대한 수령님께서 밝히시고 력사에 의하여 그 진리성이
확증된 주체의 혁명원리이며 혁명의 법칙"이라며 총대철학이 김일성주
의의 일부, 총대철학의 창시자는 김일성이라는 점을 분명히 했다.[22]

---

20) 김정은, 『위대한 김정일동지를 우리 당의 영원한 총비서로 높이 모시고 주체
혁명위업을 빛나게 완성해나가자(2012. 4. 6)』(평양: 조선로동당출판사, 2013),
pp. 6~7.
21) 외국문출판사, 『위인 김정일』(평양: 외국문출판사, 2012), pp. 118~119.
22) 김정일, "선군혁명로선은 우리 시대의 위대한 혁명로선이며 우리 혁명의 백전
백승의 기치이다(2003. 1. 29)," p. 353.

나아가 김정일은 총대철학이 바로 선군사상의 '기초원리'라고 규정했
는데,[23] 현재까지 조선노동당이 정식화 한 내용을 보면 총대철학은 크
게 두 가지 원리를 담고 있다. 하나는 "혁명은 총대에 의하여 개척되고
전진하며 완성된다는 원리"이고, 다른 하나는 "군대이자 곧 당이고 국가
이며 인민이라는 원리"다. 요컨대 혁명은 군대에 의하여 개척되고 전진
하며 완성되고, 군대가 있어야 당, 국가, 인민도 있다는 원리가 '총대철
학'이다. 정리하면, 김일성이 창시했다는 총대철학이 모든 국사 중에 군
사를 앞세우고 군대를 혁명의 주력군으로 내세우는 김일성의 선군사상
을 밑받침하고 있는 구조가 선군사상의 체계다(〈표 1〉).[24]

〈표 1〉 주체사상과 선군사상 비교

	주체사상	선군사상
이론화 하는 경험 (시대 규정)	일제 강점기 민족해방투쟁, 전후 복구와 소련·중국과의 갈등 (주체시대)	선군정치를 통한 북한사회 위기 대응 (선군시대)
기초원리	주체철학	총대철학
혁명 주체	수령·당·대중의 통일체	수령·당·군대·인민의 통일체
혁명 주력	노동계급	군대

23) "김정일동지께서는 선군사상을 전일적으로 체계화하시면서 먼저 선군사상의
기초원리를 명백히 규정해주시었다. 그것은 혁명은 총대에 의하여 개척되고
전진하며 완성된다는 총대철학이다." 탁성일 편, 『선군-김정일정치』 (평양:
외국문출판사, 2012), p. 64. "경애하는 장군님께서 정립하신 총대철학은 선군
사상의 초석을 이루는 기초원리이다. 선군사상의 모든 원리와 원칙, 내용들은
총대철학으로부터 출발하고있으며 그에 기초하여 전개되고 체계화되어 있다."
외국문출판사, 『위인 김정일』, p. 114.
24) 이상 김정일 통치 시기 지배이데올로기 행보는 아래 글을 수정·보완했다. 김
진환, "김정은 시대 지배이데올로기의 특징과 전망 : '김일성주의'에서 '김일성
-김정일주의'로," 서보혁·김일한·이지순 엮음, 『김정은에게 북한의 미래를
묻다』 (서울: 선인, 2014), pp. 50~56.

III. 김정은 시대: 다시 호명되는 '인민'과 '노동계급'

　김정은이 집권한 2012년 이후에도 군대는 청천강 계단식발전소 건설, 강원도 세포군 일대 대규모 축산단지 조성, 마식령스키장 건설, 문수물놀이장과 미림승마구락부 건설, 1월 8일수산사업소 건설, 위성과학자주택지구 조성, 미래과학자거리 건설, 5월 27일수산사업소 건설, 김책공대 자동화연구소 건설, 평양국제공항 건설, 과학기술전당 건설 등에 투입됐고, 2016년 봄부터는 1년여간 평양 '려명거리' 건설에 집중 동원됐다. 또한 김정일이 '혁명적 군인정신'을 정치사상적 모범으로 전파했듯이, 김정은은 2013년부터 '단숨에의 정신'을 새로운 모범으로 전파했다.[25] 무엇보다 김정은은 집권 이후 2017년 11월 "국가 핵무력 완성"을 선언할 때까지 핵·미사일 개발을 가속화하며 김정일 시대보다 '안보 선군'을 더 강화했다.

　주목할 점은 김정은이 이처럼 선군정치를 '지속'하는 와중에도 김정일과는 '같고도 다른' 지배이데올로기 행보를 했다는 사실이다. 일단 김정은도 김정일이 그랬듯이 수령의 충실한 후계자로서 선대 수령이 창시한 혁명사상의 심화발전에[26] 주력했다. 예를 들어 김정은의 공개 담화와 연설, 북한사회 관영매체에 실린 글 등을 종합해 평가해보면, 아

---

25) '단숨에의 정신'은 김정일과 김정은이 함께 2011년 5월 희천발전소 건설 현장을 시찰하다가, 군인 건설자들이 건설현장에 새겨 넣은 '단숨에'라는 구호를 보고 큰 감동을 받아 명명했다고 한다. 김정은은 2014년 9월 18일자로 청년동맹 제4차 초급단체일군대회 참가자에게 보낸 서한에서 "청년들은 최고사령관의 명령을 단숨에 최상의 수준에서 집행하는 인민군대의 군인정신, 군인본때를 따라배워 당의 방침들을 당에서 정해준 시간에 당에서 요구하는 높이에서 철저히 관철해야 한다"고 촉구하기도 했다.
26) 조선노동당의 내재적 논리에 따르면 수령의 첫째 사명은 혁명사상의 '창시'고, 후계자의 필수과제는 수령이 창시한 혁명사상을 '심화발전'시키는 것이다. 김진환, "김정은 시대 지배이데올로기의 특징과 전망 : '김일성주의'에서 '김일성−김정일주의'로," p. 47.

래에서 살펴볼 '김정일애국주의', '인민대중제일주의'는 김정은이 제시한 혁명사상이 아니라, 김정은이 발견하거나 재해석한 김일성 – 김정일주의의 주요 요소 또는 본질이다. 그런데, 김정은은 집권 이후 현재까지 김정일과 구별되는 지배이데올로기 행보도 보여주고 있다. 첫째, 김정은은 생전 김정일과 달리 '인민'에 대한 신뢰와 경의를 의식적으로 드러내고 있다. 둘째, 김정은은 자신의 역할을 김일성주의의 심화발전에 국한하려 했던 김정일과 달리, 자신의 독창적 혁명사상을 제시하는데 적극적이다.

1. '김정일애국주의'와 '인민대중제일주의'

김정은은 조선노동당 제4차 대표자회(2012. 4. 11)를 앞둔 2012년 4월 6일 당 중앙위원회 책임일군들과 한 담화(이하 4.6담화)로 지배이데올로기 행보를 시작했다. 이날 김정은은 김정일에 대해 "이민위천을 좌우명"으로 삼았던 "인민의 자애로운 어버이"였다고 평가하며, 앞으로 당 조직은 김정일의 뜻을 받들어 "인민을 하늘같이 여기고 무한히 존대하고 내세워주며 인민의 요구와 리익을 첫자리에 놓고 모든 사업을 진행"하자고 촉구했다.[27] 특히 그는 "수령님식, 장군님식인민관"이라는 표현을 처음 사용했는데, 이는 몇 달 뒤 역시 김정은의 담화를 통해 '김정일애국주의'로 정식화된다.

> 일군들은 누구나 **수령님식, 장군님식인민관**을 따라배워 인민들과 한가마밥을 먹으면서 그들과 생사고락을 같이하여야 하며 인민을 위하여 발이 닳도록 뛰고 또 뛰여야 합니다. (…) 일군들은 인민을 위

---

27) 김정은, 『위대한 김정일동지를 우리 당의 영원한 총비서로 높이 모시고 주체혁명위업을 빛나게 완성해나가자(2012. 4. 6)』, p. 8, p. 13.

한 일밖에 모르고 인민을 위한 일을 성실하고 능숙하게 하며 인민을
위한 일에서 기쁨과 보람을 찾는 인민의 참된 복무자가 되여야 합니
다(강조는 필자).28)

'김정일애국주의'라는 단어는 2012년 5월부터 북한사회 관영매체에
등장하기 시작했다. 김정은은 그해 7월 26일 조선노동당 중앙위원회 책
임일군들과의 담화에서 김정일애국주의의 본질, 기초, 특징 등을 종합
적으로 정식화·체계화하고, 김정일애국주의 교양사업 강화를 위한 원
칙과 방도 등을 제시했다.29) 김정은은 이 담화에서 "이미 여러 기회에
김정일애국주의에 대하여 강조"했는데도 "우리 일군들이 아직 김정일애
국주의에 대하여 깊이있게 리해하지 못하고" 있다고 질책한 뒤 김정일
애국주의를 "우리의 사회주의조국과 우리 인민에 대한 가장 뜨겁고 열
렬한 사랑이며 사회주의조국의 부강번영과 인민의 행복을 위한 가장
적극적이고 희생적인 헌신"으로 정의했다.

또한 김정일애국주의는 "조국은 단순히 태를 묻고 나서자란 고향산천
이 아니라 인민들의 참된 삶이 있고 후손만대의 행복이 영원히 담보되
는 곳이며 그것은 수령에 의하여 마련"된다는 "숭고한 조국관"을 기초로
하고, "인민을 하늘처럼 여기는 숭고한 인민관"에 바탕을 두고 있으며,
"무슨 일을 하나 하여도 자기 대에는 비록 덕을 보지 못하더라도 먼 훗
날에 가서 후대들이 그 덕을 볼수 있게 가장 훌륭하게, 완전무결하게
하여야 한다"는 "숭고한 후대관"으로 인해 더욱 절실하게 다가온다고 정
리했다. 김정일애국주의의 3대 특징을 김정일의 '조국관', '인민관', '후대
관'으로 체계화한 셈이다.30)

---

28) 위의 책, pp. 26~27.
29) 김정은,『김정일애국주의를 구현하여 부강조국건설을 다그치자(2012. 7. 26)』
    (평양: 조선로동당출판사, 2013).
30) 김진환, "김정은 시대 지배이데올로기의 특징과 전망 : '김일성주의'에서 '김일

김정은은 이처럼 집권 첫 해에 김정일애국주의를 정식화·체계화함으로써 김일성주의와 구별되는 '김정일주의' 정식화·체계화의 길을 연 뒤,[31] 2013년 들어서는 김일성－김정일주의의 본질을 '인민대중제일주의'로 새롭게 규정했다. 인민대중제일주의라는 단어는 2013년 1월 29일 조선노동당 제4차 세포비서대회에서 처음 등장했다. 김정은은 이날 연설에서 "당원들을 참다운 김일성－김정일주의자로 준비시키는데서 그들에게 인민에 대한 사랑과 헌신적복무정신을 깊이 심어주는데 특별한 주목을 돌려야" 한다면서, "김일성－김정일주의는 본질에 있어서 인민대중제일주의이며 인민을 하늘처럼 숭배하고 인민을 위하여 헌신적으로 복무하는 사람이 바로 참다운 김일성－김정일주의자"라고 주장했다.[32]

그로부터 2년 9개월 정도 지난 2015년 10월 10일 조선노동당 창건 70돌 경축 열병식 및 평양시군중시위는 김정은 지배이데올로기 행보의 중요한 분기점이었다고 평가할 수 있다. 앞에서 본 김정은의 4.6담화나 제4차 세포비서대회 연설은 듣는 이가 '당원'이었고, 주된 내용은 당원이 김일성·김정일을 따라 인민을 위해 복무하자는 것이었다. 이에 비해 이날 김정은의 연설(이하 10.10연설)은 듣는 이가 "전체 인민들"이었고, 주된 내용도 김정은이 직접 "전체 인민들"에게 감사와 경의를 표시하고 헌신을 다짐하는 것이었기 때문이다. 먼저, 김정은은 흡사 의회민주주의 사회의 선거 유세처럼 들리는 인사말로 연설을 시작했다.

인민의 불같은 충정이 굽이치는 승리의 광장, 경축의 광장에 서고 보니 우리 인민을 떠난 오늘의 이 자리를 어떻게 생각이나 할수 있

성－김정일주의'로," p. 58; 김강민, 『절세의 애국자의 고귀한 정신적유산－김정일애국주의』 (평양: 사회과학출판사, 2016), pp. 71~121.

31) 김진환, "김정은 시대 지배이데올로기의 특징과 전망 : '김일성주의'에서 '김일성－김정일주의'로," pp. 53~61.

32) "北 김정은, "당세포만 강하면 못해낼 일 없다"," 『통일뉴스』, 2013년 1월 31일.

으랴 하는 인민에 대한 고마움에 지금 이 시각 경건한 마음으로 사
랑하는 우리 인민들의 정겨운 눈빛들을 마주하게 됩니다. (…) 혁명
의 준엄한 년대들마다 우리 당에 무한한 힘과 용기를 주었고 강인한
의지로 력사의 험한 풍파속을 뚫고오며 함께 울고 함께 웃으며 언제
나 당과 운명을 함께 해준 사랑하는 전체 인민들에게 당창건 일흔돐
을 맞으며 조선로동당을 대표하여 깊이 허리숙여 뜨거운 감사의 인
사를 삼가 드립니다.[33]

이어서 김정은은 인민대중제일주의를 또 다시 언급하며 "인민을 위하
여 복무하는 것", "인민에게 멸사복무하는 것"을 조선노동당의 "존재방
식"으로까지 규정했다.

> **위대한 김일성−김정일주의는 본질에 있어서 인민대중제일주의이
> 며 우리 당의 존재방식은 인민을 위하여 복무하는것입니다.** 우리 당
> 은 력사상 처음으로 인민중시, 인민존중, 인민사랑의 정치를 펼치시
> 고 한평생 인민을 위하여 모든것을 다 바치신 위대한 수령님과 장군
> 님의 고귀한 뜻을 받들어 오늘도 래일도 영원히 인민대중제일주의의
> 성스러운 력사를 수놓아갈것입니다. 우리 당은 당건설과 당활동을 오
> 직 위대한 수령님과 장군님이 가르쳐주신대로 해나갈것이며 당사업전
> 반에 인민대중제일주의를 철저히 구현하여 전당이 인민에게 **멸사복무**
> 하는것으로써 당의 전투력을 백배해나갈것입니다(강조는 필자).[34]

특히 이날 김정은은 앞으로 조선노동당이 "인민중시, 군대중시, 청년
중시의 3대전략"을 "제일가는 무기로 틀어쥐고 나가겠다며[35] '군대중시'
를 '인민중시' 다음으로 호명했는데, 이를 그가 집권 초에 했던 연설과

---

33) 김정은, 『인민대중에 대한 멸사복무는 조선로동당의 존재방식이며 불패의 힘
　　의 원천이다(2015. 10. 10)』(평양: 조선로동당출판사, 2015), pp. 2~3.
34) 위의 책, pp. 11~12.
35) 위의 책, p. 11.

비교하면 변화가 엿보인다. 김정은은 2012년 4월 15일 김일성 탄생 100돌 경축 열병식 연설 서두에서 선군시대 군대의 업적을 칭송한 뒤 두 가지 과제를 순서대로 제시했는데, 이때는 "인민군대 강화"가 "인민생활향상"에 앞서 나왔기 때문이다.36) 요컨대, 10.10연설 내용만 놓고 보면, 모든 국사 중에 군사(軍事)를 앞세우라는 선군사상의 요구와 괴리가 확인된다. 이러한 괴리 또는 국정의 최우선순위 변화 가능성을 김정은은 어떻게 설명할까? 이와 관련해 10.10연설의 다음과 같은 발언에 주목할 필요가 있다.

> 우리 당에 있어서 인민들의 정치적생명과 물질문화생활을 전적으로 책임지고 돌보아주는것은 한시도 소홀히 할 수 없는 제일중대사로, 본분으로 되여왔습니다. (…) 우리 당은 언제나 인민의 안녕과 생명재산을 믿음직하게 지켜낼수 있는 불패의 군력을 마련하는데 선차적인 힘을 넣어왔습니다. 우리 당의 독창적인 자위로선과 선군정치에 의하여 인민군대는 그 어떤 침략세력도 단매에 때려부실수 있는 최정예혁명강군으로 자라나게 되였으며 전인민적, 전국가적방위체계가 부단히 강화되여 지금 우리 국가는 금성철벽의 요새로, 세계적인 군사강국으로 전변되였습니다. (…) 우리 당은 오늘 우리의 혁명적무장력이 미제가 원하는 그 어떤 형태의 전쟁에도 다 상대해줄 수 있으며 조국의 푸른 하늘과 인민의 안녕을 억척같이 사수할 만단의 준비가 되여있다는것을 당당히 선언할수 있습니다.37)

이러한 발언을 보면, 김정은은 조선민주주의인민공화국이 선군정치 결과 "금성철벽의 요새, 세계적인 군사강국으로 전변"됐기 때문에 이제

---

36) 김정은,『선군의 기치를 더 높이 추켜들고 최후승리를 향하여 힘차게 싸워나가자(2012. 4. 15)』(평양: 조선로동당출판사, 2013).
37) 김정은,『인민대중에 대한 멸사복무는 조선로동당의 존재방식이며 불패의 힘의 원천이다(2015. 10. 10)』, pp. 6~9.

국정의 최우선순위를 바꿀 수도 있다는 생각을 드러냈다고 평가할 수 있다. 그리고 몇 달 지나지 않아 공개 발언 상으로는 국정의 최우선순위가 분명히 바뀌게 된다. 김정은이 2016년 신년사에서 "우리 당은 인민생활문제를 천만가지 국사가운데서 제일국사로 내세우고있습니다"라고 천명한 것이다.

또한 김정일은 10.10연설에서 "조선혁명은 하늘이 주는 신비한 힘에 의해서가 아니라 일편단심 당을 따르고 옹위하는 **영웅적김일성－김정일로동계급을 비롯한 우리 인민**의 위대한 힘에 떠받들려 전진합니다(강조는 필자)"[38]라며 '혁명의 주력군' 지위를 군대에 내주고 있던 노동계급을 의식적으로 호명했다. 김정은은 이미 4.6담화에서 "우리의 미더운 로동계급과 농업근로자들"이라는 표현으로 노동계급을 칭찬한 적이 있는데,[39] 10.10연설을 통해 "미더운 로동계급"을 "영웅적김일성－김정일로동계급"으로 한 단계 더 부각시킨 것이다.

물론 김정은은 김일성－김정일주의에 대한 새로운 해석, 곧 '인민대중제일주의'를 직접 정식화해나가면서도 "인민군대는 혁명의 주력군"이라며 '선군후로의 사상'은 손대지 않고 있다.[40] 하지만, 다른 한편에서는 위기 속에서 제 역할을 하지 못했던 노동계급에 대한 신뢰와 기대를 단계적으로 높여 가고 있는 것도 사실이다. 10.10연설 1년여 뒤 조선직업총동맹 제7차 대회 참가자들에게 보낸 서한에도 김정은의 이러한 노동계급관이 잘 담겨 있는데, 특히 노동계급이 군인들과 "어깨겯고" 나가고 있다는 평가나, "로동계급이 마땅히 주도적이며 선도적인 역할을 수행하여야 합니다"라는 주문 등을 보면, '군대=혁명의 주력군'이라는 공

---

38) 위의 책, p. 13.
39) 김정은,『위대한 김정일동지를 우리 당의 영원한 총비서로 높이 모시고 주체혁명위업을 빛나게 완성해나가자(2012. 4. 6)』, p. 25.
40) 위의 책, p. 16.

식의 변화 가능성까지도 배제할 수 없다.

　　지금 조국땅 이르는 곳마다에서 이룩되고있는 세상을 놀래우는 경이적인 사변들과 전화위복의 기적들에는 **인민군군인들과 어깨곁고 당의 령도를 한마음한뜻으로 받들어나가는 로동계급과 직맹원들**의 애국충정의 피와 땀이 뜨겁게 슴배여있습니다. (…) 오늘의 전인민적총진군에서 **혁명성과 조직성이 강하고 무궁무진한 창조력을 지닌 로동계급이 마땅히 주도적이며 선도적인 역할을 수행하여야 합니다**. 우리 당은 위대한 수령님들의 사상과 령도를 충직하게 받들어온 조선로동계급에게 **영웅적김일성－김정일로동계급**이라는 고귀한 칭호를 주었습니다. (…) 영웅적김일성－김정일로동계급은 온 사회의 김일성－김정일주의화의 기치를 높이 추켜들고 총진군대오를 앞장에서 이끄는 기관차가 되고 사회의 본보기가 되어 사회주의강국건설을 힘있게 추동해나가야 합니다(강조는 필자).[41]

2. '자강력제일주의'와 '우리 국가제일주의'

　지금까지 살펴본 2012년부터 2015년까지 김정은의 지배이데올로기 행보는 주로 김일성－김정일주의 심화발전에 초점이 맞춰져 있었다. 이에 비해, 2016년 이후 김정은의 지배이데올로기 행보는 김일성－김정일주의 심화발전에 머무는 게 아니라, 자신의 독창적 혁명사상을 적극적으로 내놓는 방향으로 나아가고 있다.

　먼저, 김정은은 2015년 신년사에서 "모든 공장, 기업소들이 수입병을 없애고 원료, 자재, 설비의 국산화를 실현하기 위한 투쟁을 힘있게 벌리"자고 호소했고, 2016년 신년사에서 이러한 태도를 '자강력제일주의'로 이름 붙였다.

---

41) 김정은,『김일성－김정일로동계급의 시대적 임무와 직맹조직들의 과업(2016. 10. 25)』(평양: 조선로동당출판사, 2016), pp. 2~4.

사회주의강성국가건설에서 자강력제일주의를 높이 들고나가야 합
니다. 사대와 외세의존은 망국의 길이며 자강의 길만이 우리 조국, 우
리 민족의 존엄을 살리고 혁명과 건설의 활로를 열어나가는 길입니
다. 우리는 자기의것에 대한 믿음과 애착, 자기의것에 대한 긍지와 자
부심을 가지고 강성국가건설대업과 인민의 아름다운 꿈과 리상을 반
드시 우리의 힘, 우리의 기술, 우리의 자원으로 이룩하여야 합니다.[42]

김정은은 몇 달 뒤인 2016년 5월 조선노동당 제7차 대회에서 '자강력
제일주의'를 "자체의 힘과 기술, 자원에 의거하여 주체적력량을 강화하
고 자기의 앞길을 개척해나가는 혁명정신"으로 정식화했는데,[43] 그에
따르면 자강력제일주의는 선대 수령들의 혁명사상 자체가 아니라 그에
"기반"한 것이다.

자강력제일주의의 기반은 자기 나라 혁명은 자체의 힘으로 해야
한다는 위대한 수령님들의 혁명사상이며 자강력제일주의를 구현하
기 위한 투쟁방식은 자력갱생, 간고분투입니다. 자기 운명의 주인은
자기자신이며 오직 자체의 힘으로 자기 운명을 개척하여야 한다는
위대한 수령님들의 자력자강의 정신이 우리 인민을 불가능을 모르는
정신력의 최강자로 키우고 우리 조국을 그 누구도 무시할수 없는 불
패의 강국으로 전변시켰습니다.[44]

나아가 김정은은 자강력제일주의를 조선노동당이 견지해야 할 "항구
적인 전략적로선"의 한 부분으로까지 규정했는데, 이로써 자강력제일주
의는 김일성·김정일 시대에 정립한 "사회주의건설의 총로선"과 같은

---

42) 『로동신문』, 2016년 1월 1일.
43) 김정은, 『조선로동당 제7차대회에서 한 중앙위원회사업총화보고(2016. 5. 6~7)』
(평양: 조선로동당출판사, 2016), p. 36.
44) 위의 책, p. 37.

위상을 갖게 됐다.

> 온 사회의 김일성-김정일주의화의 기치밑에 사회주의강국을 성
> 과적으로 건설하기 위하여서는 인민정권을 강화하고 그 기능과 역할
> 을 높이면서 사상, 기술, 문화의 3대혁명을 힘있게 벌릴데 대한 우리
> 당의 총로선을 철저히 관철하여야 합니다. (…) **우리는 사회주의건설
> 의 총로선과 자강력제일주의를 항구적인 전략적로선으로 틀어쥐고**
> 사회주의강국건설에서 위대한 승리를 이룩하며 온 사회를 김일성-
> 김정일주의화하는 력사적위업을 빛나게 실현하여야 하겠습니다(강
> 조는 필자).[45]

이후 자강력제일주의는 '우리 국가제일주의'의 목표인 '사회주의 강국
건설'을 위한 기본 과제로도 규정됐다.

첫째, 북한 사회과학원 서성일 박사에 따르면 우리 국가제일주의를
밝힌 이는 김정은이다. 2018년 6월 발행된『철학, 사회정치학연구』에 실
린 서성일의 글 제목은 "경애하는 최고령도자 김정은동지께서 밝히신
우리 국가제일주의에 관한 사상"이다. 이 글에는 김정은이 "앞으로 우리
민족제일주의, 우리 국가제일주의를 들고나가야 합니다"라고 말했다고
적혀 있는데,[46] 이 단어가 처음 등장한 건 2017년 11월 20일『로동신문』
정론이므로[47] 김정은의 발언 시기는 그 이전이었을 것이다. 어쨌든 김정
일이 1.29담화에서 총대철학의 창시자로 김일성을 적시했듯이, 서성일
은 이 글에서 우리 국가제일주의의 창시자로 김정은을 적시한 셈이다.

---

45) 위의 책, pp. 35~37.
46) 서성일, "경애하는 최고령도자 김정은동지께서 밝히신 우리 국가제일주의에
   관한 사상,"『철학, 사회정치학연구』, 2018년 제2호 (2018), p. 10.
47) "(…) 이 땅에 주렁지는 창조와 행복의 모든 열매들은 다 우리 민족제일주의,
   우리 국가제일주의를 눈부신 실천으로 구현해오신 그이의 위대한 손길에서
   마련된것들이다."『로동신문』, 2017년 11월 20일 2면.

둘째, 우리 국가제일주의는 "주체조선의 강대성과 우월성에 대한 긍지와 자부심이며 우리 식 사회주의조국의 존엄과 위상을 더 높이 떨쳐 나가려는 각오와 의지"로 정식화됐다. 이러한 정의는 2017년 12월 10일 『민주조선』에 등장한 뒤 모든 관영매체에서 자구 하나 다르지 않게 반복되고 있다. 먼저 '우리 국가'에 "긍지와 자부심"을 가져야 하는 이유로는 ① 위대한 김일성·김정일을 주체조선의 영원한 수령으로, 김정은을 국가의 최고수위에 높이 모셨다는 점 ② 위대한 김일성－김정일주의를 국가의 지도사상으로 했다는 점, ③ 인민대중 중심의 가장 우월한 국가사회제도에 살고 있다는 점, ④ 국력이 무진막강하다는 점 등이 제시됐다. 군대와 인민들이 이러한 긍지와 자부심을 토대로 "사회주의강국건설"에 매진할 "각오와 의지"를 다지도록 하겠다는 게 바로 북한사회 지배집단이 우리 국가제일주의를 내놓은 의도다.[48]

셋째, 우리 국가제일주의의 "사상정신적원천"은 김정일애국주의다. "김정일애국주의를 소중히 간직한 사람만이 존엄높은 우리 공화국이 이 세상에서 제일 강대하고 가장 우월하다는 긍지와 자부심을 간직하고 그 위력을 떨치기 위한 투쟁에서 불굴의 정신력과 애국적헌신성을 높이 발휘해나갈 수 있다"는 것이다.[49]

넷째, 우리 국가제일주의의 "기본요구", 곧 사회주의 강국 건설이라는 목표를 달성하기 위한 기본 과제는 크게 ① 김일성·김정일의 부강조국건설 사상과 불멸의 업적을 견결히 옹호고수하고 빛내여 나가는 것,

---

48) 황창만, "우리 국가제일주의의 본질," 『민주조선』, 2017년 12월 10일 2면; 서성일, "경애하는 최고령도자 김정은동지께서 밝히신 우리 국가제일주의에 관한 사상," pp. 10~11; 원길성, "우리 국가제일주의의 본질," 『조선녀성』 2018년 제6호 (2018), p. 28.

49) 김원, "우리 국가제일주의의 사상정신적 원천," 『민주조선』, 2017년 12월 16일 2면; 리현석, "김정일애국주의는 우리 국가제일주의의 사상정신적 원천," 『철학, 사회정치학연구』 2018년 제3호 (2018), pp. 14~15.

② 김정은이 있기에 사회주의 강국 건설은 확정적이라는 절대불변의 신념을 가지고 김정은의 사상과 영도를 충정으로 받들어나가는 것, ③ 국가건설과 활동에서 자주의 기치, 자강력제일주의의 기치를 높이 들고 국가의 우월성과 위력을 더욱 강화하고 온 세상에 힘 있게 과시하는 것, ④ 국가사회생활의 모든 분야에서 인민대중제일주의를 철저히 구현하는 것 등이다.[50]

정리하면, 김정은이 밝혔다는 '우리 국가제일주의'는 김정은이 2012년에 정식화한 '김정일애국주의'를 사상정신적 원천으로 삼아, 역시 김정은이 2016년에 주창한 '자강력제일주의', 김정은이 2013년에 김일성 – 김정일주의의 본질로 규정한 '인민대중제일주의' 등을 구현함으로써 '사회주의 강국 건설'이라는 목표를 달성하자고 촉구하는 지배이데올로기다(〈표 2〉). 북한사회의 피지배집단은 이제 김일성 – 김정일주의뿐 아니라 김정은이 2019년 신년사에서 공개적으로 말했듯이 "정세와 환경이 어떻게 변하든 우리 국가제일주의를 신념으로 간직"할 것을 요구받고 있다.[51]

〈표 2〉 김정은의 지배이데올로기 행보

시기	내용	의의
2012년	'김정일애국주의' 정식화·체계화	김일성 – 김정일주의 심화발전
2013년	김일성 – 김정일주의의 본질을 '인민대중제일주의'로 규정	김일성 – 김정일주의 심화발전
2016년	'자강력제일주의' 주창	김정은의 혁명사상 제시
2017년 11월 이전	'우리 국가제일주의' 주창	김정은의 혁명사상 제시

---

50) 김원, "우리 국가제일주의의 기본요구," 『민주조선』, 2017년 12월 27일 2면; 장동국, "우리 국가제일주의를 높이 들고나가는데서 나서는 중요요구," 『철학, 사회정치학연구』 2018년 제3호 (2018), pp. 19~21; 최영일, "우리 국가제일주의의 기본요구," 『조선녀성』 2018년 제7호 (2018), p. 33.

51) 『로동신문』, 2019년 1월 1일.

IV. 맺음말

김정은이 "인민생활문제를 천만가지 국사가운데서 제일국사로 내세우고" 있다고 처음 천명한 건 2016년 신년사다. 우리 국가제일주의의 기본요구, 곧 사회주의 강국 건설을 위한 기본 과제 중 하나도 "인민생활을 국사중의 국사로 내세우고 경제강국건설에서 승전포성을 올려 인민생활향상에서 결정적전환을 가져"오는 것이다.[52]

그로부터 얼마 뒤인 2018년 봄에 국사의 최우선 순위는 실제로 군사(軍事)에서 민생(民生)으로 바뀌었다. 조선노동당 중앙위원회가 2018년 4월 20일 제7기 제3차 전원회의를 개최해 2013년 3월 전원회의 때 제시된 '경제-핵무력건설 병진노선'의 과업 관철을 선언하고 "사회주의 경제건설에 총력을 집중하는 것"을 "새로운 전략적 노선"으로 천명한 것이다. 한마디로 2018년 4월부터 북한사회에서는 선군시대 '이후' 시대로의 이행, 곧 '탈(脫)선군시대'가 시작됐다고 평가할 수 있다.

탈선군이라는 북한사회의 새로운 경험은 이론적으로 지배이데올로기의 변화를 필요로 하는데, 때맞춰 김정은은 '우리 국가제일주의'를 새로운 지배이데올로기로 제시했다. 한마디로 평가하면 우리 국가제일주의는, 2012년 집권 이후 '인민'에 대한 신뢰와 경의를 거듭 밝히며 헌신을 약속해오던 김정은이 2017년 11월 국가 핵무력 완성 선언 이후 본격적으로 대미 협상에 나서면서 대내적으로 북한사회 피지배집단에게 전달하고픈 메시지를 체계적·종합적으로 담은 지배이데올로기다.

2019년 9월 현재 북·미는 3차 정상회담을 준비 중이다. 향후 북·미 협상의 성패는 김정은의 지배이데올로기 행보에도 직접적으로 영향을 끼칠 것이다. 김정은은 그동안 조선노동당에 씌워진 '선군정당' 이미지

---

52) 김원, "우리 국가제일주의의 기본요구," 『민주조선』, 2017년 12월 27일 2면.

를 '민생정당' 이미지로 바꾸는데 주력해왔다. 예를 들어 김정은은 2012년
에 김정일애국주의 정식화·체계화를 통해 김정일의 대표적 이미지를
"선군영장"에서 "인민의 자애로운 어버이"로 바꿨고, 2013년에는 김일성
－김정일의 인민에 대한 믿음과 헌신, 곧 인민대중제일주의를 실천하는
정당으로 조선노동당의 본질을 규정했다. 우리 국가제일주의 주창도 같
은 맥락에서 이루어진 지배이데올로기 행보였다.

  하지만 김정은은 아직도 김정일 시대의 대표적 지배이데올로기인 '선
군후로의 사상', '혁명의 주력군에 대한 새로운 관점'은 손대지 않고 있
다. 그가 비록 집권 직후부터 노동계급에 대한 신뢰와 기대를 단계적으
로 높여왔다고 하더라도 여전히 2019년 현재 공식적인 혁명의 주력군은
군대다. 앞에서 보았듯이 김정은은 군사를 국정의 최우선순위로 삼으라
는 선군사상의 요구에서 벗어나 민생을 국정의 최우선순위로 삼는 우
리 국가제일주의를 주창했다. 이제 남은 선군사상의 요구는 군대를 주
력으로 내세워 혁명을 진전시키라는 것이다. 만약 북·미 협상으로 체
제안전 확보에 성공한다면 김정은은 '군대=혁명의 주력군'이라는 공식
도 변화시킬까? 집권 이후 그가 보여준 지배이데올로기 행보를 토대로
판단해보면, 그렇게 할 가능성은 높아 보인다.

참고문헌

1. 국내문헌

김정일. "조선노동당 중앙위원회 책임일군들과 한 담화(1996. 12. 7)." 『월간조선』 1997년 4월호 (1997).

김진환. "조선로동당의 선군정치 서술." 정영철 외. 『조선로동당의 역사학 : 조선 로동당사 비교연구』. 서울: 선인, 2008.

_____. "북한 지배이데올로기의 형성과 내면화." 강정구 외. 『시련과 발돋움의 남북현대사』. 서울: 선인, 2009.

_____. 『북한위기론 : 신화와 냉소를 넘어』. 서울: 선인, 2010.

_____. "김정은 시대 지배이데올로기의 특징과 전망 : '김일성주의'에서 '김일성 -김정일주의'로." 서보혁·김일한·이지순 엮음. 『김정은에게 북한의 미 래를 묻다』. 서울: 선인, 2014.

진희관. "북한에서 '선군'의 등장과 선군사상이 갖는 함의." 『국제정치논총』 제48 집 제1호 (2008).

2. 북한문헌

김강민. 『절세의 애국자의 고귀한 정신적유산-김정일애국주의』. 평양: 사회과학 출판사, 2016.

김정은. 『김정일애국주의를 구현하여 부강조국건설을 다그치자(2012. 7. 26)』. 평 양: 조선로동당출판사, 2013.

_____. 『선군의 기치를 더 높이 추켜들고 최후승리를 향하여 힘차게 싸워나가 자(2012. 4. 15)』. 평양: 조선로동당출판사, 2013.

_____. 『위대한 김정일동지를 우리 당의 영원한 총비서로 높이 모시고 주체혁 명위업을 빛나게 완성해나가자(2012. 4. 6)』. 평양: 조선로동당출판사, 2013.

_____. 『인민대중에 대한 멸사복무는 조선로동당의 존재방식이며 불패의 힘의 원천이다(2015. 10. 10)』. 평양: 조선로동당출판사, 2015.

_____. 『김일성-김정일로동계급의 시대적 임무와 직맹조직들의 과업(2016. 10.

25)』. 평양: 조선로동당출판사, 2016.

_____. 『조선로동당 제7차대회에서 한 중앙위원회사업총화보고(2016. 5. 6~7)』. 평양: 조선로동당출판사, 2016.

김정일. "주체사상에 대하여(1982. 3. 31)." 『김정일 선집 7』. 평양: 조선로동당출판사, 1996.

_____. "사상사업을 앞세우는 것은 사회주의위업수행의 필수적 요구이다(1995. 6. 19)." 『김정일 선집 9』. 평양: 조선로동당출판사, 1997.

_____. "인민생활을 더욱 높일데 대하여(1984. 2. 16)." 『김정일 선집 8』. 평양: 조선로동당출판사, 1998.

_____. "선군혁명로선은 우리 시대의 위대한 혁명로선이며 우리 혁명의 백전백승의 기치이다(2003. 1. 29)." 『김정일 선집 15』. 평양: 조선로동당출판사, 2005.

당력사연구소. 『조선로동당력사』. 평양: 조선로동당출판사, 2004.

리현석. "김정일애국주의는 우리 국가제일주의의 사상정신적 원천." 『철학, 사회정치학연구』 2018년 제3호 (2018).

서성일. "경애하는 최고령도자 김정은동지께서 밝히신 우리 국가제일주의에 관한 사상." 『철학, 사회정치학연구』 2018년 제2호 (2018).

외국문출판사. 『위인 김정일』. 평양: 외국문출판사, 2012.

원길성. "우리 국가제일주의의 본질." 『조선녀성』 2018년 제6호 (2018).

장동국. "우리 국가제일주의를 높이 들고나가는데서 나서는 중요요구." 『철학, 사회정치학연구』 2018년 제3호 (2018).

최영일. "우리 국가제일주의의 기본요구." 『조선녀성』 2018년 제7호 (2018).

탁성일 편. 『선군-김정일정치』. 평양: 외국문출판사, 2012.

3. 기타자료

『로동신문』

『민주조선』

『통일뉴스』

[제 3 장]

선군정치와 체제위기 극복 모색

이중구

Ⅰ. 들어가며

'1990년대 중반 체제붕괴의 위기감 속에 등장한 북한의 선군정치는 체제위기 극복을 의도했는가? 그렇다면, 체제위기 극복을 위해 북한군은 어떻게 동원되었는가?' 이는 북한의 기본적인 정책노선인 국방력 강화와 경제건설의 병진노선하에서 체제위기 극복의 과제가 우선시될 때 나타날 수 있는 군의 경제적, 사회적 활동 양상을 묻는 것이 된다. 또한 그 해답은 핵개발과 경제건설을 함께 추구하겠다는 2013년 경제·핵 병진노선이 국내적인 불안정성의 증대에 직면할 때, 어떻게 전개될지를 예측해보는 데에도 도움이 될 것이라고 생각된다.

물론 북한은 군사를 국사의 제일로 내세운다는 선군정치의 배경으로 1990년대 소련의 해체와 미국의 공세 등 대외적 위기를 강조해왔다. 김정일은 선군정치를 채택한 대표적인 이유로 "20세기 90년대에 들어와 이전 쏘련과 동유럽 여러 나라들에서 사회주의가 무너지고 세계정치구도와 역량관계에서 커다란 변화가 일어났다."는 국제환경의 변화를 꼽았던 것이다.[1] 1990년대의 한소수교와 1991년 12월 소련의 해체, 그리고 1995년 러시아의 북소동맹조약 폐기로 북한은 자국의 안보에 대한

---

1) 전덕성, 『선군정치에 대한 리해』(평양: 평양출판사, 2004), p. 1.

소련·러시아의 군사적 지원을 더 이상 기대하기 어렵게 되었으며, 1992년 8월의 한중수교 이후에는 중국으로부터도 외교·안보적 지원을 얻어내기 어렵게 되었다. 북한은 믿을만한 동맹국이 없이 자력으로 안보를 추구해야 하는 상황에 처하게 되었던 것이다. 이는 소련의 안보공약을 믿을 수 없다고 보고 자체적으로 군사력을 강화한다는 결정을 내린 1992년의 병진노선 채택시의 상황보다도 불리한 조건이었다. 이러한 상황에서 1990년대 초 북한은 군사력 강화에 방점을 두어갔다. 1993년부터 1997년에 이르기까지 북한은 신년사를 통해 국방력 강화를 지속적으로 제창하고 있었던 것이다.

그러나 1990년대 후반으로 갈수록 경제난이 안보상황 이상으로 심각한 문제로 대두되었다. 북한이 전통적인 국방력 강화의 병진노선으로 경제부문의 부담을 감수하면서 안보적 위기에 대처하기에는 경제난으로 인한 체제 전체의 마비와 무정부상태에 대한 대내적 우려가 보다 확대되고 있었던 것이다. 1994년 7월 오랜 지도자 김일성의 사망과 겹쳐진 자연재해와 결과적인 식량난으로 인해 북한의 사회주의 체제는 마비상태에 빠졌고, 경제난이 극도에 이른 1996년에는 무정부상태라고 할 만큼 사회 전체의 규율이 붕괴하고 있었다. 엘리트의 마음에 패배감도 팽배했다. 이러한 체제위기를 방치할 경우 군사력의 유지도 어려울 것임은 자명했다. 그에 비하면 북한이 국방력 강화의 필요성으로 제시했던 대외적 안보환경은 오히려 상대적으로 안정된 것으로 보일 정도였다. 미국이 북한에 대한 고립압살 정책을 강화하고 있다는 북한 당국의 대내적 선전과는 달리 1994년 10월의 제네바합의문 체결 이후 북미관계는 비교적 안정되어 있었다는 의미이다.

그에 따라 1990년대 후반부터 개시된 북한의 선군정치는 북핵 2차위기의 시점까지는 선군이라는 이름과 달리 사회주의 건설, 즉 체제위기 극복에 군사부문의 노동력과 행정체계를 동원하는 특성을 지녔을 것으

로 보인다. 다시 말해, 김정일 체제가 선군정치노선을 구체화한 1997~
1999년의 기간에는 북한이 군사력 유지의 필요가 존재하는 상황에서도
경제재건을 상대적으로 강조하는 정책노선을 추구했을 것이라는 뜻이
다. 이러한 측면에서, 체제위기 극복을 모색한 1990년대 후반부터 2000년
대 초반의 선군정치 노선은 대외적 고립 속에서도 커가는 국내적 불안
정에 북한이 대처하는 방식의 원형을 보여주고 있다.

II. 1990년대 경제 · 안보위기와 북한체제의 위기감

1. 식량난과 경제위기

북한의 식량난은 1980년대 후반부터 악화되고 있었다. 북한은 주민들
에 대한 배급량을 1인당 547g으로 축소시켰다.[2] 이는 1973년에 이어 배
급량이 다시 한번 현저히 줄어든 사건이었다. 그리고 이때부터 북한은
식량의 수입량을 늘린 결과 식량순수입국이 되었다. 이러한 상황에서
1980년대 후반 동구권 국가들의 개혁개방으로 인한 사회주의 시장의 붕
괴는 북한의 식량사정을 더욱 크게 악화시켰던 것이다. 사회주의 국가
들의 교역을 통해 확보했던 영농자재의 수입도 사회주의 내부교역의
붕괴와 함께 축소되었고, 북한의 농업생산성이 결과적으로 저하됨에 따
라 북한의 식량부족 문제는 더욱 확대되었다.[3] 뿐만 아니라 소련과의

---

2) 안드레이 란코프, 『리얼 노스 코리아 : 좌와 우의 눈이 아닌 현실의 눈으로 보
   다』(고양: 개마고원, 2014) 참조.
3) Heather Smith and Yiping Huang, "Achieving Food Security in North Korea,"
   Conference on Korean Peninsula Enhancing Stability and International Dialogue
   (June, 2000), Rome: Ladau Network/Centro di Cultura Scientifica a Volta; 스테판
   헤거드 · 마커스 놀랜드 저, 이형욱 역, 『북한의 선택: 위기의 북한 경제와 한

우호교역이 1991년에 끊기면서 북한은 '하루 2끼 먹기' 운동을 전개해야
했다.[4]

비록 사회주의시장의 붕괴 이후에도 중국의 대규모 곡물 덕분에 북
한의 곡물수입량은 1992년 83만 톤, 1993년 109.3만 톤으로 비교적 양호
한 규모를 유지할 수 있었지만, 1993년에는 중국의 곡물수출마저 49만
톤으로 크게 감소했다. 중국이 경제발전에 매진한 결과로, 중국의 무역
행태가 과거 사회주의 동맹국에 대한 구상교역, 우호교역의 관행을 탈
피하면서 북중 간의 식량교역도 타격을 받았던 것이다. 한중수교 이후
에도 중국은 북한에 곡물을 '우정'의 표시로 현물거래하거나 양여했지
만, 1993년 여름부터는 중국이 곡물거래대금을 현금으로 지불할 것을
요구했다. 그에 따라 1993년 74만 톤에 달하던 중국으로부터의 곡물수
입은 1994년 30.5만 톤으로 위축되었다.[5] 그 결과 1994년부터는 북한
당국의 배급마저 중단되었다.[6] 김일성이 1994년 유달리 연백평야를 현
지지도하며 식량증산에 매달렸었던 이유이다.[7]

1995년 대홍수가 발생하기 직전에도 북한의 식량사정은 대외원조가
필요할 만큼 심각한 수준에 있었다. 김정일이 직접 식량문제가 북한의
최대과제라고 5월에 언급했고,[8] 이러한 인식하에 북한 당국도 식량확
보를 위한 대외협상에 나서야 했다. 북한은 1995년 5월 26일 일본 정부
에 공식적으로 쌀지원을 요청하고, 일본 측이 제시한 조건에 따라 한국

반도 미래』(서울: 매일경제신문사, 2007), p. 74에서 재인용.

4) 이때 북한은 세계식량계획에 원조를 요청했었지만, 국제사회의 호응을 얻지
   못했다. 스테판 헤거드 외, 『북한의 선택: 위기의 북한 경제와 한반도 미래』,
   p. 63, 76.
5) 위의 책, pp. 67~68.
6) 양문수 외, 『2000년대 북한경제 종합평가』(서울: 산업연구원, 2012) 참조.
7) 백보흠, 송상원, 『영생』(평양: 문학예술종합출판사, 1997), pp. 300~301.
8) 『北朝鮮 政策動向』, No. 20 (1995), pp. 50~51; 이석, 『1994~2000 북한기근: 발
   생, 충격, 그리고 특징』(서울: 통일연구원, 2004), p. 22에서 재인용.

의 쌀지원도 먼저 받기로 했던 것이다. 그 결과, 6월 중순 북한은 한국으로부터 15만 톤의 쌀지원을 받기로 합의하고 나서,[9] 평양은 일본으로부터 30만 톤의 쌀을 제공받는다는 합의를 6월 30일 얻어냈다.[10]

이러한 배경에서 1995년의 대홍수는 최악의 식량난을 초래했다. 한국, 일본과 식량지원 협의를 마침에 따라 북한 당국이 한숨 돌렸을 그때, 7월 말부터 8월 중순까지 북한에는 기록적인 강우량을 기록한 장마비가 내렸다. 1995년 7월 30일부터 8월 18일까지 일일평균 강우량이 300mm이 넘었던 것이다.[11] 그로 인한 피해규모는 곡물손실량 200만 톤, 이재민 540만 명, 침수경작지 30만 헥타르로 추정되었고, 조선중앙통신의 공표(1995. 9. 6)에 따른다고 해도 피해규모는 곡물손실량 190만 톤, 침수경작지 40만 헥타르에 달했다.[12] 이러한 대규모의 홍수로 북한은 흉작을 피할 수 없게 되었을 뿐만 아니라 저장해둔 곡식에도 피해를 입었다. 북한에서의 대규모 식량부족 사태 발생은 피할 수 없었다.

이에 대처하기 위해 홍수 직후인 8월 23일, 북한은 유엔에 긴급구호를 요청했으나, 국제사회의 원조로도 식량위기를 극복할 수는 없었다.[13] 국제사회가 북한의 구호요청을 받아들임으로써 세계식량계획, 식량농업기구, 유엔아동기금 그리고 유엔 홍수피해 조사단이 방북했고,[14] 1995년 말부터 북한에 120톤의 긴급구호식량이 전달될 수 있었다.[15] 그럼에도 불구하고 원조를 포함한 북한의 식량도입량은 식량부족분 191만 톤에 한참 이르지 못하는 96.2만 톤에 불과했다. 대략 곡물 필요량에

---

9) 통일연구원,『남북관계연표 : 1948년~2011년』(서울: 통일연구원, 2011), p. 222.
10) 와다 하루끼 저, 남기정 역,『북한 현대사』(서울: 창비, 2014), pp. 246~247.
11) 위의 책, p. 247.
12) 스테판 헤거드 외,『북한의 선택: 위기의 북한 경제와 한반도 미래』, p. 70.
13) 통일연구원,『남북관계연표 : 1948년~2011년』, pp. 221~223.
14) 위의 책, p. 225.
15) 이석,『1994~2000 북한기근: 발생, 충격, 그리고 특징』, pp. 22~23.

비해 100만 톤의 곡물이 부족했던 것이다.

심각한 식량난으로 인해 북한에서는 수십만 명에 이르는 아사자가 발생했다. 북한 당국이 공식적으로 인정한 발표 상으로도 1995년부터 1998년까지 기아로 사망한 주민의 규모는 22만 명에 달했다. 외부관측통들은 기아로 영향을 받은 사망자 규모(초과사망자)가 60만 명에서 350만 명에 달할 것으로 추산했다.[16] 스테판 해거드와 마커스 놀란드는 기아로 인한 사망자 규모를 60~100만 명으로 추정했으며, 나초스 전 USAID 처장은 그 규모를 250만 명으로 보았고, "국경없는 의사회"는 한 걸음 더 나아가 기아에 따른 사망자 규모를 350만 명으로 파악했던 것이다.[17] 농업생산성의 부족이라는 식량난의 근본적인 문제는 그대로인 상황에서, 북한은 이어진 해의 기상 상황에 따라 2001년까지 식량난 발생 우려에 시달려야 했다. 1996년 홍수와 1997년의 가뭄, 그리고 2000년과 2001년의 홍수가 지속적으로 북한 내부의 식량사정을 악화시켰던 것이다.[18]

〈표 1〉 북한의 곡물생산량(1994~1998) (단위: 천톤)

구분	1994	1995	1996	1997	1998
곡물생산량[19]	6,157	3,115	2,121	2,358	3,651

---

16) 스테판 해거드 외, 『북한의 선택: 위기의 북한 경제와 한반도 미래』, pp. 123~124.
17) 이외에도 박경석 88만 명(1993~2008, 이 가운데 49만 명이 사망률 증가로 인한 손실, 29만 명은 출산률 저하, 10만 명은 국외이주 및 출산율 감소), 굿카인드와 피터 존슨의 49만 명(1995~2000) 등 아사자 규모에 대해서는 다양한 추정치가 존재한다. 안드레이 란코프, 『리얼 노스 코리아 : 좌와 우의 눈이 아닌 현실의 눈으로 보다』, p. 119.
18) 스테판 해거드 외, 『북한의 선택: 위기의 북한 경제와 한반도 미래』, p. 70.
19) 북한의 식량생산량에 대한 FAO의 추정통계임. 이주영, "북한의 식량관련 통계," 『KDI 북한경제리뷰』 2009년 8월호 (2009), p. 78.

2. 탈냉전과 안보위기

탈냉전기 북한의 안보환경을 특징지우는 북소관계의 단절, 북중관계의 약화는 대기근 사태가 발생한 1990년대 중반에도 계속되고 있었다. 심각한 경제위기에 대한 북한의 대처능력을 제약했다. 1990년 5월 워싱턴 정상회담에서 미소 양국이 대량살상무기의 감축과 인적 교류 등에서 포괄적 합의를 이룬 이후, 소련은 한국과의 수교를 빠르게 진행했다. 이로 인해 북소 간의 신뢰가 크게 악화되었고, 1991년 말 소련의 해체로 북소관계는 다시 강화되지 못하고 있었다. 1996년 들어서는 북한과 러시아 간의 동맹조약이 갱신되지 못함에 따라 양국 간의 동맹조약은 파기되었다. 아울러, 1990년대 중반에는 북중관계의 냉각기도 지속되고 있었다. 중국은 북핵 1차위기가 마무리된 이후 대북원조의 재개를 통해 관계개선을 모색했으나, 1994년 8월 북한은 군사정전위에서 중국측 대표단이 철수할 것을 요구했다. 그에 따라, 중국 정부가 북중관계 회복을 위해 1996년, 1997년에 각각 경제원조와 식량무상지원 등을 진행했음에도,[20] 북한은 4자회담의 북경 개최를 반대하면서 중국에 대한 불신을 표현했다.

이러한 북한의 탈냉전기 안보환경은 심각한 경제위기에 대한 북한 당국의 대처능력을 제약했다. 경제위기에도 불구하고 북한은 북러동맹이 파기되고 중국에 기대기 힘들다고 판단되는 안보환경을 고려할 때 자본과 노동력을 군사력 유지에 투입하지 않을 수 없었던 것이다. 러시아, 중국에 체제안전에 대한 지원을 기대하기 어렵게 된 상황에서 북한에게는 독자적인 군사력 확충이 필요했으나, 경제난으로 인해 북한은

---

20) 이종석, "탈냉전기의 북한-중국 관계," 장달중 · 이즈미 하지메 공편,『김정일 체제의 북한 : 정치 · 외교 · 경제 · 사상』(서울: 아연출판부, 2004), p. 101; 최명해,『중국 북한 동맹관계』(서울: 오름, 2009), p. 390.

1960년대 국방·경제 병진노선 시기처럼 막대한 자금을 군사력 강화에
투자하는 방식으로 군사력 건설을 진행할 수도 없었다.[21] 따라서 북한
에게 가능한 군사력 건설 전략은 병력을 최대한 증강하는 방법밖에 없
었다. 그 결과, 1980년대에도 병력규모를 12만 명가량이나 증가시켰던
북한은 대규모 식량부족 사태가 발생한 1995년 대홍수로부터 경제위기
가 한창이던 1997년까지의 기간에도 약 10만 명의 병력을 증원했다. 물
론, 이러한 병력수준 확대 노력은 북한 내 생산인력 부족 문제를 야기
하지 않을 수 없었다.

〈표 2〉 북한의 병력증대 추이[22] (단위: 만명)

구분	1988년	1989년	1990년	1992년	1994년	1996년	1997년
한국 국방부 (추정치)	87	98	99	101	103	105.5	114.7

3. 체제붕괴의 위기감

1996년에도 북한에는 홍수가 재발하여 이듬해인 1997년이 식량사정은
최악이 될 것이라는 전망들이 제시되고 있었다. 1996년에 재발한 홍수
로 327만 명의 이재민이 발생했고, 북한의 곡물수준은 필요수준의 55%
에 불과했다.[23] 1996년에도 7월 24일부터 28일까지 북한의 대표적인 곡
창지대인 연백평야가 위치한 황해도 지역에 폭우가 내린 결과였다. 뿐
만 아니라 식량농업기구와 세계식량계획은 1997년에는 최악의 식량위

---

21) 김진환, 『북한위기론: 신화와 냉소를 넘어』 (서울: 선인, 2011), p. 146.
22) 함택영, 『국가안보의 정치경제학: 남북한의 경제력·군사역량·군사력』 (서울: 법문사, 1998), p. 193; 위의 책, p. 147에서 재인용.
23) David H. Satterwhite, "North Korea in 1996: Belligerence Subsiding, Hunger Worsens," *Asian Survey* Vol. 37 No. 1 (1997), p. 15.

기가 1997년에 올 것이라고 전망하고, 1997년에도 북한에 대규모의 식량지원이 필요하다고 강조하고 있었다.[24]

이러한 식량부족 사태는 기존의 사회통제를 심각하게 이완시키는 결과를 가져왔다. "고난의 행군" 시기로 알려진 1996년부터 1999년 사이의 시기에 주민들은 직장을 떠나 허가의 유무에 구애받지 않고 식량을 구하기 위해 헤매야 했던 것이다. 주민들은 배고픔을 당국의 처벌보다 더 무서워했던 것이다. 점점 많은 이들이 공장에서 기계를 뜯어내 식량과 교환했고, 절도도 서슴지 않는 경우도 발생했다.[25]

그에 따라 식량난이 체제위기로 연결될 수 있다는 우려도 제기되었다. 김정일의 1996년 12월 내부 연설문에 따르면, 김정일마저 "우리는 지금 식량사정으로 무정부상태가 되고 있다. 중략... 열차칸에는 식량을 구하러 다니는 사람들로 혼잡을 이루고 있다."며 식량문제로 인한 체제위기를 우려하고 있었다.[26] 조심스러운 성격의 김영남 최고인민회의 상임위원장도 같은 달 독일 언론과의 인터뷰를 통해 경제적 붕괴를 막기 위해 모든 노력을 다 할 것이라고 언급했다.[27]

아울러, 북한의 식량위기는 북한 엘리트 내부의 분열로 이어질 가능성도 보이고 있었다. 대외경제협력 추진위 부위원장인 김정우는 1996년 미국의 한 대학에서 진행한 강연에서 한 말이지만, "북한경제를 회생시키는 데 필요하다면 그간의 자립경제원칙에서 벗어나 국제시장에 적극적으로 참여하는 등 경제정책 전반을 재검토할 수 있다."[28]며 대외경제

---

24) 와다 하루끼 저, 남기정 역, 『북한 현대사』 (서울: 창비, 2014), p. 252.

25) 나초스 저, 황재옥 역, 『북한의 기아 : 기아와 정치, 그리고 외교정책』 (서울: 다홀미디어, 2003), pp. 300~302.

26) "1996년 12월 김일성종합대학 창립 50돌 기념 김정일 연설문," 『월간조선』 1997년 4월호 (1997), p. 309; 이종석, 『(새로 쓴) 현대북한의 이해』 (서울: 역사비평사, 2011), p. 541에서 재인용.

27) 이석, 『1994~2000 북한기근: 발생, 충격, 그리고 특징』, p. 24; 통일연구원, 『남북관계연표 : 1948년~2011년』, p. 245.

관계의 확대가 필요하다는 입장을 밝혔다. 그의 입장은 사회주의의 기치를 고수하겠다는 붉은 기 사상을 강조하는 북한 내부 분위기와는 동떨어져 있었다.

III. 김정일 정권의 출범과 선군정치의 등장

1. 김정일 정권의 출범

경제문제에 대한 최악의 전망하에서 김정일로의 권력승계를 공식화해야 할 1997년이 다가왔다. 김일성 사망 3년째인 1997년은 김정일의 공식적인 집권이 예상되는 해였던 것이다. 1997년 연초 외부 관측통들역시 김정일이 언제 공식적인 최고직에 오를 것인지에 주목했으며, 김일성의 서거로부터 1,000일 혹은 3년이 지나게 되는 시점에서 권력승계의 공식화가 이루어질 것으로 내다보고 있었다.[29] 물론 김정일은 아직노동당 총서기에 취임하지는 않았지만, 1995년과 1996년에도 모두 우호국가의 수반들과 연하장을 교환하는 등 북한의 최고지도자가 자신임을분명히 하고 있었다.

그리고 가뭄 속에서 김정일 정권의 출범은 이뤄졌다. 1997년 여름에도 북한 지역에 가뭄이 닥쳤기 때문에, 김정일의 노동당 총비서 취임을위한 분위기 조성과 절차진행은 조심스러운 작업이었을 것이다.[30] 본격적인 총비서 취임절차 진행에 앞서, 1997년 초에는 김정일로의 권력

---

28) 이석, 『1994~2000 북한기근: 발생, 충격, 그리고 특징』, p. 24.
29) David H. Satterwhite, "North Korea in 1996: Belligerence Subsiding, Hunger Worsens," pp. 11~12.
30) 『경향신문』, 1997년 7월 26일자, "1997년 7월 북한 식량난속 왕가뭄 '절망할 기력도 없다.'"

승계가 그해에는 진행될 것이라는 점이 신년사 등을 통해 시사되었다. 신년사에서는 "〈위대한 김정일 동지를 수반으로 하는 혁명의 수뇌부를 목숨으로 사수하자!〉"는 구호가 강조되었고, 그 다음날에는 김정일이 최고사령관에 취임한지 5주년임이 언급되었으며, 4월에는 김정일의 국방위원장 취임 4주년을 기념하는 중앙보고대회도 개최되었던 것이다. 김정일의 국방위원장 취임 4주년 기념 무도회는 물론, 조선인민경비대의 "충성의 맹세모임" 등도 개최되었다.

그리고 힘겨운 여름을 지나 김정일 총비서 취임을 위한 추대절차가 진행되었다. 1997년 9월에는 김정일을 총비서에 추대하는 각 도당, 시당의 행사들이 연속적으로 개최되었던 것이다. 9월 22일자 노동신문에 평안남도 당대표회에서 김정일을 노동당 총비서에 추대하기로 결정했다는 보도가 등장한 것을 시작으로, 조선인민군대표회의 추대 결정과 평양시 당대표회는 물론 6개 도와 남포시 당대표회, 개성시 당대표회 등에서 김정일에 대한 총비서 추대 결정이 연이어 제기되었다. 결국 노동당 중앙위원회와 중앙군사위원회의 10월 8일부 결정으로 김정일의 총비서 추대가 발표되었다.[31] 10월 10일 노동당 창당 52주년 기념 중앙보고대회를 하루 앞두고 김정일이 노동당 총서기에 취임했다는 사실이 보도되었다.

이듬해에는 김정일의 통치체계도 국방위원장으로서 국가 전반을 지휘하는 형태로 제시되었다.[32] 김정일은 국방위원장으로서 북한체제를 이끌어가기로 결정하고, 국방위원장의 권한을 강화시키는 방향으로 헌법을 개정했던 것이다. 북한의 1998년 개정 헌법은 국방위원회를 "국가

---

31) 『로동신문』, 1997년 10월 9일자, "조선로동당 중앙위원회 조선로동당 중앙군사위원회 특별보도"; 1997년 10월 10일, "위대한 김정일동지를 최고수위에 모신 조선로동당은 필승불패이다."
32) 『로동신문』, 1997년 1월 1일자, "〈로동신문〉, 신문 〈조선인민군〉, 〈청년전위〉 공동사설 – 위대한 당의 령도따라 내 나라, 내 조국을 더욱 부강하게 하자."

주권의 최고 군사지도기관이며 전반적 국방관리기관"이고, 국방위원장
의 권한이 군사적 지휘만이 아니라 군수사업에 대한 조직지도에까지
이른다고 규정했다.[33] 이어 김정일은 1998년 9월에 국방위원장에 재추
대되었다. 김영남은 김정일을 재추대하면서 김정일이 국방위원장으로
서 "나라의 정치, 군사, 경제 역량의 총체를 통솔 지휘"하는 "국가의 최
고 직책"을 맡고 있다고 언급했다. 이는 국방위원장이 국방사업 전반을
지도하며, 그를 위해 정치, 경제 부문도 전체적으로 이끌고 있다는 점
을 분명히 한 것이었다.

2. 체제정상화 방안으로서의 선군정치

김정일 체제의 공식 출범이 준비되는 시점에서 체제위기 극복을 위
한 군의 적극적 역할도 제시되어 갔다. 특히 김정일은 1996년 6월에 현
지지도를 한 안변청년발전소 건설현장에서 군의 건설 노력만이 아니라
사상사업에 대해서도 만족감을 표현하였으며, '혁명적 군인정신'을 제창
한 군의 사상사업 방식을 당과 정부가 본받아야 한다고 역설했다.[34] 이
때 김정일이 언급한 '혁명적 군인정신'은 1996년 9월과 10월에 안변청년
발전소 1단계공사 완공에 이어서 대대적으로 선전되었다.[35] 당시 김정
일이 군의 사상사업을 효과적인 것으로 강조한 것은 군의 역할을 정치,
경제 등 보다 넓은 분야로 확대한다는 구상을 내비친 것이었다.

결과적으로 김정일은 사상사업의 강화에 군조직을 동원하게 된다.
당조직에 군 출신을 받아들이고, 군 당조직의 사업방식을 전체 당조직
에 적용하도록 한 것이었다.[36] 1996년 12월 김정일이 "지금 사회의 당

33) 백학순, 『북한 권력의 역사』 (서울: 한울, 2011), p. 690.
34) 이태섭, 『북한의 경제 위기와 체제변화』 (서울: 선인, 2009), p. 333.
35) 위의 책, p. 337.

일군들이 군대 정치 일군들보다 못하다"고 강조한 것도 그러한 맥락에서 나온 것이라고 이해할 수 있다.[37] 특히, "강계정신"의 예에서 볼 수 있듯이, 군의 사업방식은 경제회복에도 적합하다는 주장이 제시되었다. 1998년 1월 김정일은 자강도 현장지도 시에 "강계정신"을 제시했다. 그것은 연형묵이 당위원장을 맡고 있던 자강도당이 "혁명적 군인정신"으로 경제위기를 양호하게 극복해냈다며, 자강도의 방식을 전국으로 확대해 경제회복을 이루자는 것이었다. 김정일이 강계정신의 핵심으로 "혁명적 군인정신"을 주목한 배경에서, 강계정신을 전국으로 확대하라는 지시는 군조직의 사업방식을 전국에 확대하라는 것을 의미했다.[38]

그리고 김정일이 국방위원장에 오르는 1998년에는 경제회복 및 정치정상화 방안으로서 "선군혁명령도"가 본격 등장했다. "선군혁명령도" 전략은 "사회주의건설"을 군의 방식과 조직으로 이끈다는 것으로 1998년 4월 25일(조선인민군 창건 66주년 기념일)의 로동신문 사설에서 제시되었다.[39] 이어, 1999년 1월 신년사는 "선군혁명령도"란 "인민군대를 핵심으로 하여 혁명대오를 튼튼히 꾸리고 혁명적 군인정신을 무기로 하여 사회주의건설을 밀고나가는" 정치방식을 의미한다고 풀이했다. 김정일의 특수한 정치방식으로서 선군정치는 정권안정과 경제회복에 전체적으로 적용될 것이라는 점을 강조한 것이었다.[40]

---

36) 조연준, "선군 혁명 령도로 사회주의 집권당 건설에서 이룩한 불멸의 업적," 『근로자』 2000년 제6호 (2006); 이태섭, 『북한의 경제 위기와 체제변화』, p. 334에서 재인용.

37) "1996년 12월 김일성종합대학 창립 50돌 기념 김정일 연설문," 『월간조선』 1997년 4월호 (1997), p. 309; 이종석, 『(새로 쓴) 현대북한의 이해』, p. 545에서 재인용.

38) 이태섭, 『북한의 경제 위기와 체제변화』, p. 338.

39) 김갑식, 『김정일 정권의 권력구조』 (서울: 한국학술정보, 2005), p. 140.

40) 『로동신문』, 1999년 1월 1일, "올해를 강성대국건설의 위대한 전환의 해로 빛내이자."

IV. 체제위기 극복을 위한 북한군의 역할

1999년 신년사의 선군정치 개념은 찬찬히 음미할 필요가 있는 것으로서 체제위기 극복을 위한 김정일 정권 초기의 선군정치의 성격을 무엇보다 잘 설명하고 있다. 2003년 들어 북핵 2차위기의 발생으로 북한의 선군정치는 핵개발을 통한 국방력 강화에 방점을 두게 되었으나, 선군정치의 형성기에는 대내적 위기를 함께 수습하기 위한 방안에 대한 고민이 초기 선군정치의 특성을 형성하고 있었던 것이다. 그리고 체제위기 극복을 위한 군의 활용 노력은 1999년 신년사에서 "군대를 핵심으로 혁명대오를 튼튼히 꾸리고… 사회주의건설을 밀고 나가는" 것이라고 설명된대로 군의 역할을 혁명대오 구축과 사회주의 건설의 두 측면에서 확대시킨다는 것으로 이해될 수 있었던 것이다.

1. 건설자로서의 역할

선군정치의 기조하에서 북한군은 "조국보위도 사회주의 건설도 우리가 다 맡자!"라는 구호에 따라 경제회복에도 투입될 것을 요구받았다.[41] 2004년에 출간된 『선군정치에 대한 리해』는 북한군이 발휘한 경제적 역할을 다음과 같이 기술하고 있다.

> "안변청년발전소를 비롯한 대기념비적 창조물들을 일떠세우는 데서 앞장선 것도 인민군대였고 현대적인 가금기지와 메기공장, 양어장들, 기초식품공장들을 비롯하여 인민들의 물질생활을 위한 터전을 마련하는 데서 기둥이 된 것도 인민군대였으며, 구월산과 룡문대교, 울림명승지 등 훌륭한 문화휴식터를 꾸려놓은 것도 인민군대였다."

---

41) 정덕성, 『선군정치에 대한 리해』(평양: 평양출판사, 2004), p. 84.

여기에서 언급되고 있는 안변청년발전소는 군 주도의 경제건설 성과를 대표하는 인프라로서 1990년대 후반 대대적으로 선전된 토목건축물이었다. 북한체제가 식량난으로 인해 전반적으로 마비되어 있던 시기에 김정일은 1996년 6월 10일 이 발전소를 방문하여 1단계 공사의 조기완공을 독려했었다.[42] 그의 이러한 조기완공지시는 실제로 관철되어 6월 30일 안변청년발전소의 1단계 공사가 완료되었고, 이러한 군의 무조건적인 지시 이행을 김정일은 "최고사령관 전선명령"을 통해 평가하고, 한 달 여 뒤 선물과 표창 등을 통해 치하했다. 발전소와 같은 대규모 토목공사에 대한 군대의 기여는 월비산발전소, 태천수력발전종합기업소 건설에서도 보여졌다.[43] 이들 발전소 외에도 청류다리 2단계 공사, 금릉 2동굴도 군의 건설자 역할을 보여주는 인프라로 꼽힐 수 있다.

또한 북한군은 식량난 해소를 위한 농축산업 활동과 식료품 공장 구축 운영 등에 있어서도 동력을 제공했다.[44] 특히 1990년대 후반부터 눈에 띄었던 군의 경제적 활동은 양어장 건설에 있었다. 김정일은 1999년에 군부대의 양어장을 시찰하고, 양어장 사업의 확대를 주문했다. 1999년 5월에는 인민경비대 제1216부대의 양어장을 시찰하고, 양어장 사업의 확대를 주문했던 것이다.[45] 이어 김정일은 같은해 8월에 고위간부들과 함께 "나효진이 지배인으로 일하는 양어사업소"를 현지지도 하면서 사업을 더욱 확대시킬 것을 주문했다. 이 양어사업소 역시 군인들에 의해 건설된 것이었다. 이는 당시 김정일이 이 양어장의 건설에 참여한 군인

42) 김용현, "'고난의 행군기' 북한 군대의 사회적 역할 연구,"『인문사회과학연구』 제17권 2호 (2016), p. 262.

43) 정성임, "북한의 '선군정치'와 군의 역할,"『국방연구』 제47집 1호 (2004), p. 129.

44) 1996~1998년간 북한군의 농사지원은 규모 상 전례 없는 것이었다고 지적되고 있다. 이대근, "당·군 관계와 선군정치,"『북한군사문제의 재조명』 (파주: 한 울, 2006), p. 183.

45)『연합뉴스』, 1999년 5월 6일자, "북 김정일, 인민경비대 양어장 시찰."

들의 노고를 치하했던 것에서 알 수 있다. 9월에도 김정일은 이 양어장을 재차 현지지도 하고, "물이 있는 곳에는 어디에나 양어장을 건설해야 한다"고 주장했다. 양어장의 확대가 부족한 식량사정을 호전시킬 수 있는 방법이라고 본 것이었다. 실제로 이러한 지시에 따라 다수의 양어장이 조성되었다. 2002년에는 북한 전국의 양어장 규모가 1997년에 비교해서 약 5배로 확대되었던 것이다.46) 이들 양어장 역시 1999년의 "나효진이 지배인으로 일하는 양어사업소"처럼 군인들의 노동력에 의해 만들어졌을 것이라고 추론하는 것에는 무리가 없을 것이다.

뿐만 아니라 북한군은 부대 내의 부지를 이용해 축사 등을 운영했다. 1998년 5월 4일 김정일은 군수산업 부문의 모범부대로 선발된 681부대를 방문했을 때 염소목장을 둘러보았다.47) 이러한 시찰과정에서 김정일은 염소, 토끼 등의 사육에도 성과를 낼 것을 각급 부대에 주문했다.48) 그에 부응하기 위한 군부대들의 가축사육 노력은 주로 군부대의 식량사정을 개선하기 위한 육류와 유제품의 확보로 이어졌을 것이나, 그 성과가 점차 확대되면서 주민들에게 산물을 제공할 수 있을 것으로도 기대되었다. 경제관리개선조치가 발표된 이후의 시점에서 김정일은 2002년 9월 군부대 현지지도 시 유제품을 풍부하게 생산하여 군인 및 일반주민들에게 공급할 수 있도록 해야 한다고 언급했던 것이다.49) 이러한 군인들의 축사운영은 최소한으로는 운영비를 절감하고, 최대한으로는 식량사정 개선에 일조할 수 있는 활동이었던 것으로 이해될 수 있다.

그리고 군인들에 의해 구월산, 용문동굴, 울림명승지와 같은 관광지 개발도 진행되었다. 이들 지역은 해외관광객 유치대상으로 고려되던 지

---

46) 『연합뉴스』, 2002년 10월 22일자, "북, 5년간 양어장 면적 4.6배 확대."
47) 『연합뉴스』, 1998년 5월 6일자, "김정일, 최전방 군부대 잇단 시찰."
48) 『연합뉴스』, 1999년 5월 11일자, "북 김정일, 제959고사포병 군부대 시찰."
49) 『국민일보』, 2002년 10월 16일자, "북의 병력감축설, 아직은 공식언급 없어."

역이라는 점에서, 군부대에 의한 명승지 재정비는 투자로도 파악될 수 있다. 특히, 평북 구월산은 금강산에 이어 추가로 개방될 수 있는 관광지역으로 언급되기도 하던 지역이었다. 구월산은 그 자체로서 수월한 경관을 갖춘 것은 물론, 주변에 진강포해수욕장, 온천군의 온천지대가 있어 관광지로서의 잠재력이 뛰어났던 것이다. 1996년 10월 등 수차례 구월산을 현지지도 한 김정일은 관광지 개발에 총력을 기울일 것을 지시했고, 그에 따라 등정로와 외국인휴양소 등이 건설되었다. 1997년 9월에 구월산에 대한 등정로 재정비 작업 등은 마무리되었다.[50) 물론, 구월산 휴양지 건설은 군인들에 의해 수행된 것이었다. 1997년 9월 휴양지 건설 작업이 마무리 중인 구월산을 방문한 김정일은 휴양지를 건설 중인 군인들을 독려했다.[51) 이 시기는 '고난의 행군' 기간에 포함된다는 점에서, 구월산 재정비는 체제위기 극복 모색기에 군이 수행한 비군사적 건설활동의 예가 된다고 볼 수 있을 것이다.

용문동굴과 울림명승지 역시 관광지 개발을 위한 군의 적극적인 개입을 보여주는 사례이다. 평북 구장에 위치한 용문동굴은 1996년부터 일반에 공개되기 시작했다. 고난의 행군 시기에 관광이 개시된 지역인 것이다. 6만 평방미터 면적의 용문동굴 안에 설치된 관광루트는 그 당시 주요 건설사업에 동원되던 군인들과 무관할 수 없었다. 또한 울림명승지는 관광지 개발의 요구에 따라 군이 주도적으로 발견, 개발한 지역이라는 특성을 갖는다. 2001년 8월 김정일의 강원도 현지지도를 앞둔 시점에서 군인들이 발견한 자연폭포인 것이다. 이곳에 대한 김정일의 현지지도 이후 군인들은 울림명승지 주변에 주차장과 다리 등을 건설했다. 울림명승지는 백두산 해돋이, 다박솔 초소 등과 함께 선군정치

50) 『연합뉴스』, 1999년 4월 7일, "'서해의 금강'으로 불리는 구월산."
51) 조선로동당 중앙위원회 당력사연구소, 『김정일동지략전』 (평양: 조선로동당출판사, 1999), p. 408.

시기를 대표하는 "선군팔경"으로 규정되었다.[52]

2. 모범으로서의 역할

체제위기 극복을 위한 북한군에 대한 선군정치 요구와 관련된 "인민군대를 핵심으로 혁명대오를 튼튼히 꾸리"는 것이 어떠한 내용을 갖는 것인지를 검토해볼 수 있다. 북한군은 1990년대 말 체제위기 극복과정에서 혁명대오의 구축, 즉 당시 북한이 직면한 가장 큰 정치적 고민인 패배주의의 극복에 특정한 방식으로 활용되기도 했다는 것이다.

'인민군대를 핵심으로 혁명대오를 튼튼히 꾸린다.'는 것은 군이 당을 대신해서 정치적 역할을 발휘한다는 것을 의미하는 것은 아니었다. 어디까지나 북한군은 당의 군대라는 성격을 부여받고 있었고, 이 점은 선군정치 시기에도 변하지 않았다. 김정일이 강조한 것은 군에 대한 당의 정치적 통제였지, 군의 당에 대한 지배는 아니었다.[53] 1996년 말 북한 사회의 무정부 상태를 우려하던 유명한 비밀연설에서 김정일은 군에 대한 정치교양의 중요성을 크게 강조했다.

그 대신 "인민군대"에 의한 혁명대오 구축은 "인민군대"가 주민들에 대한 교양사업에서 "본보기"의 역할을 부여받는다는 것을 뜻했다. 이는 "인민군대를 핵심으로 혁명대오를 튼튼히 꾸리"겠다는 정책방향이 "인민군대를 핵심으로, 본보기로 하여 혁명의 주체를 튼튼히 꾸린다." 등으로 풀이되는 데에서 뚜렷이 드러난다.[54] 북한군을 "본보기" 혹은 모범으로 삼아 김정일이 사회에 확대시키고자 했던 정신은 자신에 대한 절

---

52) 『연합뉴스』, 2005년 8월 26일, "'여기가 바로 무릉도원'… 북 울림폭포 자랑."
53) 이대근, 『북한 군부는 왜 쿠데타를 하지 않나: 김정일 시대 선군정치와 군부의 정치적 역할』 (서울: 한울아카데미, 2003), p. 92.
54) 정덕성, 『선군정치에 대한 리해』, p. 78.

대적 충성심, 결사관철의 복종심, 사회도덕이었다.『선군정치에 대한 리해』에서도 혁명대오를 강화시켜주는 사상적 원천이 "(군인들의) 수령결사옹위, 결사관철의 투쟁정신과 투쟁기풍, 인민군대가 창조한 도덕과 문화"로 거론되었다.

그에 따라 김정일에 대한 절대적 충성심도 군인들의 본보기를 통해 강조되었다. 화재 속에서도 김정일의 초상화를 꺼내온 군인, 김정일의 탄생을 예고한 '구호나무'를 지키기 위해 위험을 무릅쓴 군인 등이 수령결사옹위정신을 보여주는 본보기로 제시되었던 것이다.[55] 리수복, 길영조 등의 군인상도—실제로 이들의 사망은 한국전쟁 당시 고지점령, 비행기 추락으로 인한 민간피해 방지 등 김일성을 지키기 위한 것과 거리가 멀었지만—수령을 지키기 위해 목숨을 내놓은 영웅으로 묘사되었다.[56]

또한 김정일의 지시에 대한 군대의 복종심 역시 북한주민들이 본받아야 할 긍정적인 가치로 평가되었다. 안변청년발전소 건설에 투입된 군인들에 대한 김정일의 거듭된 치하에서 이러한 사업은 보여진 바 있었다.

뿐만 아니라 북한 군인들의 미담은 도덕적, 문화적 가치를 재강화하는 데에도 활용되었다. 군인들이 전사한 전우의 자제를 대신 양육하고, 상이군인과 결혼하며, "혁명선배"인 노병을 극진히 대하는 미담들이 교양사업에서 강족되기 시작했던 것이다. 이는 대기근으로 인해 파편화된 북한 주민들을 도덕, 문화적 가치를 통해 다시 응집시키기 위한 노력을 반영했다.[57]

---

55) 위의 책, pp. 78~79.
56) 『연합뉴스』, 1999년 2월 9일, "'리수복형의 육탄영웅'과 '길영조형의 자폭용사.'"
57) 김용현, "'고난의 행군기' 북한 군대의 사회적 역할 연구," p. 268.

V. 나가며

이처럼 선군정치의 체제위기 극복 노력은 북한군의 정치적, 경제적 역할 확대를 통해 이해될 수 있다. 북한군의 다양한 건설사업에 대한 참여와 식량증산을 위한 활동은 당시 극심했던 경제난, 식량난을 완화시키는 데 일정한 기여를 했다고 생각된다. 반면, 군인을 "본보기"로서 제시한 교양사업이 무너지는 사회기강을 바로잡는 데 얼마나 기여했을 것인가에 대해서는 회의적인 평가가 뒤따를 것이다. 식량난으로 대다수의 주민이 출근조차 하지 못하는 상황에서 북한의 일상적인 교양체계는 무너져 있었기 때문이다. 오히려 군이 동원되었을—1998년경 빈번히 이뤄졌다고 다수의 북한이탈주민에 의해 증언되는—공개처형이 기강확립에 실질적으로 기여했을 가능성이 크다.

1990년대 중반에 구상되었던 선군정치는 북한의 정치방식 중에서도 매우 특이한 것이다. 매우 보수적인 성향에 입각한 경제난 극복 노력을 담고 있기 때문이다. 냉전기 북한이 국방력 강화의 병진노선을 견지하면서도, 1970년대 초중반과 1980년대 초반과 같이 경제사정이 악화된 경우에는 자본과 기술의 부족을 해소하기 위해 외자도입과 합영법 도입 등 개방적 조치를 확대했던 것에 대비되는 것이다. 1990년 후반에 공식화되기 시작한 선군정치는 심각한 대내적 위기를 염두에 두고 구상된 것으로 보이면서도 개방적 조치보다는 군대 내의 노동력과 규율을 활용하는 데 중점을 두었다.

선군정치는 체제위기 극복을 위해 군의 정치적, 경제적 활용을 확대하는 전례를 남겼다는 점에 우리는 주목할 필요가 있다. 선군정치 시기 군의 정치, 경제적 역할은 군부가 의도한 것이라기보다는 정치지도자인 김정일이 체제위기 극복의 목적을 위해 군에 부과한 것으로 이해될 수 있을 것이다. 이 과정에서 북한군은 북한 사회의 제반 문제를 다루는 종합행정을 경험했다. 전례가 있을 경우 군이 비군사적 활동에 다시 참여하기 쉽다는 모라(Frank O. Mora)의 지적을 상기할 때,[58] 북한 체제의 유지가 곤란한 상황이 다시 발생한다면 북한군은 다시금 종합행정의 책임을 거부감 없이 맡게 될 것으로 보인다.

이로부터 김정은 시대의 경제집중노선의 전개가능성 하나에 대한 함의를 모색할 수 있다. 국제제재가 북한 경제에 타격을 주지 못할 것이라는 제재무용론도 존재하지만, 북한 경제 자체에 피해를 주는 포괄적 제재가 유엔안보리 결의안 2270호(2016. 3. 3)를 기점으로 시작된 것은 무시하기 어려운 사건이었다. 향후 제재의 효과가 누적되는 경우, 자본과 기술 도입이 어려운 조건에서 북한은 이미 대규모로 동원되어 있는 국방부문의 건설자 역할을 강조하는 "선군정치"에 다시금 의존할 가능성이 있다. 특히, 북미 비핵화 협상을 통해 북한에 대한 체제안전 보장도 이루어지지 못하는 조건 속에서 제재가 지속되는 경우, 북한은 이미 동원된 군을 축소시킬 수도 없어 비대한 군을 유지하면서 이들을 선군정치의 선례에 따라 체제위기 극복에 투입하게 될 가능성이 있다는 의미이다.

---

58) Frank O. Mora, "Military Business - Explaining Support for Policy Change in China, Cuba, and Vietnam," *Problems of Post-Communism* (November/December, 2004).

참고문헌

1. 국내문헌

김갑식. 『김정일 정권의 권력구조』. 서울: 한국학술정보, 2005.

김용현. "'고난의 행군기' 북한 군대의 사회적 역할 연구." 『인문사회과학연구』 17권 2호 (2016).

김진환. 『북한위기론: 신화와 냉소를 넘어』. 서울: 선인, 2011.

나초스 저. 황재옥 역. 『북한의 기아 : 기아와 정치, 그리고 외교정책』. 서울: 다홀미디어, 2003.

백학순. 『북한 권력의 역사』. 서울: 한울, 2011.

스테판 헤거드, 마커스 놀랜드 저. 이형욱 역. 『북한의 선택: 위기의 북한 경제와 한반도 미래』. 서울: 매일경제신문사, 2007.

안드레이 란코프. 『리얼 노스 코리아 : 좌와 우의 눈이 아닌 현실의 눈으로 보다』. 고양: 개마고원, 2014.

양문수 외. 『2000년대 북한경제 종합평가』. 서울: 산업연구원, 2012.

와다 하루끼 저. 남기정 역. 『북한 현대사』. 서울: 창비, 2014.

이대근. 『북한 군부는 왜 쿠데타를 하지 않나: 김정일 시대 선군정치와 군부의 정치적 역할』. 서울: 한울아카데미, 2003.

_____. "당·군 관계와 선군정치." 『북한군사문제의 재조명』. 파주: 한울, 2006.

이 석. 『1994~2000 북한기근: 발생, 충격, 그리고 특징』. 서울: 통일연구원, 2004.

이종석. 『(새로 쓴) 현대북한의 이해』. 서울: 역사비평사, 2011.

이주영. "북한의 식량관련 통계." 『KDI 북한경제리뷰』 2009년 8월호 (2009).

이태섭. 『북한의 경제 위기와 체제변화』. 서울: 선인, 2009.

장달중, 이즈미 하지메 공편. 『김정일 체제의 북한 : 정치·외교·경제·사상』. 서울: 아연출판부, 2004.

정성임. "북한의 '선군정치'와 군의 역할." 『국방연구』 47집 1호 (2004).

최명해. 『중국 북한 동맹관계』. 서울: 오름, 2009.

통일연구원. 『남북관계연표 : 1948년~2011년』. 서울: 통일연구원, 2011.

함택영. 『국가안보의 정치경제학: 남북한의 경제력·군사역량·군사력』. 서울: 법문사, 1998.

2. 북한문헌

백보흠, 송상원. 『영생』. 평양: 문학예술종합출판사, 1997.
전덕성. 『선군정치에 대한 리해』. 평양: 평양출판사, 2004.
조선로동당 중앙위원회 당력사연구소. 『김정일동지략전』. 평양: 조선로동당출판사,
1999.

3. 국외문헌

Mora, Frank O. "Military Business - Explaining Support for Policy Change in China, Cuba,
and Vietnam." *Problems of Post-Communism* (November/December, 2004).
Satterwhite, David H. "North Korea in 1996: Belligerence Subsiding, Hunger Worsens."
Asian Survey Vol. 37 No. 1 (1997).

제 4 장

선군정치와 북한 핵 개발의 동학

북한 문헌분석을 중심으로

임상순

Ⅰ. 서론

2019년 현재, 북한 핵문제를 둘러싸고 북한과 미국 간에 치열한 외교전이 전개되고 있다. 사실, 북핵을 둘러싼 북미 간의 갈등이 본격화 된 것은 2017년 이었다. 북한은 지난 2017년 7월 미국 본토를 타격할 수 있는 대륙간 탄도 미사일 화성 14호를 김정은의 직접지도하에 성공적으로 발사했고,[1] 9월 3일에는 이 대륙간 탄도 미사일에 장착 가능한 수소탄 시험을 실시했다. 이에 대해 미국 트럼프 대통령은 9월 20일 유엔 연설을 통해 '북한의 비핵화'만이 받아들일 수 있는 미래이며 미국과 미국의 동맹을 방어해야 하는 경우 미국은 북한을 '완전히 파괴'해 버릴 것이라고 위협했다.[2] 이러한 미국의 반발에도 불구하고, 2017년 11월 29일 북한은 "대륙간 탄도 로케트 '화성-15형' 시험발사가 성공적으로 진행되었으며 이로써 '국가 핵무력 완성이 실현'되었다"고 선언했다. 이에 대해 미국 트럼프 대통령은 '(북핵문제를) 매우 심각하게 접근하고 있으며, 우리가 처리하겠다'고 밝혔다.[3]

---

1) 『로동신문』, 2017년 7월 5일, 2017년 7월 30일.
2) 『조선일보』, 2017년 9월 21일.

이러한 한반도 위기상황은 2018년 1월 김정은이 신년사에서 평창동계올림픽 참가와 남북대화 의사를 밝히면서 대화국면으로 급변하였다. 2018년 4월 27일 판문점에서 3차 남북정상회담이 개최되었고, 6월 13일에는 싱가폴에서 1차 북미정상회담이 열렸다. 이 두 차례 정상회담의 핵심의제는 한반도 비핵화와 북한의 체제안전보장이었다.[4] 북미 정상 간에 싱가폴 합의가 이루어지면서 북핵 문제의 평화적, 외교적 해결이 기대되었지만, 2019년 2월 28일 베트남 하노이에서 개최된 2차 북미정상회담이 아무런 성과 없이 끝나면서 북핵 문제는 다시 교착상태에 빠지고 말았다.

북한 핵문제를 둘러싸고 벌어지고 있는 이러한 위기와 갈등 그리고, 대화 국면을 종합적으로 이해하고 미래를 전망하기 위해서는, 수면 위에서 벌어지고 있는 현상만을 추적할 것이 아니라, 북한 핵개발의 근원인 선군정치와 북한 핵전략의 변화를 역사적 맥락에서 체계적으로 분석할 필요가 있다.

기본적으로 북핵 문제의 바탕에 놓여 있는 선군정치는 1994년 7월 김일성 사후 북한이 맞이한 내우외환적 위기를 극복하는 과정에서, 김정일이 채택한 독특한 정치방식이다. 국방력 강화를 위해 국가의 자원들이 국방산업 특히 핵무기와 중장거리 미사일 개발에 필요한 첨단산업에 집중 투자되었다. 김정은은 김정일의 선군정치 덕분에 북한이 핵보유국이 될 수 있었다고 강조[5]하면서 선군정치를 계승하였다.

김정은은 최고사령관으로 추대된 직후인 2012년 1월 1일 첫 현지지도로 '서울 류경수 제105탱크사단'을 방문했다.[6] 이 탱크사단은 1960년 8월

---

3) 『조선일보』, 2017년 11월 30일.
4) 『조선일보』, 2018년 8월 16일.
5) 『로동신문』, 2013년 4월 2일.
6) 『로동신문』, 2012년 1월 2일.

25일 김정일이 정치 사업에 나선 후 첫 방문한 군부대로서, 북한은 8월 25일을 김정일의 본격적인 선군영도활동이 시작된 날로 기념하고 있다.[7] 김정은은 김정일의 유산인 핵무력을 더욱 강화함으로써, 남한과의 재래식 군비경쟁에 휘말리지 않고 미국과 미국의 동맹국가 들의 군사 공격을 억지하여 김정은 체제를 유지하고, 주민들에게 자부심과 자신감을 심어주어 내부단결을 공고히 하며, 경수로 건설 등 원자력 산업을 발전시켜 경제건설의 중요고리인 전력문제를 해결하고자 한다.[8] 한편 북한은 핵억제력의 강화와 함께 (미국과의) 대화를 통하여 국가이익을 극대화하고자 한다.[9] 선군정치 기간에 북한은 북미 제네바합의를 지속시켰고, 6자회담과 북미양자회담에 참가하여 다양한 합의문을 만들어냈다.

　이러한 연구의 필요성과 배경하에서 본 논문은 선군정치 기간에 북한 핵전략이 어떻게 변화되었는지를 구체적으로 분석할 것이며, 이를 바탕으로 현재 진행되고 있는 북미 핵협상의 진행과정을 전망해 보고자 한다. 이를 위해 다음의 3가지 질문에 대한 해답을 찾고자 한다. 첫째, 선군정치 기간에 북한 핵무력이 어떻게 진전되었고, 핵무력의 진전이 북핵 관련 회담에 어떤 영향을 미쳤는가? 둘째, 북한 핵무력 진전과 핵교리 변화에는 어떤 상관관계가 있는가? 셋째, 북한 핵전략 변화에 기초해 보았을 때 북미 핵협상은 앞으로 어떻게 진행될 것인가?

　본 연구는 이러한 3가지 질문에 대한 해답을 찾고, 선군정치의 의미 및 성격 변화를 탐색하기 위해서 조선로동당 기관지 '로동신문', 조선중앙통신사에서 출판된 '조선중앙연감' 그리고, 조총련 기관지 '조선신보' 등 원전자료를 주로 분석하였다.

---

7) 『로동신문』, 2007년 3월 13일.
8) 『로동신문』, 2016년 1월 31일.
9) 『로동신문』, 2009년 10월 1일.

II. 북한 핵전략과 선군정치의 개념 규정 및 시기구분

1. 핵전략의 개념과 북한 핵 개발의 목표

핵전략(nuclear strategy)이란, 한 국가의 정치, 군사적 목적을 위해 핵무기를 군사전력화하고 이를 사용하는 전략으로서 군사, 안보 전략의 일부를 구성한다. 핵전략은 '핵태세'와 '핵교리'로 구성되는데, '핵태세'란 핵무력(nuclear force)과 배치형태 등 하드웨어적인 것이고, '핵교리'는 핵무기의 용도, 사용원칙 등 소프트웨어적인 것이다.[10]

'핵교리'에는 선언전략과 표적선정이 포함되는데, 선언전략은 유사시 핵무기의 사용과 관련된 명시적 계획으로서 '부인', '1차 공격', '2차 공격'으로 나눌 수 있다. 먼저 부인은 핵무력을 개발하고 있거나 이미 개발한 국가가 국가이익을 위해 핵무력의 개발 자체를 부인하는 것이고, 1차 공격은 상대방으로부터 핵공격을 받기 이전에 먼저 핵무기를 사용하는 것이며, 2차 공격은 상대방의 핵공격 이후 핵으로 보복타격을 가하는 것을 말한다.[11] 그리고, 공세적 예방 핵교리로 '핵사용 선제공격(nuclear preemptive strike)'이라는 것이 있는데, 이것은 공격이 임박한 적에게 먼저 핵무기를 사용함으로써 예상되는 손실을 줄이거나 승리를 확보하고자 하는 것이다.[12] 1차공격과 '핵사용 선제공격'이 모두 적국의 핵공격이 없는 상황에서 먼저 핵무기를 사용한다는 공통점이 있지만,

---

10) 전봉근, 『북한 핵교리의 특징 평가와 시사점』(서울: 국립외교원 외교안보연구소, 2016), p. 1.

11) 정영태 등, 『북한의 핵전략과 한국의 대응전략』(서울: 통일연구원, 2014), pp. 84~85.

12) Karl P. Mueller, Jasen J. Castillo, Forrest E. Morgan, Negeen Pegahi and Brian Rosen, *Striking First: Preemptive and Preventive Attack in U.S. National Srcurity Policy* (Santa Monica: RAND Corporation, 2006), p. 6.

1차공격은 전쟁상황에서 적국보다 먼저 핵무기를 사용하는 반면, '핵사용 선제공격'은 적국의 공격이 임박한 상황 즉, 전쟁상황이 아닌 상황에서 핵무기를 선제공격 무기로 사용한다는 점에서 차이가 있다.[13]

핵전략의 기본적 요체는 핵을 통해 전쟁을 억제하는 핵억지전략이다.[14] 억지(deterrence)란 바람직하지 못한 행위를 하려는 행위자로 하여금 행위의 비용이 이익보다 많다는 사실을 확인시킴으로써 그런 행위를 하지 못하도록 예방하는 것으로, 안보영역에서 군사적인 도전을 예방하기 위하여 주로 시도된다.[15] 모건(Morgan)은 '국제안보관리에서의 억지'를 실천하려고 하는 미국을, 북한과 같은 불량국가가 핵으로 상대할 경우, 미국은 북한에 억지력을 제대로 투과할 수 없을 뿐만 아니라, 오히려 북한이 미국의 군사행동을 억지하고 영토를 보전할 수 있다고 주장한다.[16]

북한은 핵능력 향상을 통해 미국의 군사행동을 억지하고자 할 뿐만 아니라, 미국을 북한이 원하는 대화의 장으로 나오도록 하여 북한의 요구를 수용하게 함으로써, 체제를 유지하고, 부국강병을 실현하며, 조국통일을 위한 토대를 확보하고자 한다.[17] 북한은 이러한 전략을 '대화와 방패' 전략이라고 한다. 즉, 미국의 안보를 '직접 위협하는 수준'으로 핵능력을 향상시키고, 이 바탕 위에 미국 측과 보다 높은 차원의 현안을 논의해 가고자 하는 것이다.[18]

---

13) 전봉근,『북한 핵교리의 특징 평가와 시사점』, p. 10.

14) 함형필, "북한 핵전략 구상과 전략적 딜레마 고찰,"『국방정책연구』제25권 2호 (2009), p. 95.

15) Rechard Ned Lebow and Janice Gross Stein, "Deterrence: The Elusive Dependent Variable," *World Politics*, vol. 52 (1990), p. 336.

16) Patrick M. Morgan, *Deterrence Now* (New York : Cambridge University Press, 2003), p. 269.

17)『로동신문』, 2013년 4월 2일, 2016년 5월 8일.

18)『조선신보』, 2008년 11월 14일, 2012년 6월 25일.

북한은 이러한 기본 전략에 기초하여 핵무력을 고도화 하면서 북핵 관련 회담에서 북미 직접 대화 등 더 많은 요구사항을 관철시키려고 했으며, 이를 실현시키기 위해 핵교리를 더욱 공세적으로 변화시켰다.

2. 선군정치와 핵 개발의 관계

북한에서는 선군정치를 '국방중시, 군사선행의 원칙에 기초하여 혁명과 건설에서 나서는 모든 문제를 해결하고, 혁명군대의 강화를 통하여 혁명의 승리적 진전을 이룩하는 정치'라고 주장한다.[19] 1995년 1월 1일 김정일의 다박솔 초소 방문으로 시작[20]된 선군정치는 1998년 9월 헌법 개정을 통해서 국방위주의 선군국가체계로 정식화되었다.[21]

북한은 1998년 9월 5일 헌법을 개정하여 이전에 국가의 수반이었던 주석제를 폐지하고, 국방위원회 기능과 국방위원장의 권한을 강화하였다. 1998년 헌법에, 국방위원장은 일체 무력을 지휘통솔하며 국방사업 전반을 지도한다고 규정되어 있지만 실제에 있어서, 국방위원장은 최고인민회의 상임위원장 김영남의 발언대로, '정치, 군사, 경제 영역 전체를 통솔 지휘하여 국가체제와 주민의 운명을 수호하며, 나라의 방위력과 전반적 국력을 강화발전시키는 사업을 조직 영도하는 국가의 최고직책'이다.[22] 이 헌법개정을 통해, 국방위원회가 나라의 모든 정치, 군사, 경제적 역량을 지휘통솔하는 '선군' 국가체계가 완성되었다.

이렇게 완성된 선군국가체계는 2016년 6월 29일 최고인민회의 제13기 4차 회의에서 헌법개정을 통해 국방위원회가 규정상 성격을 달리하는

---

19) 『로동신문』, 1999년 9월 5일.
20) 『로동신문』, 2004년 12월 29일.
21) 『로동신문』, 2016년 5월 8일.
22) 『로동신문』, 1998년 9월 6일.

국무위원회23)로 대체되면서 법적 측면에서 종료된다. 본 연구에서 선
군정치 기간은 북한의 공식문헌에 등장하는 담화가 아니라 북한 헌법
의 변화를 기준으로, '선군국가체계'가 성립된 1998년 9월 5일부터 국방
위원회가 폐지된 2016년 6월 29일까지로 한다.

선군정치 기간 동안 북한정권은, 국방사업이 혁명의 승패와 민족의
흥망성쇠를 좌우하는 중대사라고 강조하면서, 국방공업발전에 우선적
으로 자원을 분배함으로써 국방공업의 자립성을 더욱 강화하고, 국방공
업을 최첨단기술의 토대 위에 올려놓고자 했다.24) 이러한 국가적 지원
을 바탕으로 북한은 핵무력 즉, 핵무기와 핵무기 운반수단인 중, 장거
리미사일25)을 개발하는 한편, 핵교리를 변화시켜 나갔다.

3. 선군정치 기간 핵전략 시기구분

선군정치 기간 동안 북한 핵문제를 둘러싼 회담이 3차례 있었다. 3차
례 회담 기간을 중심으로 4가지 시기로 나누어 북한 핵전략의 변화를
살펴보고자 한다. 첫 번째 시기는 '제네바합의 시기'로서 1998년 9월 헌
법개정부터 2003년 1월 북한의 NPT탈퇴 선언까지이고, 두 번째 시기는
'6자회담 시기'로서 2003년 북한이 NPT를 탈퇴한 때부터, 북한이 6자회
담의 종료를 선언하고 2차 핵실험을 단행한 2009년 5월까지의 시기이

---

23) 국무위원회는 국가주권의 최고정책적 지도기관으로, 국방건설사업을 비롯한
    국가의 중요정책을 토의·결정하고, 국무위원장 명령, 국무위 결정·지시 집
    행 정형을 감독하고 대책을 수립하며, 국무위원장 명령, 국무위 결정·지시에
    어긋나는 국가기관의 결정, 지시를 폐지하는 등의 임무와 권한을 가지고 있
    다. 『로동신문』, 2016년 6월 30일.
24) 김정은, "위대한 김정일동지를 우리 당의 영원한 총비서로 높이 모시고 주체
    혁명위업을 빛나게 완성해 나가자," 『조선중앙연감(2013)』, (평양: 조선중앙통
    신사, 2013), p. 7.
25) 박요한, "북한 핵무력의 동학과 네트워킹" (숭실대 정치학 박사학위논문, 2013),
    p. 95.

며, 세 번째 시기는 '양자회담 시기'로 2009년 2차 핵실험 이후부터 김정
은이 최고인민회의에서 '국방위원회 제1위원장'에 추대되면서 법적으로
승계를 완성한 2012년 4월 13일까지이다. 마지막 네 번째 시기는 북핵
회담이 중단된 후 북한이 '회담을 압박하는 시기'로서, 김정은의 권력승
계 완성으로부터 2016년 6월 29일 국방위원회가 폐지되면서 선군국가체
계가 법적으로 종료된 시점까지이다. 각 시기구분과 핵심사건, 핵교리
를 표로 정리하면 다음과 같다.

〈표 1〉핵 전략 시기 구분 및 핵심 사건

	제네바합의 시기	6자회담 시기	양자회담 시기	회담압박 시기
기간	1998~2003	2003~2009	2009~2012	2012~2016
핵심 사건	김정일 선군정치체계 확립	미국 부시 정부 북한 압박	김정일 뇌졸중, 김정은 등장	김정은 권력승계
핵교리	부인	2차 공격	1차 공격	핵사용 선제공격

위의 표에서 보는 바와 같이, 제네바합의 시기, 양자회담 시기, 회담
압박 시기에 가장 큰 영향을 미친 핵심 요인은 북한 내부 최고지도자와
관련되어 있다. 그리고 북한이 NPT를 탈퇴하고 6자회담에 참여하도록
한 핵심 요인은, 북한을 '악의 축'으로 규정한 부시대통령과 부시행정부
의 압박[26]이라는 북한 외부요인이었다. 특히 주목되는 것은 2008년 8월
김정일이 뇌졸중으로 쓰러지고 2009년에 김정은이 후계자로 내정되어
실권을 행사하면서, 북한의 핵교리가 이전의 '부인'과 '2차 공격'에서 벗
어나 전쟁상황에서 적국보다 먼저 핵무기를 사용할 수 있는 '1차 공격'
그리고, 전쟁상황이 아닌 상황에서 핵무기로 선제공격을 가할 수 있는

---

26) 임동원은 당시 부시행정부의 네오콘 강경파들이 불순한 정치적 의도를 가지
고, 북한의 우라늄농축 첩보를 과장 왜곡하여 북미제네바합의가 파기에 이르
렀다고 주장한다. 임동원, 『피스메이커』(서울: 중앙 Books, 2008), pp. 666~672.

'핵사용 선제공격'으로 공세화 되었다는 것이다. 이러한 변화가 나타나
게 된 과정을 시기별로 살펴보고자 한다.

III. 선군정치 기간 주요 회담과 핵전략 변화

1. 제네바 합의 지속과 북한의 핵전략(1998.9.5~2003.1.10)

이 시기는 고난의 행군이라는 국가 생존위기에 직면한 김정일이 헌
법을 개정하여 국방위원회 중심의 선군 국가체계를 구축한 1998년 9월
5일부터, 부시 행정부의 켈리차관보 방북 이후 제네바합의가 사실상 종
료된 2003년 1월 10일까지의 기간이다.

가. 제네바 합의 내용과 이행과정

1993년 3월 12일 북한이 NPT탈퇴를 공식 선언하면서 본격화된 1차
북핵위기는 1994년 10월 21일 북미 간의 제네바합의를 통해서 일단락되
었다. 제네바 합의의 핵심내용은, 미국이 2003년까지 북한에 2000메가
와트급 경수로를 제공해주고, 외교관계 수립을 추진하는 대신, 북한은
NPT탈퇴를 유보하고, 5만kw, 20만kw 흑연감속로를 동결시키며, 원자로
에서 나온 8,000여 대의 폐연료봉을 재처리하지 않고 봉인하기로 한 것
이다.[27]

제네바 합의는 1998년 9월 국방위원회 중심의 선군정치체제가 제도
화된 이후에도 지속되었으며, 2000년 10월 12일 북한의 조명록 특사와

---

27) 조선중앙통신사, "조미기본합의문을 파기한 미국의 범죄행위,"『조선중앙연감
    (2004)』(평양: 조선중앙통신사, 2004), p. 583.

클린턴 대통령 사이의 '북미 공동커뮤니케'에서도 합의 준수가 재확인
되었다.[28] 하지만, 2002년 10월 3일 북한을 방문한 미국무부 차관보 켈
리에게 강석주 부상이 고농축우라늄 핵 프로그램에 대하여 시인하면서
제네바합의가 위기를 맞았다. 결국 미국은 2002년 12월 중유공급을 중
단하였고, 이에 대해 북한은 12월 12일 외무성 대변인 특별담화를 통한
핵동결 해제 발표, 12월 21일 사용 후 핵연료봉 봉인 해제, 12월 27일
IAEA사찰단원 추방통보, 2003년 1월 10일 NPT 탈퇴 선언으로 대응함으
로써 10여 년간 지속되던 제네바합의가 종료되었다.[29]

나. 제네바 합의 시기 핵무력 진전

제네바합의 기간 동안 이루어진 북한 핵무력의 진전에는 고성능 폭
발실험, 핵물질인 농축우라늄과 우라늄 농축기술의 확보 그리고, 대포
동 1호 시험발사 성공이 있다.

북한은 제네바 합의 이전에 이미 핵무기 2개를 만들 수 있는 분량의
플루토늄(7~10kg)을 추출해 놓고 있었다.[30] 농축우라늄과 달리 플루토
늄을 이용하여 핵무기를 만들 때에는 반드시 고성능 폭발실험 즉, 고폭
실험을 실시해야 한다. 북한은 영변 핵시설에서 북서쪽으로 30여km 떨
어진 지역에 고폭실험장을 극비리에 건설한 후 1998년부터 2002년까지
70여 차례의 고폭실험을 실시했다. 이 시기의 고폭실험은 완전한 고폭
장치 제작을 위한 완료단계의 고폭실험으로 추정된다.[31]

제네바합의에 의해 플루토늄 추출이 어렵게 되면서, 북한은 파키스탄

---

28) "조선민주주의인민공화국과 미합중국사이의 공동콤뮤니케," 『조선중앙연감
　　(2001)』, (평양: 조선중앙통신사, 2001), p. 534.
29) 남궁영, "북한 핵개발과 미국,"『21세기 정치학회보』제13집 2호 (2004), p. 107.
30) 함형필, 『김정일체제의 핵전략 딜레마』(서울: KIDA Press, 2009), p. 100.
31) 『조선일보』, 2002년 12월 19일.

을 통해 핵물질인 고농축 우라늄과 고농축 우라늄 농축기술을 획득했다. 우라늄 농축기술은 핵의 확산과 관련된 민감한 기술이기 때문에 국제적으로 기술이전이 금지되어 있다. 하지만, 1998년 핵실험에 성공한 파키스탄은 우라늄 농축기술과 장비를 수차례에 걸쳐 북한에 판매했고, 그 반대급부로 북한으로부터 '노동'미사일 등 중단거리 미사일 관련 기술을 수입했다. 북한은 파키스탄에서 들여온 우라늄 농축장비를 가지고, 1998년부터 원자력 연구용으로 저농축실험을 실시하다가, 2002년 7월~8월부터는 우라늄 고농축을 시작했다.[32] 클린턴 행정부도 북한의 우라늄 고농축 기술확보를 1998~1999년부터 인지하고 있었다.[33]

한편, 1998년 9월 4일 북한은 대포동 1호를 성공적으로 시험 발사했다. 인공위성 발사체로 가장한 대포동 1호는 사거리 2,500km의 장거리 탄도 미사일(IRBM)이다.[34] 대포동 1호는 국가의 생존자체가 위협받던 1995년부터 1998년까지의 고난의 행군 기간[35] 동안 수억 달러를 투자하여 완성한 것으로, 김정일은 '나라와 민족의 존엄과 운명을 지키고 내일의 부강한 조국을 위하여 자금을 그 부문에 돌리는 것을 허가'했다고 밝혔다.[36]

다. 제네바 합의 시기 핵교리

이 기간 북한은 장거리 미사일발사, 핵물질 확보, 핵무기 개발 등을 철저히 부인하는 입장을 취했다. 먼저, 대포동 1호 발사에 대해서는 3계

---

32) 『조선일보』, 2002년 10월 18일.
33) Larry A. Niksch, *North Korea' Nuclear Weapons Program*, (Congressional Research Service, 2006), p. 9.
34) 국방부, 『국방백서, 2000』 (서울: 국방부, 2000), p. 200.
35) 『로동신문』, 2007년 3월 13일.
36) 『로동신문』, 1999년 4월 22일.

단으로 구성된 다계단 운반 로케트를 이용한 '첫 인공지구위성' 발사라고 하면서, 우주공간을 평화적으로 이용하는 것은 국제적으로 공인된 주권국가의 막을 수 없는 자주적 권리라고 주장했다.[37]

켈리차관보의 '북한 고농축 우라늄 시인' 주장에 대해서도, 북한은 '미국이 아무런 근거도 없이, 그리고, 터무니없이 (우리가) 고농축 우라늄 개발계획을 시인했다'고 주장하고 있는데, 미국이 그렇게 주장하는 이유는, '우리에 대한 외교적 압력분위기를 조성하고, 우리를 무장해제 시켜 압살'하기 위한 것이라고 강조한다.[38] 임동원 특사가 북한을 방문하여 '고농축 우라늄 계획 의혹을 해명하고, 검증 수용의사를 밝히는 결단을 내려야 한다'는 입장이 담긴 김대중 대통령 친서를 전달했을 때, 김용순 비서는, "우리는 핵무기를 개발하지 않았고, 현 단계에서 개발할 의사도 없으며, 이에 대해서 검증을 통해 증명해 보일 용의도 있다."고 발언했다.[39]

위에서 살펴본 바와 같이, '제네바 합의 시기'에 북한은 플루토늄 원자탄 제작에 필요한 고폭실험을 실시했고, 농축 우라늄 기술을 확보했으며, 대포동 1호 발사에 성공했다. 하지만, 북한은 핵물질과 핵기술을 보호하기 위해서, 제네바 합의 체제를 유지하고자 했으며 핵무력 증강을 부인하는 핵교리를 채택했다.

2. 6자회담과 북한의 핵전략(2003.1.10~2009.5.25)

이 시기는 2003년 1월 10일 북한의 NPT탈퇴 성명발표로 제네바합의

---

37) 『로동신문』, 1998년 9월 5일.
38) 『로동신문』, 2002년 11월 4일.
39) 임동원, 『피스메이커』, pp. 693~695.

가 종료된 시점부터, 북한이 2009년 4월 15일 외무성 성명을 통해 6자회담 종료를 선언하고 5월 25일 2차 핵실험을 단행한 시점까지이다.

가. 6자회담의 진행 과정과 합의 내용

6자회담 본회담은 2003년 8월 27일부터 2007년 10월 3일까지 총 6차례 진행되었고, 이후 2008년 12월까지 1년 동안 3차례에 걸쳐 6자회담 수석대표 회담이 이루어졌다. 6자회담은 진행상황을 기준으로 탐색기(1, 2, 3차 회담), 다자합의기(4차 회담), 양자합의기(5차, 6차 회담)로 구분할 수 있다.[40]

먼저, 탐색기에 북한과 미국은 자신이 상대방에게 줄 수 있는 최소치와 원하는 최대치를 지속적으로 언급했다. 북한은 핵무기를 만들지 않고, 사찰을 허용하며, 핵시설을 궁극적으로 해체하고, 미사일 시험발사 및 수출을 중지할 것이라고 하면서 이에 대한 대가로 북미 불가침조약 체결, 북미외교관계 수립, 북일, 남북 경제협력 실현, 경수로 제공지연으로 인한 전력손실 보상, 경수로 완공을 요구했다. 이에 대해 미국은 북한의 핵무기 계획을 가시적인 검증에 의해 완전하게 그리고, 불가역적으로 제거하는 것이 목표이며, 북한이 핵계획을 포기한 다음에 관계 정상화 논의가 가능하며, 관계정상화 논의를 위해서는 북한의 미사일, 위조화폐, 마약거래, 테러, 인권, 납치 등의 문제에 대한 북미대화가 있어야 한다고 주장했다.[41]

다자합의기인 4차 회담에서 6자회담 참가국들은 협의를 통해 9.19공동성명에 합의했다. '공약 대 공약', '행동 대 행동' 원칙을 명시한 9.19공

---

40) 임상순, "북한 핵문제에 대한 미국의 개입전략과 북한의 대응전략," 『동아연구』 제33권 2호 (2014), p. 92.
41) 이우탁, 『오바마와 김정일의 생존게임』 (서울: 창해, 2009), pp. 253~254.

동성명의 핵심내용은 크게 3가지이다. 첫째, 북한은 모든 핵무기와 핵
프로그램을 포기하고, NPT에 복귀하기로 다짐하며(공약), 미국은 북한
을 핵무기 또는 재래식 무기로 공격 또는 침공할 의사가 없음을 확인했
다(공약). 둘째, 북한은 핵에너지의 평화적 이용권리를 갖고 있으며,
6자는 적절한 시기에 대북 경수로 제공을 논의한다. 셋째, 6자는 상호
간의 관계를 정상화하는 조치를 취하기로 한다.[42]

마지막 양자합의기는 6자회담 본회담에 앞서 미국과 북한이 별도로
만나서 먼저 합의를 보는 '조기 수확(Early Harvest)'기라고 할 수 있다.
미국 6자회담 대표 크리스토퍼 힐이 북한 대표에게 '조기 수확'방식을
제안하게 된 배경에는, 2006년 북한 핵실험으로 인한 다자설득의 한계,
미국 중간선거에서 공화당이 패배한 후 존 볼튼과 같은 네오콘의 퇴장,
민주당의 북미양자회담 요구가 있었다.[43] 북미 양자합의를 거쳐 5차 회
담에서 북한의 핵시설 동결을 핵심내용으로 하는 2.13합의가 채택되었
고, 6차 회담에서는 북한의 핵 프로그램 신고를 명시한 10.3합의가 성립
되었다.

2.13합의의 주요내용은 3가지인데 첫째, 북한이 핵시설을 폐쇄, 봉인
하고 이를 감시할 IAEA요원들의 복귀를 허용하는 대신에 미국은 북미
관계 정상화를 위한 양자대화와 테러지원국 지정 해제를 위한 과정을
개시한다. 둘째, 북한과 일본은 양국관계 정상화를 목표로 양자대화를
시작하며, 북한을 제외한 나머지 참가국들은 북한에 경제, 에너지, 인도
적 지원을 제공한다. 셋째, 9.19공동성명의 완전한 이행을 목표로 5개의
실무그룹 즉, 한반도 비핵화, 북미 관계정상화, 북일 관계정상화, 경제
및 에너지 협력 그리고, '동북아 평화. 안보 체제' 실무그룹을 설치한다.

---

42) 『로동신문』, 2005년 9월 20일.
43) 마이크 치누이 저, 박성준 외역, 『북핵 롤러코스터』(서울: 시산 in 북, 2010),
   pp. 512~516.

2.13합의 내용을 살펴보면, 미국이 북미관계 정상화 회담 이전에 다루어져야 한다고 주장했던, 북한 미사일, 위조화폐, 인권 등에 대한 논의를 포기했음을 확인할 수 있다.[44]

나. 6자회담 시기 핵무력 진전

이 기간 동안 북한은 제네바합의로 동결되어 있던 원자로 재가동 등을 통해 플루토늄을 확보했고, 2006년 7월 대포동 2호와 2009년 4월 대포동 개량형 2호를 시험 발사했으며, 2006년 10월과 2009년 5월 2차례 핵실험에 성공하여 플루토늄 핵무기를 보유하게 되었다.

2003년 10월 3일, 북한 외무성은 담화를 통해, 동결되어 있던 영변의 5MW 원자로가 재가동되기 시작했고, 8000여 대의 폐연료봉 재처리 작업이 성과적으로 마무리되었다고 발표했다.[45] 이 재처리 작업을 통해 북한은 4~6개의 핵무기를 만들 수 있는 25Kg의 플루토늄을 확보했다.[46] 그리고, 2005년 5월 11일과 2009년 4월 14일 외무성 대변인은 5MW 원자로에서 폐연료봉을 인출했다고 발표[47]했는데, 이 폐연료봉 재처리를 통해 각각 핵무기 2~3개를 만들 수 있는 12Kg의 플루토늄을 추출한 것으로 추정된다.[48] 북한이 5MW 원자로를 정상가동한다면 매년 핵무기 1개 정도를 만들 수 있는 4Kg의 무기급 플루토늄을 확보할 수 있다.

BDA사태로 6자회담이 교착상태에 놓여 있던 2006년 7월 5일 북한은 대포동 2호 미사일을 노동미사일, 스커드 미사일 등과 함께 발사했는데, 발사 후 40초 만에 공중에서 폭발했다. 하지만, 3년 후인 2009년 4월 5일

44) 한용섭,『한반도 평화와 군비통제』(서울: 박영사, 2015), pp. 571~573.
45) 『로동신문』, 2003년 10월 3일.
46) 함형필,『김정일체제의 핵전략 딜레마』, p. 100.
47) 이우탁,『오바마와 김정일의 생존게임』, p. 321;『로동신문』, 2009년 4월 26일.
48) 함형필,『김정일체제의 핵전략 딜레마』, p. 100.

북한은 대륙간 탄도미사일 대포동 2호 개량형을 성공적으로 시험 발사했다. 대포동 2호 개량형의 사거리는 6,700km 이상이며 탄도중량은 1톤으로 추정된다.[49]

2005년 1월 18일 콘돌리자 라이스 미국 국무장관 지명자가 인사청문회에서 북한을 '폭정의 전초기지(Outposts of Tyranny)'라고 비난한 직후, 북한 외무성은 성명을 통해 자위를 위해 '핵무기'를 만들었으며, 이 '핵무기'를 늘이기 위한 대책을 취할 것이라고 선언했다.[50] 북한은 다음해인 2006년 10월 9일 플루토늄을 원료로 한 핵폭탄 실험에 성공했다. 핵무기의 위력은 0.8kt로서 히로시마에 투하된 원자탄 17kt에 비해 매우 약한 수준이었다. 3년 후인 2009년 5월 25일 북한은 플루토늄을 원료로 한 핵무기로 2차 핵실험을 단행했는데, 이 핵무기의 위력은 2~6kt으로 이전에 비해 성능이 획기적으로 개선되었다.[51]

다. 6자회담 시기 핵교리

2005년 2월 11일 북한은 핵무기 보유를 선언하면서 '(북한의) 핵무기는 어디까지나 자위적 핵억제력'으로 남을 것이라고 주장했다. 그리고 1차 핵실험 5일 전인 2006년 10월 3일 북한 외무성은 성명을 통해, 핵실험을 예고하면서, 북한의 핵무기는 '방어적 대응조치 수단'으로서 절대 '핵무기를 먼저 사용하지 않을 것'이며 '핵무기를 통한 위협과 핵이전'을 철저히 불허할 것이라고 선언했다.[52] 이러한 핵 1차공격 포기선언은, 1차 핵실험 이후 발표된 외무성 대변인 성명을 통해서 다시 한 번 확인되었다.[53]

---

49) 국방부, 『국방백서, 2010』 (서울: 국방부, 2010), p. 282.
50) 『로동신문』, 2005년 2월 11일.
51) 유용원 등, 『북한군 시크릿 리포트』 (서울: 플래닛미디어, 2013), p. 119.
52) 『로동신문』, 2006년 10월 4일.

핵무기 표적 선정과 관련해서 북한은 '구체적인 표적'을 지정하지 않았을 뿐만 아니라, '핵무기 공격'이라는 표현도 삼간채, '미국에 대한 물리적인 대응조치'[54], '그 누구든지 자주권과 생존권을 침해하려 든다면 가차 없는 무자비한 타격을 가할 것'[55]이라는 용어를 사용하였다.

위에서 살펴본 바와 같이, '6자회담 기간'에 북한은 2차례의 핵실험에 성공하여 플루토늄 핵무기를 보유하게 되었고, 대포동 개량형 2호 시험 발사에 성공했다. 이러한 핵무력의 진전을 바탕으로 6자회담의 틀 안에서 북미 간 직접대화를 할 수 있었으며 2.13합의를 이끌어 낼 수 있었다. 그리고 핵교리도 이전의 '부인'에서 '2차 공격'으로 더욱 공세화 되었다.

3. 양자회담과 북한의 핵전략(2009.5.26~2012.4.13)

이 기간은 북한이 2009년 5월 25일 2차 핵실험을 단행함으로써 6자회담의 재개가 어려워진 시점부터, 2012년 4월 13일 최고인민회의에서 김정은이 국방위원회 제1위원장으로 추대된 시점까지이다. 특히 2009년은 2008년 8월 뇌졸중으로 김정일 쓰러진 뒤 후계자로 지명된 김정은이 북한의 주요 정책결정에 참여하면서 북한의 대외정책이 강경해지기 시작한 시기이다. 북한은 2009년 7월 27일 외무성 대변인 담화를 통해서, 북핵문제를 해결하기 위해서는 6자 회담이 아닌 '다른 대화 방식'[56]이 필요하다고 하면서 미국과의 양자회담을 추진했고, 이후 미국과 1차례의

---

53) 『로동신문』, 2006년 10월 18일.
54) 『로동신문』, 2006년 10월 12일.
55) 『로동신문』, 2006년 10월 18일.
56) 『로동신문』, 2009년 7월 28일.

양자접촉과 4차례의 고위급회담이 진행되었다.

가. 양자회담의 진행과정과 합의 내용

2009년 9월 25일 열린 미중 정상회담에서 북핵문제는 5가지 주요 의제 중 하나였다. 회담에서 오바마 대통령은 6자회담이 지속될 필요가 있으며, '6자회담 틀 복원에 기여할 수 있고, 북한이 6자회담의 합의 사항을 진지하게 이행하는데 도움'이 된다면 북미양자 회담도 유용할 것이라고 강조했다.[57]

미중정상회담 다음 달인 10월 30일 뉴욕에서 리근 북한 외무성 미국국장과 성 김 미국 6자회담 수석대표가 접촉을 가졌다. 이 접촉에서 북한은 한반도 비핵화를 실현하기 위한 합리적인 해결방도를 찾기 위해서 북한과 미국이 직접대화를 가져야 한다는 점을 강조했다.[58]

오바마 행정부는 이러한 북한의 양자대화 요청을 받아들여 보스워스 대북정책 특별대표를 2009년 12월 8일 북한으로 파견했다. 보스워스는 3일간 평양에서 강석주 외무성 제1부상과 고위급회담을 진행했다. 이 회담에서 북미는 평화협정체결과 관계정상화, 경제 및 에너지 협조, 한반도 비핵화 등 광범위한 문제들을 진지하고 허심탄회하게 논의했으며, 6자회담 재개의 필요성과 9.19공동성명 이행의 중요성에 공감했다.[59] 보스워스는 북한 방문 2일째인 12월 9일 오바마의 친서를 전달했는데, 이 친서에는 김정일에게 비핵화 회담으로 돌아올 것을 설득하는 내용이 들어 있었다.[60]

---

57) "Background briefing by a senior administration official on the President's meeting with President HU of China."
   (http://www.presidency.ucsb.edu/ws/index.php?pid=86663).
58) 『조선신보』, 2009년 11월 6일.
59) 『조선신보』, 2009년 12월 16일.

2010년 3월 천안함 폭침, 10월 연평도 포격으로 한반도 긴장이 고조
되는 가운데 2011년 1월 미중정상회담이 개최되었다. 이 회담에서 '남북
대화, 북미대화, 6자회담'이라는 3단계 대화 프로세스가 합의되었다.[61]
이 3단계 프로세스에 따라 2011년 7월 22일 남북 회담이 개최되었고,
3일 후인 7월 25일 미국 클린턴 국무장관은 '북한 핵프로그램 종료에 대
한 국제 협의 재개'를 논의하기 위해서 김계관을 뉴욕으로 초청한다고
발표했다.[62] 이후 3차례 걸쳐 북미고위급회담이 진행되었다.

2011년 7월 28일, 29일 양일간 뉴욕에서 개최된 1차 회담에서, 김계관
은 북한이 미국과의 조건 없는 대화 재개와 관계개선을 무엇보다 희망
하고 있으며, 김일성의 유훈에 따라 핵무기를 포기할 용의가 있음을 명
백히 했다. 그리고 미국이 북한에 대한 제재를 완화하고 식량원조를 다
시 시작하면, 추가 핵실험과 미사일 실험발사의 모라토리엄 조치를 취
할 용의가 있다고 밝히면서, 시간을 절약하고 협상을 단순화하기 위해
서 북미 간 최고위급회담을 갖자고 제안했다.[63] 2차 회담은 2011년 10월
24일부터 25일까지 스위스 제네바에서 개최되었다. 이 회담에서 김계관
은 핵 실험과 미사일 발사 등 대량살상무기의 모라토리엄 선언을 포함
하여 미국이 요구하는 일부 조건들을 수용할 수 있다는 뜻을 밝혔다.[64]
김정일의 사망 이후인 2012년 2월 23일부터 24일까지 중국 베이징에서
북한의 김계관과 미국의 데이비스 사이에 3차 회담이 열렸다. 이 회담

---

60) "Barack Obama sends letter to Kim Jong-il,";
   (https://www.theguardian.com/world/2009/dec/16/obama-letter-kim-jong-il).
61) 백학순, 『오바마정부 시기의 북미관계 2009-2012』 (서울: 세종연구소, 2012),
   pp. 46~47.
62) "North Korean minister to visit US for nuclear talks,";
   (https://www.theguardian.com/world/2011/jul/25/north-korean-minister-visit-us).
63) "이명박 정부, '판을 살리는 외교' 해야,";
   (http://pressian.com/news/article.html?no=36806).
64) 『조선일보』, 2011년 10월 26일.

에서 북한과 미국은 2.29합의를 이끌어 냈다. 2.29합의의 주요내용은, 첫째, 쌍방이 모두 9.19공동성명을 이행할 의지와 양국 관계 개선의 의사가 있음을 재확인하고 둘째, 북한이 핵시험, 장거리미사일 발사, 영변 우라늄 농축활동의 임시 중지를 받아들이는 대신에, 미국은 대북 적대시정책 중지 확인, 24만 톤의 영양식품 제공 및 추가 식량지원을 실현하며, 셋째, 6자회담 재개시 대북제재해제와 경수로 제공문제를 우선 논의한다는 것이다.[65] 하지만 이 합의는 2012년 4월 13일 북한이 발사한 장거리 로켓을 둘러싼 북미 간의 합의준수 논쟁을 거치면서 효력을 상실했다.

나. 양자회담 시기 핵무력

양자회담 시기 북한은 핵물질인 플루토늄 추출을 재개했고, 우라늄 농축시설을 공개했으며, 대륙간 탄도 미사일인 대포동 3호를 시험 발사했다.

2009년 6월 13일 북한 외무성은 성명을 통해서, 2007년 10.3합의로 중지되어 있던 폐연료봉에 대한 재처리 작업을 재개하고, 여기에서 추출된 플루토늄을 전량 무기화 할 것이며, 앞으로 건설될 경수로의 핵연료를 보장하기 위해서 우라늄 농축작업에 착수한다고 발표했다.[66]

그리고 다음해인 2010년 11월 북한은 미국 핵전문가들로 구성된 3개의 팀을 초청해서 우라늄 농축시설과 건설 중인 경수로 발전소를 공개했다. 헤커 박사는 북한 방문 후 인터뷰에서, 새로 건설된 건물 안에 원심분리기 1,000여 개가 정교하게 설치된 것을 보고 '깜짝 놀랐'으며, 그 시설에서 얼마든지 핵무기 원료로 사용될 수 있는 고농축 우라늄 생산

---

65)『조선신보』, 2012년 3월 7일.
66)『로동신문』, 2009년 6월 14일.

이 가능하다고 말했다. 그리고 원심분리기가 초현대식 통제실에서 제어되고 있었고, 북한당국자들이 2,000개의 원심분리기가 이미 설치되어 가동 중이라고 말했다고 전했다.[67] 원심분리기 2,000개가 정상 가동될 경우, 북한은 연간 1개의 우라늄 원자탄을 만들 수 있는 고농축우라늄 20Kg을 확보할 수 있다.[68] 북한은 2011년 11월 30일 외무성 대변인 담화를 통해 농축우라늄 생산이 빠른 속도로 추진되고 있다고 밝혔다.[69]

2012년 4월 김일성 생일인 태양절과 김정은의 국방위원회 제1위원장 추대에 맞추어 대륙간탄도미사일 대포동 2호가 발사되었지만, 1단 추진체가 폭발하면서 발사는 실패로 끝났다.

다. 양자회담 시기 핵교리

이 시기에도 북한은 핵무기를 미국의 핵위협으로부터 자주권과 생존권을 지키는 억지수단이라고 주장하면서, 미국의 핵위협이 계속되는 한 앞으로도 필요한 만큼 각종 핵무기를 더 만들고 현대화할 것이라고 강조했다.[70]

한편, 이전 6자회담시기에 핵무기의 2차공격 입장에서 벗어나 핵의 1차공격도 가능하다는 입장으로 공세화되었다. 즉, 북한은 2010년 4월 22일 외무성 비망록을 통해서, 핵보유국뿐만 아니라 핵보유국과 연합하여 북한을 침략하거나 공격행위를 가하는 비핵국가들에 대해서 북한이 먼저 핵공격을 가할 수 있다고 주장한 것이다.[71] 이것은 핵보유국과 비

---

67) The New York Times, November 21, 2010; The New York Times, November 24, 2010.
68) 『조선일보』, 2010년 11월 22일.
69) 『로동신문』, 2011년 12월 1일.
70) 『로동신문』, 2010년 4월 10일.
71) 『로동신문』, 2010년 4월 22일.

핵보유국이 북한을 핵으로 선제공격할 경우뿐만 아니라, 재래식 무기로 선제공격하는 경우에도 핵으로 보복하겠다는 것이다.

이를 보다 구체화하여, 2010년 7월 24일에는 국방위원회 대변인이 성명을 통해, "미국과 남한이 의도적으로 정세를 전쟁접경에로 몰아가고 있는데 대응하여 필요한 임의의 시기에 핵억제력에 기초한 우리 식의 보복성전을 가하게 될 것"이며, "미국이 핵 또는 재래식 무기로 북한을 공격하거나 침공하지 않겠다고 약속한 9.19공동성명의 정신을 전면으로 뒤집고 직접적인 군사적 도발을 감행한다면 그에 대응하여 (핵억제력에 기초한) 전면적인 보복조치를 취하게 될 것"이라고 경고했다.[72] 즉, 핵보유국인 미국과 비핵국가인 남한이 연합하여 북한을 핵무기가 아닌 재래식 무기로 공격하는 경우에도, 북한은 미국과 남한에 핵공격을 가할 수 있다는 것이다.

위에서 살펴본 바와 같이, 북미 간 양자회담이 진행되던 시기에 북한은 플루토늄 추출을 재개했고, 우라늄 농축시설을 미국 전문가들에게 공개했으며, 대륙간 탄도 미사일인 대포동 3호를 시험 발사했다. 그리고 김정은 등장 이후 북한의 핵교리는 '2차공격'에서 '1차공격'으로 더욱 공세화 되었다.

4. 회담 압박과 북한의 핵전략(2012.4.13~2016.6.29)

2011년 12월 17일 김정일 사망 이후, 김정은은 12월 30일 최고사령관, 2012년 4월 11일 조선로동당 제1비서에 이어 2012년 4월 13일 국방위원회 제1위원장에 취임함으로써 김정일의 직책을 모두 공식적으로 승계했다. 회담 압박시기는 김정은의 국방위원회 제1위원장 취임부터, 2016년

---

72) 『로동신문』, 2010년 7월 24일.

6월 29일 국방위원회가 폐지됨으로써 선군정치체제가 법적으로 종료된 시점까지이다.

2012년 4월 새롭게 정비된 김정은 정권은 '북미대화'와 '핵문제'에 대한 종합검토[73]를 실시했다. 이를 통해, 미국이 먼저 대북정책(적대시정책)을 근본적으로 변화시키지 않는다면 대화를 통해서 실질적인 성과를 낼 수 없다는 결론에 도달했으며,[74] 미국의 대북인식 전환과 대북적대시 정책 포기 그리고, 북한이 원하는 회담에 미국이 나와서 '세기적 결단'을 내리도록 압박하기 위해서, '핵무력의 장기화, 현대화, 확대강화'를 선택했다.[75] 이 선택에는 '튼튼한 정치군사적 잠재력'이 외교전에서 결정적인 위력을 발휘한다는 북한 지도부의 기본 인식이 반영되어 있다.[76]

가. 김정은 정권의 북미회담에 대한 2가지 원칙

김정은 정권은 2013년 1월 23일 국방위원회 성명을 통해서 '6자회담', '9.19공동성명'의 종료를 선언[77]했고, 같은 해 3월 16일 외무성 대변인 담화에서 '미국'과 대화할 생각이 없다[78]고 밝혔다. 하지만, 이후 북한은 여러 차례에 걸쳐 북미회담에 관한 공식입장을 표명 했는데, 그 공식입장 분석을 통해 북미회담에 대한 북한의 2가지 원칙을 확인할 수 있다. 첫 번째는, 비핵화 회담에 앞서 '평화협정' 체결을 위한 회담이 이루어져야 한다는 것이고, 두 번째는, '행동 대 행동' 원칙이 북미회담의

---

73) 『로동신문』, 2012년 7월 21일.

74) 『로동신문』, 2012년 10월 4일.

75) 『조선신보』, 2012년 6월 25일; 조선민주주의인민공화국 외무성 비망록, "미국의 대조선적대시정책은 조선반도 핵문제 해결의 기본장애," 『조선중앙연감 (2013)』, (평양: 조선중앙통신사, 2013), pp. 783~787.

76) 『로동신문』, 1999년 6월 16일.

77) 『로동신문』, 2013년 1월 25일.

78) 『로동신문』, 2013년 3월 17일.

기본원칙이라는 것이다. 이 2가지 원칙을 구체적으로 살펴보자.

첫째, 북한은 평화협정 체결문제와 비핵화 문제를 한꺼번에 다루게 되면 어느 하나도 제대로 해결할 수 없기 때문에, 평화협정체결의 실제적이며 책임 있는 당사자인 북한과 미국이 전제조건 없이 평화협정체결문제부터 논의해야 한다는 입장이다.[79] 한반도 비핵화를 이루기 위해서는 북미사이에 신뢰가 조성되고 전쟁상태가 종식되어야 하기 때문에, 북한과 미국은 핵문제와 관련 없이 고유의 필요에 따라 정전협정을 평화협정으로 전환시켜야 하며, 이를 위해서 미국이 결단을 내려야 한다는 것이다.[80] 북한은 2013년 6월 17일 미국에 북미고위급 회담을 제안하면서, '정전체제를 평화체제로 바꾸는 문제'를 주요 안건으로 제시했다.[81]

둘째, 북한은 '행동 대 행동'이 한반도 핵문제 해결의 기본원칙이며, 북한과 미국은 '동시행동'을 통해 한반도 비핵화를 달성해야 한다는 입장이다.[82] 북한은 자신들이 일방적으로 핵을 동결하거나 포기하는 것을 논하는 대화에는 전혀 관심이 없으며,[83] 미국의 6자회담 참여를 위한 선행조치 이행 요구에 대해서 '날강도적인 요구'라고 비난했다. 그리고 미국을 향해서 대북 적대시정책을 철회할 용의를 '행동으로 실증'해 보이라고 요구했다.[84] 2015년 1월 9일 북한은 미국에 '한미합동군사훈련 임시중지'와 북한의 '핵실험 임시중지'를 제안하면서 북미회담을 재개할 용의가 있음을 밝혔다. 이 제안은 2016년 1월 15일 외무성 대변인 담화를 통해 반복되었다.[85] 한반도 비핵화와 관련해서, 북한은 미국이

79) 『로동신문』, 2015년 12월 3일.
80) 『로동신문』, 2010년 1월 12일, 2015년 10월 3일.
81) 『로동신문』, 2013년 6월 17일.
82) 『로동신문』, 2013년 10월 24일.
83) 『로동신문』, 2015년 7월 22일.
84) 『로동신문』, 2013년 11월 1일.

'남한 내 미군 핵무기 공개', '남한 내 핵무기와 기지 철폐 및 국제적 검증', '남한에 핵무기를 반입하지 않겠다는 담보', '북한에 대한 핵공격 및 핵위협의 중지', '주한미군철수 선포'를 하면, 북한이 여기에 상응한 행동을 취할 것이며 이를 통해 한반도 비핵화 실현에서 획기적인 돌파구가 열릴 것이라고 주장했다.[86]

나. 회담 압박시기의 핵무력 진전

이 시기 북한의 핵무력은 북한 외무성이 선언한 바와 같이 '현대화'되고 '확대강화'되었다. 2차례의 핵실험이 성공했고, 대륙간 탄도 미사일 대포동 2호를 2차례 시험 발사했으며, 3차례에 걸쳐 잠수함발사탄도미사일(SLBM)을 시험 발사했다. 그리고 시험발사 없이 실전 배치되어 있던 중장거리 미사일인 '무수단(화성 10호)'미사일의 시험 발사에도 부분 성공했다.[87]

2013년 2월 12일 3차 핵실험 직후, 북한 조선중앙통신은 보도를 통해 핵폭탄이 소형화, 경량화, 다종화 되었다고 발표[88]했고, 남한 정보, 국방당국은 이 핵실험에 고농축 우라늄 폭탄이 사용되었다고 판단했다.[89] 2016년 1월 6일 단행된 4차 핵실험에 대해서 북한은 '시험용 수소탄'이 사용되었다고 보도했다.[90] 이에 대해 국방부는 수소탄이 아니라 수소

85) 조선중앙통신사, 『조선중앙연감(2016)』(평양: 조선중앙통신사, 2016), p. 525; 『로동신문』, 2016년 1월 16일.

86) 『로동신문』, 2016년 7월 7일.

87) 국방부, 『국방백서 2014』(서울: 국방부, 2014), p. 241; 국방부, 『국방백서 2016』(서울: 국방부, 2016), p. 239.

88) 『로동신문』, 2013년 2월 13일.

89) "北, 3차 핵실험 때 고농축 우라늄 폭탄 사용," 『국민일보』(온라인), 2005년 1월 8일; 〈http://news.kmib.co.kr/article/view.asp?arcid=0922909619〉.

90) 『로동신문』, 2016년 1월 7일.

탄의 전단계인 증폭핵분열탄이 활용된 것으로 추정했다.[91]

북한은 2012년 2월 12일과 2016년 2월 7일 두 차례에 걸쳐 인공위성 발사라는 명목하에 대륙간 탄도 미사일 대포동 2호를 성공적으로 시험 발사했다. 두 번째 시험발사 다음날인 2월 8일 북한은 국가우주개발국 보도를 통해, 인공위성발사가 군사무기 개발과정임을 인정했다.[92]

북한은 2015년 5월 8일, 2016년 1월 8일, 2016년 4월 3차례에 걸쳐 잠수함발사탄도미사일을 시험 발사했다. 김정은이 '또 다른 강력한 핵공격 수단'[93]이라고 강조한 이 잠수함발사탄도미사일에 대해서, 북한은 '최종핵병기', '보이지 않는 핵주먹', '주체탄', '통일탄'이라는 의미를 부여[94]하고 있다.

2016년 6월 22일에는 미군 괌기지까지 타격할 수 있는 중장거리 미사일 무수단(화성 10호)을 시험 발사하여 부분적인 성공을 거두었다. 김정은은 '태평양작전 지대'안에 있는 미군들을 전면적이고 현실적으로 핵공격할 수 있는 확실한 능력을 갖추게 되었다고 주장했다.[95]

다. 회담 압박시기의 핵교리

북한은 2013년 4월 1일 제정된 법령 '자위적 핵보유국의 지위를 더욱 공고히 할 데 대하여(이하 핵보유법)', 2016년 3월 7일 발표된 '국방위원회 성명' 그리고, 2016년 5월 7일 김정은이 낭독한 제7차 당대회 '당중앙위원회 사업총화보고(이하 총화보고)'를 통해 북한의 핵교리를 제시했다.

---

91) "수소탄 전 단계 증폭핵분열탄 추정...박 대통령, 저녁일정 취소," 『경향신문』 (온라인), 2016년 1월 6일; 〈http://news.khan.co.kr/print.html?t=151488607685〉.
92) 『로동신문』, 2016년 2월 8일.
93) 『로동신문』, 2016년 4월 24일.
94) 『로동신문』, 2016년 10월 1일.
95) 『로동신문』, 2016년 6월 23일.

2013년 3월 31일 당중앙위원회 전원회의에서 김정은은 '핵억제력을 항구적으로 틀어쥐고 나가는 문제를 법제화해야 한다'[96]고 지시했고 이 지시에 따라 핵보유법이 제정되었다. 핵보유법에서 북한은 핵무력이 북한에 대한 침략과 공격을 억제, 격퇴하고 섬멸적인 보복타격을 가하는데 복무한다고 함으로써 '핵사용 선제공격'을 부인하는 대신 핵의 1차공격, 2차공격이 모두 가능하다는 입장을 밝혔다. 북한 핵무력 타격대상으로 북한을 침략하거나 공격하는 핵보유국가 그리고, 핵보유국과 야합한 비핵국가를 지목하였다.[97]

2016년 1월 6일 북한의 4차 핵실험 이후, 유엔안보리가 대북제재 결의 2270호를 채택하고, 한미가 합동군사훈련을 시작하자 북한은 3월 7일 국방위원회 성명을 발표했다. 성명에서 북한은 한미합동군사훈련이 북한에 대한 노골적인 핵전쟁 도발이기 때문에 한미양군의 어떠한 공격이 없어도, 보다 공격적인 핵타격전을 실시할 것이라고 경고했다. 그러면서 1차 핵 선제타격 대상은 청와대와 남한의 국가기관들이고, 2차 핵 선제타격대상은 아시아 태평양지역 미군기지와 미국 본토라고 명시했다.[98]

2016년 5월 7일 조선노동당 7차 당대회에서 김정은은 사업총화보고를 했다. 이 보고에서 김정은은 미국의 핵전쟁위험을 북한의 핵무기로 억제해 나갈 것이며, 침략적인 적대세력이 핵으로 북한의 자주권을 침해하지 않는 한 먼저 핵무기를 사용하지 않을 것이라고 발표했다.[99] 이는 핵 선제공격은 물론 핵 1차 공격도 부인하고, 오직 핵무기를 2차 공격무기로만 사용하겠다는 선언이다. 하지만, 당대회 다음 달인 2016년

---

96) 『로동신문』, 2013년 4월 2일.
97) 『로동신문』, 2013년 4월 2일.
98) 『로동신문』, 2016년 3월 7일. 2016년 2월 24일.
99) 『로동신문』, 2016년 5월 8일.

6월 김정은은, '선제 핵공격능력'을 지속적으로 확대 강화해 나가기 위해서 다양한 전략공격무기를 연구개발하라고 지시[100]했으며, 6월 19일에는 국방위원회 대변인이 담화에서 미군 전략폭격기의 남한 핵폭탄 투하연습을, 북한의 평화를 해치는 행위로 규정하고, 북한이 미군 괌기지 등에 핵 선제타격을 가할 것이라고 위협[101]했다. 이를 통해서, 북한은 김정은이 당대회에서 표현한 '자주권의 침해'를 매우 폭넓게 해석하고 있으며, 공세적인 핵교리인 '핵사용 선제공격'을 주요 핵교리로 채택하고 있음을 확인할 수 있다.

위에서 살펴본 바와 같이, '회담 압박 시기'에 북한은 미국을 대화테이블로 나오도록 하기 위해서, 그리고, 북미대화에서 더욱 많은 요구를 관철시키기 위해서 핵무력을 장기화, 현대화, 확대강화했다. 그리고 핵교리도 핵무기 1차공격과 '핵사용 선제공격'을 허용하는 방향으로 강경화되었으며, 핵표적도 청와대, 남한 국가기관, 아시아태평양 미군기지, 미국본토로 더욱 구체화되었다.

IV. 결론을 대신하여: 북미 핵협상의 전망

본 연구는 북한의 선군정치 기간에 이루어진 핵전략의 변화를 역사적 흐름에 따라 분석적으로 검토하고, 이를 바탕으로 북미 핵협상의 진행과정을 전망해 보는데 목적이 있다.

본론에서 살펴본 바와 같이 북한은 선군정치 기간에 핵무력을 지속적으로 고도화시켜서, 핵폭탄이 탑재된 대륙간 탄도미사일로 미국 본토

---

100) 『로동신문』, 2016년 6월 23일.
101) 『로동신문』, 2016년 6월 20일.

를 공격할 수 있는 토대를 확보했다. 그리고 북한은 이러한 핵무력 강화를 통해, 미국의 군사행동을 억지함과 동시에, 미국을 북한이 원하는 북미 직접대화의 장으로 나오도록 하여 북한의 요구를 수용하도록 함으로써, 김정은 체제를 유지하고 부국강병을 실현하며 조국통일을 위한 토대를 확보하고자 했다. 핵전략과 관련해서 북한은, 억지력과 협상력을 높이기 위해서 핵무력이 진전됨에 따라 핵교리를 부인에서 2차공격, 1차공격, '핵사용 선제공격'으로 점차 공세화 하였다.

북한의 이러한 핵무력 고도화 노력은 2016년 6월 29일 국방위원회가 폐지된 이후에도 지속되어서, 2017년 7월 4일과 7월 28일 두 차례에 걸쳐서 미국 본토를 타격할 수 있는 대륙간 탄도 미사일 화성 14호를 성공적으로 발사했고, 9월 3일에는 이 대륙간 탄도 미사일에 장착 가능한 수소탄 시험을 단행했다. 그리고 2017년 11월 29일 북한은 대륙간 탄도 미사일 '화성-15형' 시험발사를 성공적으로 진행하였고, 김정은은 '국가 핵무력 완성의 대업'이 실현되었다고 선언했다.

북한은 '대화와 방패' 전략 즉, 미국의 안보를 '직접 위협하는 수준'으로 핵 능력을 향상시키고, 이 바탕 위에 미국 측과 보다 높은 차원의 현안을 논의해 나가는 전략을 성공적으로 실현하여 2018년 6월 12일 미국 트럼프 대통령을 북미정상회담에 나오도록 했다. 2019년 2월 28일 북미 하노이 회담이 결렬된 상황에서 앞으로의 북미 핵협상은 어떻게 진행될 것인가?[102]

결론적으로 김정은과 트럼프 대통령 모두 현재의 북핵 협상판을 깨고 원래의 상태로 돌아가기 어렵다. 먼저, 김정은은 2016년 5월 7차 당대회에서 제시한 '국가경제발전 5개년 전략'이 종료되는 2020년까지 북

---

102) 다음의 내용은 임상순, "북미관계 변화와 제재 해제 시나리오," 『남북경협의 뉴패러다임과 전략적 과제』, 동국대학교 북한학연구소·기획재정부 '제2차 전문가 간담회'(2018.7.19.) 발표자료를 재정리한 것이다.

한 주민들이 체감할 수 있는 수준의 경제성과를 내놓아야 한다. 하지만, 미국이 주도하는 국제사회의 경제제재하에서 이러한 목표 달성은 사실상 불가능하다. 한편 트럼프 대통령 입장에서, 2020년 11월 대통령 선거에서 국민들에게 호소할 만한 뚜렷한 외교적 업적이 북한 핵문제 진전 외에는 없는 실정이다.[103]

북한의 비핵화 그리고, 미국 및 국제사회의 북한에 대한 정치 군사적, 경제적 안전보장은 등가성 원칙에 따라 동시적, 단계적, 포괄적으로 이루어질 것이다. 북한 핵문제는 미래 핵문제, 현재 핵문제, 과거 핵문제로 구분할 수 있다. 먼저 미래 핵문제는 핵무기, ICBM의 성능고도화 문제이고, 현재 핵문제는 핵무기, ICBM 생산 프로그램 관련 문제이며, 과거 핵문제는 이미 생산하여 보유하고 있는 핵무기와 ICBM의 문제이다. 북한은 2018년 4월 20일 당 중앙위원회 제7기 3차 전원회의에서 핵실험 및 ICBM 시험발사의 조건 없는 중지와 핵 시험장 폐기를 결정했고,[104] 5월 24일 풍계기 핵실험장을 폭파했으며, 6월 12일 북미정상회담에서 ICBM 엔진시험장 폐기를 약속했다.

북한은 미래 핵문제의 선제적 해결로 협상의 주도권을 잡고, 현재 핵문제를 동결, 신고, 검증, 해체 단계로 나누어 미국과 국제사회에 상응하는 보상을 요구할 것이다. 그리고 2007년 6자회담 2.13합의에서 6개국이 합의한 북미관계 정상화, 북일관계 정상화, 경제 및 에너지 협력, 동북아 평화 · 안보 체제가 모두 확립되는 단계에 가서 북한은 과거 핵즉, 현재 보유하고 있는 핵무기와 ICBM을 해체하는 조치를 취할 것이다.

---

103) "President Donald J. Trump Has Restored American Leadership On The World Stage,": (https://www.whitehouse.gov/briefings-statements/president-donald-j-trump-restored-american-leadership-world-stage/).

104) 『로동신문』, 2018년 4월 21일.

참고문헌

1. 국내문헌

국방부. 『국방백서, 2000』. 서울: 국방부, 2000.

_____. 『국방백서, 2010』. 서울: 국방부, 2010.

_____. 『국방백서 2014』. 서울: 국방부, 2014.

_____. 『국방백서 2016』. 서울: 국방부, 2016.

남궁영. "북한 핵개발과 미국."『21세기 정치학회보』제13집 2호 (2004).

마이크 치누이 저. 박성준 외 역. 『북핵 롤러코스터』. 서울: 시산 in 북, 2010.

박요한. "북한 핵무력의 동학과 네트워킹." 숭실대 정치학 박사학위논문, 2013.

백학순. 『오바마정부 시기의 북미관계 2009-2012』. 서울: 세종연구소, 2012.

유용원 등. 『북한군 시크릿 리포트』. 서울: 플래닛미디어, 2013.

이상숙. "북한 대외정책의 지속성과 변화." 현대북한연구회/한국평화연구학회 공
　　　동학술회의. 서울, 2016. 5.

이우탁. 『오바마와 김정일의 생존게임』. 서울: 창해, 2009.

임동원. 『피스메이커』. 서울: 중앙 Books, 2008.

임상순. "북한 핵문제에 대한 미국의 개입전략과 북한의 대응전략."『동아연구』
　　　제33권 2호 (2014).

_____. "북미관계 변화와 제재 해제 시나리오." 동국대학교 북한학연구소 · 기획
　　　재정부 제2차 전문가 간담회. 서울, 2018. 7.

전봉근. 『북한 핵교리의 특징 평가와 시사점』. 서울: 국립외교원 외교안보연구
　　　소, 2016.

정영태 등. 『북한의 핵전략과 한국의 대응전략』. 서울: 통일연구원, 2014.

한용섭. 『한반도 평화와 군비통제』. 서울: 박영사, 2015.

함형필. 『김정일체제의 핵전략 딜레마』. 서울:KIDA Press, 2009.

_____. "북한 핵전략 구상과 전략적 딜레마 고찰."『국방정책연구』제25권 2호
　　　(2009).

2. 북한문헌

김정은. "위대한 김정일동지를 우리 당의 영원한 총비서로 높이 모시고 주체혁
    명위업을 빛나게 완성해 나가자." 『조선중앙연감(2013)』. 평양: 조선중앙
    통신사, 2013.
조선중앙통신사. "조미기본합의문을 파기한 미국의 범죄행위." 『조선중앙연감
    (2004)』. 평양: 조선중앙통신사, 2004.

3. 국외문헌

James N. Rosenau. *The Scientific Study of Foreign Policy*. New York: The Free
    Press, 1971.
Karl P. Mueller, Jasen J. Castillo, Forrest E. Morgan, *Negeen Pegahi and Brian
    Rosen. Striking First: Preemptive and Preventive Attack in U.S. National
    Srcurity Policy*. Santa Monica: RAND Corporation, 2006.
Larry A. Niksch. *North Korea'Nuclear Weapons Program*. Congressional Research
    Service, 2006.
Patrick M. Morgan. *Deterrence Now*. New York : Cambridge University Press, 2003.
Rechard Ned Lebow and Janice Gross Stein. "Deterrence: The Elusive Dependent
    Variable," *World Politics*, vol.52 (1990).

4. 기타자료

"北, 3차 핵실험 때 고농축 우라늄 폭탄 사용." 『국민일보』(온라인), 2005년 1월
    8일; (http://news.kmib.co.kr/article/view.asp?arcid=0922909619).
"수소탄 전 단계 증폭핵분열탄 추정…박 대통령, 저녁일정 취소." 『경향신문』(온
    라인), 2016년 1월 6일; (http://news.khan.co.kr/print.html?t=151488607685).
"이명박 정부, '판을 살리는 외교' 해야." 프레시안(온라인) 2011년 8월 17일;
    (http://pressian.com/news/article.html?no=36806).
"정의용 靑안보실장, NSC회의서 "벼랑 끝으로 가고 있다" 표현." 『조선일보』(온라
    인), 2017년 8월 10일;

(http://news.chosun.com/site/data/html_dir/2017/08/10/2017081002664.html).

"Background briefing by a senior administration official on the President's meeting with President HU of China.";

(http://www.presidency.ucsb.edu/ws/index.php?pid=86663).

"Barack Obama sends letter to Kim Jong-il.";

(https://www.theguardian.com/world/2009/dec/16/obama-letter-kim-jong-il).

"North Korean minister to visit US for nuclear talks.";

(https://www.theguardian.com/world/2011/jul/25/north-korean-minister-visit-us).

"North Koreans Unveil New Plant for Nuclear Use.";

(http://www.nytimes.com/2010/11/21/world/asia/21intel.html).

"President Donald J. Trump Has Restored American Leadership On The World Stage.";

(https://www.whitehouse.gov/briefings-statements/president-donald-j-trump-restored-american-leadership-world-stage/).

『로동신문』

『조선신보』

『조선일보』

[제 5 장]

선군정치와 국방과학기술*

핵 · 미사일을 중심으로

장철운

Ⅰ. 들어가며

북한은 2018년 4월 20일 평양에서 김정은 위원장이 참석한 가운데 노동당 중앙위원회 제7기 제3차 전원회의를 개최했다. 이 회의에서 김정은 위원장은 2013년 3월 자신이 제시했던 '경제건설 및 핵무력 건설 병진노선'의 '위대한 승리', 즉 사실상 종료를 선언하고, '사회주의 경제건설 총력 집중 노선'을 새로운 전략적 노선으로 제시했다. 북한은 병진노선 종료에 관한 결정서「경제건설과 핵무력건설 병진로선의 위대한 승리를 선포함에 대하여」를 통해 2018년 4월 21일부터 핵실험과 대륙간 탄도 미사일(ICBM) 시험 발사를 중지할 것, 풍계리 핵실험장을 폐기할 것 등을 공약했다.[1] 북한은 한국을 포함한 외국 기자단을 북한으로 초청해 2018년 5월 24일 풍계리 핵실험장을 공개적으로 폐기했다.

북한의 이러한 조치들은 북한이 2017년 11월 29일 ICBM급으로 평가되는 화성-15형 장거리 미사일 시험 발사 성공 이후 '국가 핵무력 완성'

---

* 이 글은 필자의 "북한의 핵 · 미사일 과학기술 발전과 비핵화 프로세스 전망," 『통일문제연구』 제30권 2호 (2018)을 수정 · 보완한 것이다.

1) 『조선중앙통신』, 2018년 4월 21일.

을 선언했다는 점에서 일정하게 예견된 것이었다는 주장도 제기되고 있다. 그렇지만 이는 어디까지나 결과론적 해석이라고 할 수 있다. 김 정은 위원장은 2018년 신년사를 통해 2018년에 달성할 목표 중 하나로 "핵무기 연구 부문과 로켓 공업 부문에서는 이미 그 위력과 신뢰성이 확고히 담보된 핵탄두들과 탄도 로켓들을 대량생산해 실전배치하는 사 업을 박차를 가해야" 한다고 밝혔었기 때문이다.[2]

　필자는 북한이 2017년 제6차 핵실험 및 화성-12·14·15형 시험 발사 단행을 통해 핵·미사일 고도화 1단계를 마무리했으며, 2018년에는 기 존 투발 수단 능력 향상 및 핵탄두 탑재 능력 향상, 고체 연료 사용 장 거리 미사일 개발 등 소위 '핵·미사일 고도화 2단계'를 추진할 것으로 전망했었다. 북한의 핵·미사일 고도화가 일정한 수준에 도달한 것으로 평가되지만, 완전한 것이라고 하기는 어려웠기 때문이다. 그러나 북한 의 평창 동계 올림픽 참가에서 시작된 이른바 '한반도 비핵·평화 프로 세스' 이후 북한은 더 이상 핵실험을 단행하지 않고 있으며, 중·장거리 지대지 탄도 미사일도 발사하지 않고 있다.

　이러한 배경하에서 이 글은 소위 '선군정치' 시대 북한의 국방과학기 술이 핵·미사일을 중심으로 어떻게 변화했는지를 살펴보는데 주된 목 적이 있다. 주지하는 것처럼, 선군정치는 김정일 시대를 나타내는 대표 적인 표현이다. 그렇지만 선군정치는 김정은 시대 들어서도 한 동안 작 동했다고 할 수 있다. 김정은 체제가 2013년 3월 말 국가전략노선으로 내세우며 4년여 추진했던 '경제건설 및 핵무력 건설 병진노선'의 대표적 성과는 핵·미사일 고도화였으며, 이는 결국 선군정치의 연장으로 이해 할 수 있기 때문이다.

　이 글이 갖는 부차적인 목적은 과학기술적 관점에서 북한이 대내외

---

2) 『조선중앙통신』, 2018년 1월 1일.

에 공표한 비핵화 프로세스가 어떠한 의미를 가지는지, 그리고 앞으로 어떻게 진행될 수 있는지를 전망하는데 있다. 2018년 이후 한반도 비핵·평화 프로세스가 진행되고 있는 상황임을 감안했을 때, 과학기술적 관점에서의 비핵화 프로세스 전망은 다루지 않을 수 없는 사안이다. 이를 위해 먼저 김정일－김정은 시대를 거치며 이뤄진 핵·미사일 관련 과학기술 발전 과정을 정리할 것이다. 여기에서는 특히 북한이 핵·미사일과 관련해 남겨놓은 과제가 무엇인지를 살펴봄으로써 북한이 약속한 '완전한 비핵화'의 의미를 보다 명확하게 할 수 있을 것이다. 마지막으로 핵·미사일 관련 과학기술을 중심으로 북한의 향후 '완전한 비핵화' 프로세스를 전망하고자 한다.

II. 북한의 핵 관련 과학기술 발전 과정

1. 6차례의 핵실험 평가

북한은 지금까지 총 6차례에 걸쳐 핵실험을 단행했다. 이와 관련해 외부에서 객관적으로 파악할 수 있는 사실은 6차례의 핵실험으로 발생한 지진파 측정 결과에 불과한 것이 사실이다. 북한의 핵실험 이후 한국 등은 동해 상공에서 핵실험으로 만들어진 방사성 동위원소 기체를 포집하고자 했지만 성과를 거두지 못했기 때문이다. 지진파 규모를 폭발력으로 환산하는 공식으로는 6가지 정도가 활용되고 있다.[3]

---

3) 이 공식들이 모두 조금씩 서로 다른 이유는 공식을 도출하는데 기초가 되는 자료, 즉 핵실험 지역의 지형 및 지질 조건 등이 모두 다르기 때문이다. 또한 폭발 깊이, 암반 종류, 전파 경로, 핵실험으로 생겨난 공동(cavity)의 크기 추정에 따라 탐지된 지진규모도 서로 다를 수 있다. 이로 인해 북한의 제1~6차 핵실험에 대해 한국 및 미국, 유럽 등의 기관이 발표한 지진규모 및 폭발력 추정

〈수식〉 핵실험에 따른 지진규모와 위력 사이의 함수관계

① 미국 네바다(Nevada) 핵실험장의 경험을 토대로 한 Murpy의 공식 :
   (지진규모) = 0.81 × log(위력[kt]) + 3.92

② 소련 노바야젬라(Novaya Zemla) 핵실험장의 경험을 토대로 한 Ringal의
   공식 : (지진규모) = 0.75 × log(위력[kt]) + 4.45

③ 포괄적핵실험금지조약기구(CTBTO)가 제시한 공식 :
   (지진규모) = log(위력[kt]) + 4.0

④ 한국지질자원연구원이 제시한 공식 :
   (지진규모) = 0.84 × log(위력[kt]) + 4.28

⑤ 지진 모멘트를 기초로 환산한 Lahr의 공식 :
   (지진규모) = 0.67 × log(위력[kt]) + 4.0

⑥ 중앙아시아 핵실험 경험을 토대로 한 Khalturin 공식 :
   (지진규모) = 0.52 × log(위력[kt]) + 4.78 → 위력이 20kt보다 작을 경우
   (지진규모) = 1.07 × log(위력[kt]) + 4.13 → 위력이 20~150kt 사이일 경우
   (지진규모) = 0.53 × log(위력[kt]) + 5.48 → 위력이 150kt보다 클 경우

이 글에서는 북한의 핵실험장인 풍계리와 비교적 가까우면서 한반도의 지질 구조를 가장 잘 알고 있는 한국지질자원연구원의 공식을 이용해 지진파 규모를 폭발력으로 환산했으며, 그 결과는 아래 〈표 1〉과 같이 지속적으로 폭발력이 증가한 것으로 나타난다.

치가 모두 상이했던 것이다. 한국원자력통제기술원, 『북한 및 이란 핵문제 현안 분석 총서 Vol. 1: 북한 4차 핵실험 종합 분석』(2016); 함형필, "3차 핵실험 이후 북한 핵능력 평가: 사실상의 핵보유국인가?," 한국국방연구원, 『동북아안보정세분석』(2013.3.10) 등 참고.

〈표 1〉 북한의 제1~6차 핵실험 관련 지진파 측정 결과 및 추정 위력

구분	김정일 시대		김정은 시대			
	1차	2차	3차	4차	5차	6차
시 기	2006.10.9	2009.5.25	2013.2.12	2016.1.6	2016.9.9	2017.9.3
지진파(mb)	3.9	4.5	4.9~5.2	4.8	5.0~5.2	5.7~6.3
추정 위력(kt)	0.8	4	8~20	6~7	10~20	50~250

2. 원자탄(핵분열탄)을 넘어 수소탄(핵융합탄) 개발

북한은 김정은 시대 들어 단행한 4차 및 6차 핵실험에 대해 수소탄, 즉 핵융합탄 실험이었다고 주장했다. 이는 나머지 핵실험이 원자탄, 즉 핵분열탄 실험이라는 의미일 수 있다. 시간적 간격 등을 감안했을 때, 1~3차 핵실험은 동일한 방식 및 핵분열 물질을 사용해 폭발력을 향상시키는 시험이었을 가능성이 있다. 1차 핵실험에 비해 2차 핵실험의 폭발력이 4배 이상, 2차 핵실험에 비해 3차 핵실험의 폭발력이 2배 정도 강력하기 때문이다. 즉, 핵실험을 순차적으로 진행하며 끌어낼 수 있는 폭발력을 점차 증대시켜온 것으로 이해할 수 있는 것이다. 이러한 맥락에서 북한이 3차 핵실험 직후 '다종화·소형화·경량화'에서 성과를 거뒀다는 주장도 어느 정도 이해할 수 있다.

북한이 처음으로 수소탄 시험을 주장했던 4차 핵실험의 폭발 규모는 6~7kt 정도로 추정돼 보통 Mt 단위의 폭발력을 보이는 수소탄, 즉 핵융합탄에는 어울리지 않는다. 이 때문에 북한의 수소탄 시험 주장을 그대로 받아들이기 어려운 상황이다. 따라서 북한의 4차 핵실험은 1~3차 핵실험과의 연관성, 폭발 규모 등을 기준으로 판단했을 때, 원자탄의 파괴력을 배가시킨 증폭핵분열탄이었을 가능성이 크다는 평가가 우세하다. 그렇지만 북한은 6차 핵실험에서 50~250kt 정도의 폭발력을 보여준

것으로 평가돼 수소탄 시험이었을 가능성이 매우 큰 상황이다. 6차 핵실험 폭발력 추정치의 최소값과 최대값이 큰 차이를 보이는 이유는 로그(log) 함수에 따라 지진규모가 5mb 이상일 경우 지진규모의 소수점 단위에 따라 위력 차이가 매우 크게 달라지기 때문이다(〈그림 1〉 참고).[4]

〈그림 1〉 지진규모와 위력 추정의 함수관계

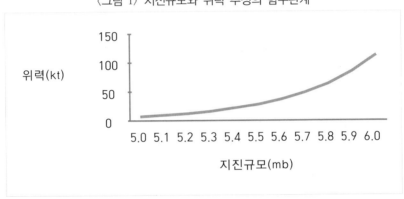

중국의 양탄일성(兩彈一星)이 수소탄 개발로 사실상 마무리된 것처럼, 북한의 6차 핵실험이 수소탄 실험이었다면 이는 북한의 핵무기 개발이 일단락됐다는 평가의 근거가 될 수 있다. 중국과 구 소련의 핵무기 개발 경험에 비춰봤을 때, 첫 핵실험 이후 10년이 지난 시점에서 북한이 수소폭탄 개발을 완료했을 가능성을 배제하기 어렵다. 초기의 핵무기 개발국들은 수소폭탄에 사용되는 2단계 폭발장치(Teller-Ulam 방식) 개념을 개발하는데 오랜 시간이 필요해 원폭 실험 성공 이후 상당 기간이 지나서야 수폭실험을 할 수 있었다. 그렇지만 북한과 같은 후발국들은 이 개념이 이미 널리 알려져 있기 때문에 빠른 시일 내 수폭 실

---

4) 예를 들어, 지진규모가 5.0mb일 때 위력은 7.2kt이지만 지진규모가 6.0mb일 때 위력은 112kt으로 급등한다. 경남대 극동문제연구소, "핵실험 시 위력 추정 방법," 『북핵·미사일 리포트』 2017-12 (2017.3.30) 참고.

험이 가능했던 것이다.

<표 2> 각 핵국의 최초 원폭－수폭 실험

구 분	최초 핵실험		최초의 수소폭탄 실험		
	일 자	폭발력(kt)	일 자	폭발력(Mt)	실험 차수
미 국	45.7.16	20	54.5.1	6	46차
러 시 아	49.8.29	22	55.11.22	1.6	24차
영 국	52.10.3	25	57.11.8	1.8	16차
프 랑 스	60.2.13	65	68.12.24	2.6	37차
중 국	64.10.16	22	67.6.17	3.3	6차
인 도	74.5.18	12	98.5.11	실패	2차
파키스탄	98.5.28	32			
북 한	06.10.9	1 이하			

* 출처: 한국원자력통제기술원, 『북한 및 이란 핵문제 현안 분석 총서 Vol. 1: 북한 4차 핵실험 종합 분석』, (2016), 10쪽.

3. 플루토늄과 고농축 우라늄 방식 병행

북한의 핵능력을 보다 객관적으로 추정하기 위해 우리가 할 수 있는 합리적 작업은 북한이 보유한 무기급 핵물질, 즉 플루토늄 및 고농축 우라늄의 양을 추정하는 것이다. 먼저, 북한이 보유한 플루토늄의 양이 얼마나 되는지 추정해보자. 북한은 원자탄에 사용되는 Pu-239 생성을 위한 5MWe 흑연감속로와 여기에 사용되는 핵연료 제조 시설, 사용 후 핵연료 재처리 시설인 방사화학실험실을 모두 보유하고 있다. 북한이 지금까지 추출했을 것으로 추정되는 Pu-239 총량은 최대 50kg이며, 각 핵실험에서 2~5kg의 Pu-239를 사용했다고 가정한다면,[5] 현재 보유하고 있을 것으로 추정되는 Pu-239 양은 20~38kg 정도이며, 핵폭발장치는 최

5) 『연합뉴스』, 2016년 1월 14일.

소 4개, 최대 19개 정도일 것으로 추론할 수 있다.

다음으로 북한이 보유한 고농축 우라늄의 양을 추론해보자. 북한은 2010년 11월 방북한 미국의 핵과학자 지그프리드 헤커(Siegfried S. Hecker) 박사를 영변에 있는 우라늄 농축 시설로 데려가 1,000여 개의 원심분리기를 보여주면서 보여준 만큼의 원심분리기를 더 보유하고 있다고 주장한 것으로 알려졌다.[6] 2013년에는 인공위성 사진 등을 통해 우라늄 농축공장의 지붕 면적이 2배 규모로 넓어진 것으로 확인됐다. 이로 인해 북한이 보유하고 있는 원심분리기가 2,000~4,000여 개 정도일 것이라는 추정도 제기됐다. 북한이 2,000여 개의 원심분리기를 가동한다면, 핵무기 제작에 필요한 평균 90% 이상의 고농축 우라늄을 매년 최대 40kg 정도를 생산할 수 있을 것으로 평가된다.[7]

한편 북한이 지금까지의 핵실험에서 어떠한 핵물질을 사용했을 지를 합리적으로 추정해 볼 필요도 있다. 북한은 5차 핵실험이 '새로 연구 제작한 핵탄두 위력 판정을 위한 핵폭발 시험'이었다고 주장했다. 이로 미뤄 5차 핵실험 이전에 단행한 핵실험들은 기존에 제작했던 핵탄두 또는 이를 부분적으로 변경해 사용한 실험이었을 가능성이 있다. 북한은 2013년 3월 31일 병진노선을 선포한 직후인 동년 4월 2일 당시 원자력총국(현재 원자력공업성) 대변인 담화를 통해 핵 관련 시설의 재가동을 전격적으로 선언했다. 그리고 일정한 정비를 거쳐 2013년 10월경부터 5MWe 흑연감속로를 재가동하는 정황이 국제원자력기구(IAEA) 등에 포착됐다. 또한 우라늄 농축공장을 2배 규모로 증축한 정황 포착은 전술

6) 『조선일보』, 2012년 12월 22일.
7) 경남대 극동문제연구소, "북한의 우라늄 농축 시설," 『북핵·미사일 리포트』, 2016-22 (2016.11.25); 한국원자력통제기술원, 『북한 및 이란 핵문제 현안 분석 총서 Vol. 3: 북한의 재처리 / 농축 현황 특성』 (2016); 국방부, 『대량살상무기에 대한 이해』 (2007); 이춘근, 『북한 핵문제의 과학기술적 이해』 (서울: 과학기술정책연구원, 2003) 등 참고.

한 바와 같다.

이상의 내용을 종합하면, 1~3차 핵실험은 플루토늄을 이용한 핵기폭장치 실험이었으며, 4차 핵실험은 플루토늄을 이용한 핵기폭장치에 핵융합 반응을 추가해 폭발력을 증대시킨 증폭핵분열탄 실험이었을 가능성이 있다.[8] 북한이 우라늄 농축공장을 본격적으로 가동하기 시작한 시점을 감안했을 때, 1~4차 핵실험에 고농축 우라늄을 사용했을 개연성은 크지 않다. 북한은 2016년 9월에 이뤄진 5차 핵실험에서 고농축 우라늄을 이용한 핵기폭장치를 폭발시켰을 가능성이 있다. 그리고 6차 핵실험은 폭발력 추정치 등을 감안했을 때, 리튬(Li-6) 등을 활용해 생산한 삼중수소(T: Tritium) 및 중수소(D: Deuterium)를 이용한 수소탄, 즉 핵융합탄 실험이었을 가능성을 배제할 수 없으며,[9] 여기에도 Pu-239가 사용됐을 수 있다.

4. 5MWe 흑연감속로의 문제점 및 실험용 경수로(ELWR) 건설의 부진

북한은 2008년 6월 5MWe 흑연감속로 냉각탑을 공개적으로 폭파했지만, 2013년 4월 5MWe 흑연감속로를 포함해 영변에 있는 일체의 핵 관련 시설의 재가동을 선언했다. 5MWe 흑연감속로의 냉각시스템은 1차 계통과 2차 계통으로 구분되는데, 1차 계통은 이산화탄소 가스를 이용해 원자로심의 열을 직접 전달받아 식히는 계통이며, 2차 계통은 1차

---

8) 장철운, "북한의 핵·미사일 능력 고도화," 경남대 극동문제연구소 편, 『북핵, 오늘과 내일』(서울: 늘품플러스, 2016) 참고.

9) 북한은 대량의 리튬 매장량을 보유하고 있다고 알려져 있으며, 제2차 과학기술발전 5개년 계획(2003~2007) 중 국가과학원 연구과제에서 '중수소-삼중수소 핵융합' 및 'Li-6를 천연리튬에서 분리하는 연구' 등을 진행한 것으로 알려졌다. 한국원자력통제기술원, 『북한 및 이란 핵문제 현안 분석 총서 Vol. 1: 북한 4차 핵실험 종합 분석』(2016), p. 22.

계통의 열을 이용해 증기를 발생시켜 전기를 생산하는 계통이다. 1차 계통은 원자로 격납용기 안에 설치되지만 2차 계통은 격납용기 외부에 설치되며, 북한이 폭파한 냉각탑은 2차 계통과 연결된 것이다(〈그림 2〉 참조). 냉각탑이 없는 상태에서 북한이 5MWe 흑연감속로를 재가동했다면 구룡강의 강물을 2차 냉각 계통에 이용했을 수 있지만, 이는 근거가 빈약한 추론에 불과하다.

〈그림 2〉 북한 5MWe 흑연감속로의 구조

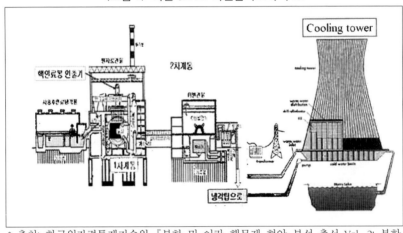

* 출처: 한국원자력통제기술원, 『북한 및 이란 핵문제 현안 분석 총서 Vol. 2: 북한의 원자로 현황 및 특성』(2016), p. 16.

5MWe 흑연감속로에 사용되는 천연 우라늄 핵연료봉의 피복재는 마그네슘 합금이며, 마그네슘 피복재의 운전 허용온도는 380℃로 제한된다.[10] 따라서 북한은 냉각탑 폭파로 2차 냉각 계통이 정상적이지 않은 상태에서 5MWe 흑연감속로를 재가동했다면 저출력으로 운전할 수밖에 없었을 것이다. 5MWe 흑연감속로는 최대 출력(열출력 30MW)으로 운전

---

10) 김창효 외, 『핵공학개론』(서울: 한국원자력학회, 1990), p. 168.

될 경우 약 11kg 정도의 Pu-239를 생산할 수 있으며, 냉각탑 폭파 이전까지는 대체로 열출력 8~12MW에서 가동되며 매년 약 5~6kg 정도의 Pu-239를 생산했을 것으로 추정된다.[11] 냉각탑 폭파 이후에는 저출력으로 운전됐거나 제대로 운전되지 못했을 것이기 때문에 Pu-239의 생산량이 많지 않을 것으로 판단된다.

북한이 2013년 10월 5MWe 흑연감속로를 재가동한 이후 사용 후 핵연료 인출을 위한 원자로 정지 정황은 아직까지 포착되지 않은 것으로 알려졌다. 미국의 북한 전문 웹사이트는 2018년 8월 9일 인공위성 사진을 분석한 결과, '5MWe 흑연감속로의 2차 냉각 시스템에 관한 작업이 계속 진행 중인 것으로 나타났다'면서도 5MWe 흑연감속로 가동 징후는 불분명하다고 설명했다.[12] 즉, 5MWe 흑연감속로에 2013년 10월을 전후해 장전된 핵연료가 장기간 저출력으로 연소됐을 가능성이 있는 것이다. 그렇지만 국가정보원은 2019년 7월 16일 국회 정보위에서 "영변 5MW 원자로는 장기가동 중단 상태로 폐연료봉 재처리 징후가 없"다고 보고했다.[13] 만약 북한이 5MWe 흑연감속로를 억지로 가동했다면 냉각탑 폭파로 인한 2차 냉각 계통에서의 문제 때문에 작은 사고가 발생했을 가능성도 배제할 수 없다.

한편, 북한은 2009년 실험용 경수로(ELWR: Experimental Light Water Reactor) 건설을 시작한 것으로 알려졌다. 북한은 2010년부터 본격적으로 ELWR 건설 공사를 시작해 2012년에 가동하는 것을 목표로 했지만, 2018년 11월까지 북한이 ELWR을 가동하기 시작했다는 정보는 없다. 2010년 북한의 영변 지역 등을 방문한 헤커 박사는 초기 단계의 ELWR 건설 현장을 방문해 북한의 원자력 기술자로부터 ELWR이 열출력 100MW로 설

---

11) 이은철,『북한 핵과 경수로 지원』(서울: 서울대학교출판부, 1996), pp. 26~28.
12)『연합뉴스』, 2018년 8월 10일.
13)『연합뉴스』, 2019년 7월 16일.

계되었으며, 효율이 30% 정도라는 설명을 들었다고 전했다.

〈표 3〉 북한 실험용 경수로 제원 추정

구분	주요 내용
원자로 종류(Reactor Type)	가압경수로 (PWR: Pressurized Water Reactor)
열출력(Thermal Power)	100 MWth
전기 출력(Electrical Generation Power)	25~30 MWe
핵연료 형태(Fuel Type)	UO2
핵연료 장전 정도(Fuel-load size)	4 tons UO2
평균 농축 수준(Average Enrichment Level)	3.5%(U-235/U-total)
핵연료봉 피복관(Cladding)	알려지지 않았음. (스테인리스 스틸로 추정)
격납 건물 구조 및 제원 (Containment Structure Dimensions)	지름(Dia.) : 22 m 높이(Ht.) : 40 m 두께(Thickness) : 0.9 m
지반 깊이(Excavation Depth)	7.1 m
콘크리트 기초 제원 (Concrete Foundation Dimensions)	28 m
압력용기 재료(Pressure-Vessel Material)	고강도 강철(High-Strength Steel) (스테인리스 스틸 라이너도 가능)
평균 연소도(Average Burnup)	~ 33,000 MWth-d/ton
2차 냉각 계통(Secondary Cooling)	구룡강 물 이용
핵연료 제조 시설 위치(Fuel-Building Location)	원자로 건물과 터빈 건물 사이 동쪽 측면 건물
사용 후 핵연료(Spent Fuel. U/year)	~ 1 ton/year
전기 터빈(Electrical Turbines)	2 in parallel

* 출처: Chaim Braun, Siegfried Hecker, Chris Lawrence, and Panos Papadiamantis, *North Korean Nuclear Facilities After the Agreed Framework* (CISC, Stanford University, 2016), pp. 19~20.

북한 기술자들은 헤커 박사에게 북한 내에서 고강도 강철을 이용해 압력 용기를 제작할 것이라며 펌프를 비롯한 다른 부품들도 모두 북한

에서 만들어 사용할 것이라고 언급했다고 한다. 북한 기술자들은 ELWR
에 5MWe 흑연감속로에 사용되는 천연 우라늄 핵연료봉과는 전혀 다른,
일반적인 경수로용 핵연료와 유사하게 U-235가 최고 3.5% 농축된 UO2
가 핵연료로 사용될 것이라며 전체를 장전하기 위해서는 우라늄 4t이
필요하다고 설명했다. 북한 기술자들은 북한 내에 충분한 우라늄 자원
을 갖고 있다고 강조했지만, 피복관의 재료로 어떠한 물질을 사용하는
지에 관해서는 밝히지 않았다고 헤커 박사는 전했다.[14) 이러한 이유 등
으로 헤커 박사 일행은 건설이 완료된 뒤 북한이 ELWR를 안전하게 운
전할 수 있는 능력이 있는지를 우려했다.[15)

5. 핵 관련 과학기술 부문에서 남은 과제

이상의 내용을 종합적으로 감안했을 때, 북한의 핵무기 개발과 관련
된 과학기술은 일단락된 것으로 평가할 수 있다. 북한은 무기급 플루토
늄을 생산·추출해 핵무기를 제조할 수 있는 일련의 주기를 갖추고 있
다. 5MWe 흑연감속로에서 생산된 플루토늄은 재처리 시설로 알려진 방
사화학실험실에서 추출된다. 또한 북한은 무기급 고농축 우라늄을 생산
하는 공정도 갖추고 있다. 북한은 현재 2,000개 이상의 원심분리기를 보
유하고 있으며, 이를 고농축 우라늄 생산에 이용하는 것으로 알려졌다.
이렇게 만들어진 무기급 핵물질은 핵무기연구소 등에서 무기화되는 것

---

14) Chaim Braun, Siegfried Hecker, Chris Lawrence, and Panos Papadiamantis, *North Korean Nuclear Facilities After the Agreed Framework* (CISC, Stanford University, 2016), pp. 15~21.

15) 일반적으로 가압경수로용 저농축 우라늄 핵연료봉에 사용되는 피복관의 재료 인 지르칼로이(Zircaloy)에 비해 북한이 사용하려는 것으로 추정되는 스테인리 스 스틸은 부식 및 잠열 등으로 인한 결손 발생 가능성이 크기 때문에 가압경 수로용 핵연료봉 피복관으로는 적합하지 않은 것으로 알려졌다.

으로 추정된다. 지금까지 북한이 관영 매체를 통해 공개한 핵무기 관련 사진 등은 플루토늄을 이용하기에 적합한 형태인 것으로 추정되지만, 그렇다고 북한이 고농축 우라늄을 이용한 핵무기 개발을 추진하지 않았을 것이라고 예단하기도 어려운 것이 사실이다.

북한의 핵무기 관련 남은 과제는 만약 북한이 대내외적으로 '완전한 비핵화'를 공개 선언하지 않았다면, 핵무기와 관련된 과학기술 수준을 어느 정도로 발전시켜 나갔을지 합리적으로 추론하는 맥락에서 유추할 수 있을 것이다. 북한은 5MWe 흑연감속로가 제대로 가동될 수 없기 때문에 생산 능력이 제한적인 플루토늄 방식보다는 2,000개 이상의 원심분리기를 이용할 경우 단기간 내 대량 생산이 가능한 고농축 우라늄 방식의 핵무기 개발에 몰두했을 개연성이 크다. 이를 통해 북한은 현재 20개 내외 수준으로 평가되는 핵무기 보유고를 빠른 시일 내에 100개 정도로 증가시켜 소위 '제2격(Second Strike)' 능력을 확보함으로써 실존억제전략에서 벗어나 최소억제전략을 추구하려 했을 수 있다.[16]

III. 북한의 미사일 관련 과학기술 발전 과정

1. 스커드 엔진에 기반한 지대지 탄도 미사일 사거리 연장

북한은 1980년 1월 호스니 무바라크 당시 이집트 부통령의 특별기를 이용한 방북편을 통해 이집트로부터 소련제 스커드-B 지대지 탄도 미사일과 이동식 발사대(TEL: Transporter Erector Launcher) 등을 도입해 독자적인 지대지 탄도 미사일 개발의 토대를 마련한 것으로 평가된다.[17] 북

---

16) 장철운, 『북한의 핵전력 운용 전략에 관한 연구』(서울: 통일부, 2016) 참고.
17) 장철운, "북한의 지대지 탄도 미사일 개발 착수에 관한 연구," 『현대북한연구』,

한은 스커드-B 미사일을 역설계(reverse-engineering)하는 방법으로 독자적인 지대지 탄도 미사일 개발 능력을 축적했다. 북한은 1985년 사거리 320~340km, 탄두 중량 1t의 스커드-B 개량형 지대지 탄도 미사일을 독자 개발하는데 성공한 것으로 알려졌으며, 1989년 무렵 스커드-B 개량형과 거의 동일한 동체를 이용하지만 탄두 중량을 700kg으로 줄여서 사거리를 500km로 연장한 스커드-C 개량형 지대지 탄도 미사일을 개발했다. 북한은 1993년 스커드-B의 엔진과 동체 등을 1.5배 정도 확대하는 방법을 통해 개발한 사거리 1,000~1,300km 이상의 노동 미사일 시험 발사에 성공했다.[18]

북한은 1998년 8월 31일 인공위성 발사를 명분으로 내세우며 대포동-1호 미사일을 발사해 일본 열도 상공을 통과시켰는데, 대포동-1호 미사일은 노동 미사일을 1단으로, 스커드 계열 미사일을 2단으로 하는 것으로 알려졌다. 북한이 2006년 7월 5일 군사훈련이라고 주장하며 발사한 대포동-2호는 노동 미사일 엔진 4기를 묶어 1단으로 하고, 노동 미사일 엔진 1개를 2단에 탑재한 것으로 분석됐다. 북한은 제2~4차 핵실험 단행을 전후해 인공위성 발사를 주장하며 은하-2호(2009.4.5), 은하-3호 2호기(2012.12.12), 광명성(2016.2.7) 장거리 로켓을 각각 발사했는데, 은하-2호는 대포동-2호 미사일과 유사하게 노동 미사일 엔진 4기를 묶어서 1단에 사용했고,[19] 은하-3호 2호기 역시 1단에 노동 미사일 엔진 4기와 보조 엔진 4기가 결합된 형태였으며,[20] 광명성 로켓은 은하-3호 2호기

제17권 제3호 (2014), pp. 241~244.

18) 정규수, 『ICBM 그리고 한반도: 북한과 한반도 주변 열강의 탄도탄』 (서울: 지성사, 2012), pp. 89~90.

19) 미 국방부는 북한의 은하-2호 장거리 로켓과 대포동-2호 미사일을 동일한 것으로 평가하고 있다. Department of Defense, *Ballistic Missile Defense Review Report* (2010), p. 4.

20) 『SBS』, 2013년 1월 21일.

와 동일한 것으로 평가된다.[21)

북한은 김정은 위원장 참관하에 2016년 4월 8일 '신형 대륙간 탄도 미사일 대출력 발동기(엔진) 지상 분출 시험'을 진행하기 전까지, 액체 연료를 사용하는 스커드 계열 엔진 기술을 이용해 지대지 탄도 미사일을 독자적으로 개발하고 사거리를 연장시켜 왔다. 단일 기술에 기반해 미사일의 사거리를 연장하는 방법에는 탄두 중량 감소, 기존 엔진 확대 제작, 여러 개의 엔진을 묶는 집속(Clustering), 2단 이상의 다단 방식 등이 있는데, 북한의 경우에는 이러한 방법을 거의 모두 활용하며 지대지 탄도 미사일의 사거리를 연장해 온 것이다. 그러나 이러한 방법만으로는 사거리를 연장하는 데 한계가 있을 수밖에 없다. 북한도 새로운 액체 연료 엔진 및 고체 연료 엔진 개발로 눈길을 돌렸다.

2. 고체 연료 미사일 엔진 개발: KN-02 및 북극성 시리즈

북한은 2005년 4월과 5월 초 스커드-B 개량형 미사일보다 사거리가 짧은 단거리 지대지 탄도 미사일을 동해로 시험 발사했다. 이와 관련해 김성일 당시 합참 정보본부장은 "북한이 지난(5월) 1일 함북 청진시 인근에서 동해를 향해 사거리 100~120km로 추정되는 미사일을 발사했다"며 "소련제 SS-21 미사일을 개량한 'KN-02'로 파악됐다"고 밝혔다.[22) 북한은 KN-02 미사일을 2007년 6월 말에도 시험 발사했으며,[23) 2007년 4월 열병식에서 처음으로 대내외에 공개했는데, TEL에서 짧은 시간 내에 발사할 수 있는 고체 연료 미사일로, 탄두 중량이 500kg 정도로 알려졌다.[24)

---

21) 『연합뉴스』, 2016년 2월 9일.
22) 『경향신문』, 2005년 5월 5일.
23) 『연합뉴스』, 2007년 7월 2일.
24) 『연합뉴스』, 2008년 2월 11일.

북한은 2009년 10월 12일, 2011년 5월 말과 동년 12월 중순, 2013년 3월 중순과 하순, 동년 5월 중순에도 KN-02로 추정되는 단거리 미사일을 시험 발사했다.[25]

북한이 고체 연료를 이용하는 KN-02 미사일 개발에 나선 배경은 액체 연료 미사일과 고체 연료 미사일의 차이에서 어느 정도 유추할 수 있다. 북한이 2016년 4월 8일 새로운 액체 연료 미사일 엔진을 개발하기 이전까지 주로 이용했던 스커드 계열 엔진은 어는점이 비교적 높은 '등유(Kerosene)'를 사용하는 것으로 알려졌다.[26] 특히, 액체 연료는 대체로 부식성이 강해 연료를 주입한 상태에서 미사일을 보관하지 않고 미사일 발사를 목전에 두고서야 연료를 미사일에 주입하는데, 이 과정에서 상대방에 사전 노출될 가능성이 크다. 또한 연료와 함께 산화제도 주입해야 하기 때문에 미사일과 TEL 외의 부수적인 장비가 필요한 점도 군사용으로 액체 연료 미사일이 적합하지 않은 이유이다. 반면 KN-02와 같은 고체 연료 미사일은 사용 및 부대 시설이 간단하고 저장 및 신속한 발사가 용이해 사전 노출 가능성이 적어 군사용 탄도 미사일에 주로 활용된다.[27] 이러한 이유에서 북한도 김정일 시대부터 고체 연료 미사일 개발을 추진한 것으로 추론된다.

북한의 고체 연료 미사일 개발은 김정은 시대 들어 본격화됐다. 북한은 김정은 위원장 참관하에 2015년 5월 9일, 2016년 4월 24일, 동년 8월 25일 등 3차례에 걸쳐 함경남도 신포 인근에서 잠수함 발사 탄도 미사

---

25) IISS, *North Korean Security Challenges: A Net Assessment* (London: IISS, 2011), p. 144.

26) Markus Schiller and Robert H. Schumucker, "The Unha-3: Assessing the Successful North Korean Satellite Launch," FAS(Federation of American Scientists) Blog (http://blogs.fas.org/pir/2013/02/the-unha-3-assessing-the-successful-north-korean-satellite-launch/) (검색일: 2014년 1월 9일).

27) 정규수, 『로켓 과학 Ⅰ: 로켓 추진체와 관성 유도』 (서울: 지성사, 2015); 국방부, 『대량살상무기에 대한 이해』 (2007).

일(SLBM: Submarine-Launched Ballistic Missile)인 북극성을 시험 발사했다. 2016년 3월 24일에는 김정은 위원장이 지켜보는 가운데 '고체 로켓 대출력 발동기 지상 분출 및 계단 분리 시험'이 이뤄졌다. 2017년 2월 12일에는 북극성 SLBM을 지대지 탄도 미사일용으로 개량한 북극성-2형 시험 발사가 진행됐는데, 이 자리에서 김정은 위원장은 "이제는 우리의 로케트 공업이 액체 로케트 발동기로부터 대출력 고체 로케트 발동기에로 확고히 전환됐다"고 언급했다.[28] 그렇지만 북한이 2016~2017년 집중적으로 추진한 화성-10형, 12형, 14형, 15형 등 중·장거리 지대지 탄도 미사일의 1단에는 고체 연료 미사일 엔진이 아닌 액체 연료 미사일 엔진이 사용됐다.

3. 새로운 액체 연료 미사일 엔진 개발

북한은 김정은 위원장이 참관한 가운데 2016년 4월 8일 평안북도 철산군 동창리에 위치한 서해 위성발사장에서 '새형의 대륙간 탄도 로케트 대출력 발동기 지상분출 시험'을 진행했다.[29] 게다가 북한은 동년 9월 19일에는 김 위원장이 지켜보는 가운데 같은 곳에서 '처음으로 개발한 정지위성 운반 로케트용 대출력 발동기 지상 분출 시험'을 단행하기도 했다. 이와 관련해 조선중앙통신 등은 '새로 개발한 대출력 발동기는 단일 발동기로서 추진력은 80tf'라며 '지상 분출 시험은 작업시간을 200초'로 해서 진행됐다고 설명했다.[30] 다음날 북한의 〈로동신문〉이 공개한 사진을 살펴보면, 김정은 위원장 앞에 있는 탁자에는 '백두산 계열 80tf[31]

---

28) 『로동신문』, 2017년 2월 13일.
29) 『조선중앙통신』, 2016년 4월 9일.
30) 『조선중앙통신』, 2016년 9월 20일.
31) 'tf'는 미사일의 추력을 표시하는 단위로 80tf는 '80t의 중량을 밀어올리는 추력'이라는 의미이다.

급 액체 로케트'라는 문구가 적힌 미사일 외형 도면이 놓여 있었다.[32]

북한이 은하-3호에 이용했던 노동 미사일 엔진 1기의 추력이 27tf에 불과한 반면 백두산 계열 엔진의 추력이 80tf라는 사실은 북한이 새로운 액체 연료 미사일 엔진을 개발했다는 점을 의미한다. 또한 새로운 미사일 엔진 개발에 최소한 수년, 최대한 10년 이상이 소요된다는 점에서 북한은 스커드 계열 엔진을 이용한 미사일 개발의 한계를 극복하기 위해 2000년대 후반 또는 2010년대 초반부터 액체 연료를 사용하는 새로운 대형 미사일 엔진 개발에 나선 것으로 추정할 수 있다.

북한은 2017년에도 신형 대출력 미사일 엔진 시험을 진행한 바 있는데, 3월 18일 서해 위성발사장에서 김 위원장 참관하에 이뤄진 '새로 개발한 우리 식의 대출력 발동기 지상 분출시험'이 그것이다. 이와 관련해 북한 매체들은 "지난 시기의 발동기들보다 비추진력이 높은 대출력 발동기를 완전히 우리 식으로 새롭게 연구제작하고 첫 시험에서 단번에 성공"했다고 밝히며 이른바 '3.18 혁명'이라고 추켜세우기도 했다.[33] 북한은 2016년 4월의 엔진 시험이 ICBM용이고, 동년 9월의 엔진 시험은 정지위성 운반용이라고 밝혔던 것과 달리 2017년 3월 실험과 관련해서는 '새 형의 주체무기 개발 사업', '우주개발' 등을 모두 언급한 것이 특징이다.

전문가들은 북한이 개발한 소위 '백두산 엔진', '3.18 혁명 엔진'이 구소련이 개발했던 RD-250 트윈엔진을 모방한 것이라고 보고 있으며, 이 새로운 액체 연료 엔진이 화성-15형 미사일에 장착된 것으로 분석하고 있다.[34] 그렇지만 북한이 2016년과 2017년에 시험에 성공했다고 밝힌 액체 연료 엔진이 동일한 기술을 기반으로 일정하게 발전된 것인지, 그

---

32) 『서울신문』, 2016년 9월 20일.
33) 『조선중앙통신』, 2017년 3월 19일.
34) 『연합뉴스』, 2017년 11월 30일.

리고 비슷한 시기에 시험 발사된 화성-10형 및 화성-12형, 화성-14형, 화성-15형 중·장거리 미사일에 어떻게 적용됐는지를 단언하기는 어려운 것이 사실이다. 그렇다고 하더라도 북한이 스커드 미사일 엔진 기술에 기반한 사거리 연장에 한계를 느꼈고, 이를 극복하기 위해 중·장거리 미사일에 장착할 수 있는 대형 엔진을 새롭게 개발했다는 것만큼은 분명한 사실이다.

4. 정확성 향상 노력 미흡

북한이 개발·보유한 지대지 미사일은 모두 탄도 미사일이다. 탄도 미사일은 레이더 반사면적이 항공기보다 작아 탐지 및 추적이 어렵다. 탄도 미사일의 비행속도 역시 항공기에 비해 매우 빠르고, 비행 중 추가적인 기동 없이 일정한 경로를 따라 이동한다. 탄도 미사일은 대부분 발사 초기 연료를 소모해 얻는 추진력을 이용하며 대기권을 벗어났다가 다시 대기권으로 진입해 자유낙하 형식으로 떨어져 마지막 단계에서는 큰 각도로 낙하한다. 반면 순항 미사일은 일반적으로 레이더망을 돌파하기 위해 지상 30~200m의 저고도로 지표면의 기복을 따라 음속 이하의 속도로 장시간 비행한다. 이러한 차이 때문에 정확성이 상대적으로 낮은 지대지 탄도 미사일은 보통 전략적 목적에서 사용되고, 지대지 순항 미사일은 핵심 표적을 선별해 타격하는 전술적 용도로 이용된다.[35]

특히, 북한이 보유한 지대지 탄도 미사일은 정확성이 현격히 떨어지는 것으로 알려졌다. 정확성은 원형공산오차(CEP: Circular Error Probable (Probability))를 통해 확인할 수 있는데, 북한의 스커드-B 개량형 미사일

---

35) 국방부, 『대량살상무기에 대한 이해』 (2007), pp. 173, 182, 185.

의 CEP는 0.5~1km, 스커드-C 개량형의 CEP는 1~2.4km, 노동 미사일의 CEP는 3km 이상으로 알려졌다. 비교적 최근에 북한이 개발·개량하고 있는 KN-02의 CEP도 1km에 가까운 950m에 달하는 것으로 알려졌다. 이처럼 CEP가 km 단위를 보인다는 것은 중요한 군사 목표물인 지휘본부나 군용 비행장 등의 타격과 같은 전술적 효과를 기대하기는 어렵다는 것을 의미한다. 북한이 GPS 보조항법 장치를 사용하고 재진입 오차 제어 등과 같은 발전된 기술을 추가로 적용했을 경우 스커드 및 노동 미사일의 CEP가 25~60% 정도 향상된다는 분석도 있지만,[36] 이러한 내용은 확인되지 않았을 뿐 아니라 그렇다고 하더라도 북한이 보유한 미사일의 CEP는 수백m에 달해 정확성 측면에서 우수하다고 평가하기가 어려운 것이 사실이다.

5. 미사일 관련 과학기술 부문에서 남은 과제

북한의 핵무기 관련 국방 과학기술의 남은 과제를 유추한 것과 비슷한 방식으로 북한의 미사일 관련 국방 과학기술의 남은 과제도 추론할 수 있을 것이다. 핵무기 관련 과학기술이 일단락된 것에 비해 미사일 관련 과학기술은 남은 과제가 조금 더 많다고 할 수 있다. 북한은 2016년 3월 '대출력 고체 로켓 발동기'의 지상 분출 실험에 성공했다고 밝혔지만, 이를 중·장거리 미사일과 장거리 로켓 등에는 활용한 적이 없다는 점에서 고체 연료 중·장거리 미사일 개발이 남은 과제 중 하나일 수 있다. 미국 본토를 타격할 수 있는 것으로 평가되는 화성-15형 미사일이 TEL을 이용해 생존성과 기동성을 향상했지만, 고체 연료를 사용하는 ICBM보다는 상대적으로 생존성과 기동성이 떨어지는 것이 사실이기 때

---

36) 권용수, "북한 탄도미사일의 기술 분석 및 평가,"『국방연구』제56권 제1호 (2013) 참고.

문이다.

다음으로 북한이 보유한 지대지 미사일이 모두 탄도 미사일이며, 매우 부정확해 전략적·전술적 목적을 달성하기 어렵다는 점에서 정확성을 향상하기 위한 노력이 남은 과제였을 수 있다. 이와 관련해서 북한이 탄도 미사일보다 정확성이 뛰어난 지대지 순항 미사일 개발을 추진했을 가능성과 보유하고 있는 탄도 미사일의 유도 방식을 개선했을 가능성을 상정해 볼 수 있다. 넓은 의미에서 무인 항공기(UAV: Unmanned Aerial Vehicle)에 속하는 순항 미사일은 항공기 엔진과 유사한 엔진을 사용한다는 점에서 독자적으로 항공기를 개발할 능력이 없는 북한이 개발을 추진하기는 쉽지 않았을 것이다.37) 북한이 정확성 향상을 위해 지대지 탄도 미사일에 이용하는 관성유도 방식을 개선하는 방안과 관성유도 방식의 단점을 보완하기 위해 다른 유도 방식을 접목하는 방안을 추진했을 가능성도 있다. 그렇지만 이러한 방안들은 북한의 기술력을 감안했을 때, 독자적으로 추진하기는 어려워 외부와의 기술적 협력이 필수적이기 때문에 현실적으로 쉽지 않았을 것으로 판단된다.

IV. 과학기술적 관점에서의 '완전한 비핵화' 프로세스 전망

북한이 대내외적으로 '완전한 비핵화'를 공언했다는 점에서 핵·미사일과 관련한 과학기술 측면의 남은 과제는 앞으로 현실화될 개연성이 크지 않은 상황이다. 따라서 이 부분에서는 앞서 정리한 북한의 핵·미사일 관련 과학기술 발전 과정을 감안해 앞으로 이뤄질 북한의 비핵화 프로세스를 개략적으로 전망한 뒤 핵과 미사일 관련 과학기술을 별도

---

37) 국방북, 『대량살상무기에 대한 이해』 (2007), p. 182.

로 나눠 보다 구체적으로 예상하고자 한다.

1. 비핵화 프로세스 전망

북한 핵문제를 평화적으로 해결하기 위해 2000년대 중·후반 남북한과 미국, 중국, 일본, 러시아는 6자회담을 구성해 운영했었다. 여기에서의 합의에 따라, 북한의 비핵화에 관한 일련의 프로세스가 일반화됐는데, '신고 → 동결 → 불능화 → 폐쇄 → 폐기'가 그것이라고 할 수 있다.[38] 신고는 북한이 보유·운영하고 있는 관련 시설과 장비, 물질 등의 목록을 작성하고, 이 신고서를 검증해야 하는 미국 또는 IAEA 등에 제공하는 절차이다. 동결은 북한이 신고한 시설과 장비의 가동을 멈춘다는 의미로, 현재 상황에서 더 이상 변화시키지 않는 조치를 포함한다. 불능화는 북한이 신고한 시설과 장비, 물질을 다시 사용할 수 없도록 하는 조치를 포괄적으로 의미한다. 불능화에 소요되는 시간은 불능화 대상인 시설과 장비, 물질의 특성에 따라 모두 다를 수 있다. 특히, 원자로처럼 인체와 환경에 치명적 악영향을 줄 수 있는 시설의 불능화는 조심스럽게 진행할 수밖에 없기 때문에 상당한 시간이 소요될 수 있

---

38) 북한 비핵화 프로세스와 관련해 함형필(2009, 215~216)은 '폐쇄·봉인 → 신고·불능화 → 검증·폐기'로, 조성렬은 "〈2.13 합의〉 이후 북핵문제의 로드맵과 향후 과제,"『군비통제자료집』제41호 (2007)를 통해 '폐쇄·봉인 → 신고·불능화 → 검증 → 폐기'로 구분하고 있다. 한편 안진수는 "북한 비핵화 과정의 기술적 문제," 통일연구원,『정책토론회 자료』(2018.6.18)에서 '신고 → 검증 → 폐쇄 → 불능화 → 폐기(해체 포함)'로 구분하는데, 본 연구에서는 안진수의 구분을 차용하되 제1차 북핵 위기 해결 과정에서 나타난 '동결'의 중요성과 남아프리카공화국 핵사찰 사례에 나타난 것처럼 '검증'이 별도의 과정이 아니고 신고 이후 모든 과정에 적용돼야 한다는 점을 감안해 '신고 → 동결 → 불능화 → 폐쇄 → 폐기' 등 5단계로 구분하고자 한다. 류광철·이상화·임갑수,『외교현장에서 만나는 "군축과 비확산의 세계"』(서울: 평민사, 2005), pp. 384~386.

다. 폐쇄는 시설과 장비, 물질의 불능화가 완료돼 더 이상 기존의 역할을 하기 어려운 상태임을 실질적으로 증명하는 조치를 의미하다. 폐기는 시설과 장비, 물질이 더 이상 이 세상에 존재하지 않게 됨을 보여주는 물리적 조치라고 할 수 있다.

김정은 위원장이 문재인 대통령 및 트럼프 대통령과 각각 '완전한 비핵화'에 합의하는 것을 전후해 북한은 북부 핵실험장을 전격적으로 폭파했다. 이와 관련한 북한의 발표가 폐기인지 폐쇄인지 오락가락 했는데, 앞서 설명한 비핵화 프로세스 기준에 따르면, 북한의 북부 핵실험장 폭파는 폐기가 아닌 폐쇄에 해당하는 조치로 평가되지만, 북한의 핵실험장 폭파가 폐쇄인지 폐기인지를 논하는 것은 큰 의미가 없다. 왜냐하면 국제사회는 북한이 약속한 '완전한 비핵화'가 종국적으로 실현될 것인지에 대해 끊임없이 의문을 제기하며 북한의 진정성을 의심하고 있지만, 북한도 이러한 국제적 여론을 충분히 잘 인식하고 선제적으로 핵실험장 폐기 및 미사일 엔진 시험장을 해체를 추진한 것으로 평가되기 때문이다. 북한의 이러한 조치는 앞으로 북한이 약속한 '완전한 비핵화'가 실현되는 과정에서 기존에 받아들여지던 일반적인 비핵화 프로세스가 그대로 적용되지 않을 수 있다는 점을 시사한다. 즉, 일련의 과정을 순서대로 거치며 비핵화가 추진되는 것이 아니라 북한이 마음먹기에 따라 대부분의 단계를 생략하고 곧바로 폐기 조치가 취해질 수도 있다는 것이다. 물론, 이는 비핵화 대상인 시설과 장비, 물질이 갖는 물리적 특성에 영향을 받을 수도 있다.

북한이 대내외에 공언한 '완전한 비핵화' 결정을 스스로 되돌리기는 쉽지 않을 것이다. 그렇다고 북한의 비핵화 프로세스가 순식간에 진행될 것이라고 예상하기도 어렵다. 북한은 기존에 각종 매체를 통해 핵실험장과 미사일 엔진 시험장이 상당한 정도로 공개돼왔기 때문에 별도의 신고가 필요치 않으며, 핵실험과 액체 연료 엔진 시험이 추가적으로 필요하지 않다고 판단해 전격적으로 폐기하고 해체를 시작했을 가능성이 있다. 이러한 조치가 핵실험장과 미사일 엔진 시험장을 제외한 나머지 시설의 단기간 내 전격적인 폐기 가능성을 높이는 것은 아니다. 앞서 언급한 것처럼, 북한의 핵·미사일 관련 시설, 장비, 물질의 폐기를 통한 완전한 비핵화는 매우 빠르게 또는 매우 느리게 진행될 수 있다.

2. 핵 관련 기술적 프로세스

미국과 IAEA는 북한이 핵 관련 시설, 장비, 물질 중에서 특히 이미 제작해서 보유하고 있는 핵무기를 비롯해 상당한 정도를 은폐하고 있을 것으로 의심하고 있다. 따라서 북한이 기존에 공개하고 신고했던 핵 관련 시설, 장비, 물질만을 신고한다면 미국과 IAEA는 더 많은 시설, 장비, 물질을 신고 목록에 포함시켜야 한다고 북한에 요구할 것이다. 이에 대해 북한은 미국과 IAEA가 의심하는 시설, 장비, 물질은 북한에 없다고 주장할 수 있다. 북한의 신고는 비핵화 프로세스의 첫 단계이며, 이에 따라 나머지 비핵화 프로세스가 추진되고 검증될 것이기 때문에 매우 중요한 사안이다. 북한은 신고서에 비핵화 프로세스를 앞으로 어떻게 추진할 것인지, 어떻게 검증받을 것인지 등도 설명해야 한다. 미국은 북한에 가능한 많이 받아내려고 할 것인 반면, 북한은 미국에 가능한 적게 내주려고 할 것이다. 결국 양측이 모두 만족할 수 있는 수준에서 타협이 이뤄질 것이며, 이에 따라 비핵화 프로세스의 첫 단계인 신고 절차는 종료될 것이다.

비핵화 프로세스의 2단계인 동결에서 가장 핵심적인 대상은 핵탄두와 무기급 핵물질을 생산하는 5MWe 흑연감속로, 사용후 핵연료 재처리 시설, 우라늄 농축공장이 될 것으로 예상된다. 이와 함께 무기급 핵물질을 이용해 핵무기를 만드는 것으로 알려진 핵무기연구소 역시 가장 핵심적인 동결 대상이다. 이 외에 핵연료봉 제조 공장, 우라늄 광산 관련 시설을 비롯해 북한이 신고한 모든 핵 관련 시설, 장비, 물질이 동결 대상으로 간주될 것이다. 북한이 신고한 핵 관련 시설, 장비, 물질이 제대로 신고됐고 가동을 중단했는지, 즉 동결됐는지를 확인하기 위해 사찰단이 현장을 방문해 검증할 것이다. 이를 통해 북한의 신고 및 동결이 완료됐음을, 북한이 어떠한 핵 관련 활동도 하지 않고 있음을 공식적으로 확인하게 될 것이다.

북한이 핵 관련 시설, 장비, 물질을 제대로 신고하고 동결했다면 이것들을 대상으로 불능화 조치가 이뤄져야 한다. 향후 이뤄질 불능화는 북한이 대내외적으로 약속한 '완전한 비핵화'를 실현하는데 가장 핵심적인 조치 가운데 하나이다. 북한이 보유한 핵 관련 시설, 장비, 물질의 물리적 특성에 따라 다를 수 있지만, 이것들에 대한 불능화 조치는 폐쇄를 거쳐 폐기로 가는 조치의 일환으로 추진돼야 할 것이다. 예를 들어, 북한은 2008년 6월 5MWe 흑연감속로의 냉각탑을 폭파했다. 그렇지만 북한은 2013년 3월 핵 관련 시설의 전면 재가동을 선언한 이후 냉각탑을 복구하지 않은 상태에서 5MWe 흑연감속로를 재가동했다. 북한이 약속한 '완전한 비핵화'를 목표로 추진될 앞으로의 불능화는 기존의 불능화 조치보다 비가역적 성격이 더욱 강할 것으로 예상된다. 북한이 보유한 핵 관련 시설, 장비, 물질의 주요 구성품을 분리하고 제거해 완전히 폐기하는 방식으로 진행될 가능성이 크다. 이 과정에서 인간과 환경에 대한 방사능 오염이 발생하지 않도록 해야 하기 때문에 다소 많은 시간이 소요될 가능성이 있다.

불능화 조치가 완료된 이후 또는 불능화 조치가 진행되는 가운데 폐쇄를 거쳐 폐기 절차에 돌입할 수 있다. 북한은 상징적 차원에서 핵 관련 시설, 장비, 물질의 외관을 최대한 훼손하지 않는 수준에서 불능화 조치를 추진하려 할 것이며, 폐쇄 및 폐기는 마지막으로 남아있는 핵 관련 시설, 장비, 물질의 외관까지 완전히 제거함으로써 '완전한 비핵화' 실현을 선언하는 조치가 될 가능성이 크다. 폐쇄 및 폐기 조치 역시 방사선 피폭의 정도에 따라 인간과 환경에 대한 부정적 영향을 최소화하기 위해 일정하게 시간이 소요될 수 있을 것이다. 폐기 이후 이뤄지는 환경 정화 조치 역시 마찬가지이다.

앞서 언급한 것처럼, 북한의 비핵화는 지금까지의 북한 핵문제 해결 과정에서 만들어진 일련의 프로세스에 따라 진행될 수도 있지만, 전격적인 핵실험장 폭파처럼 일련의 프로세스를 거치지 않고 곧장 폐기로 직행할 수도 있다. 분명한 것은 북한의 비핵화 프로세스 대부분이 북한 내에서 이뤄질 것이라는 사실이다. 일부에서 주장하는 것처럼, 북한이 몇 개의 핵탄두를 미국에 반출해 폐기하는 상황은 쉽게 상상하기 어렵다. 이는 북한의 주권에 해당하는 사항이기 때문에 북미관계가 개선되고 정상화되더라도 북한이 이러한 조치를 취할 가능성은 거의 없다고 보는 것이 합리적이다. 또한 북한의 비핵화 프로세스는 종국적으로 '완전한 비핵화'를 목표로 하고 있지만, 미국이 취하는 상응조치에 따라 단계적으로 진행될 것으로 예상된다. 북한은 현재 선제적인 핵실험장 폐기를 통해 비핵화에 대한 진정성을 과시했으며, 이에 상응하는 미국의 조치 이행을 기다리고 있다.

3. 미사일 관련 기술적 프로세스

핵문제와 연계된 미사일 문제 해결 역시 중요한 사안이다. '완전한 비핵화' 합의에는 미사일도 포함되는 것으로 간주되기 때문이다. 특히, 북한이 2017년 11월 29일 화성-15형 대륙간 탄도 미사일 시험 발사에 성공한 뒤 '국가 핵무력 완성'을 선언했다는 점에서 북한이 핵탄두를 탑재한 장거리 미사일 개발을 완성했을 가능성이 있다. 그렇지만 '완전한 비핵화'를 위한 본격적인 대화가 이제 막 시작됐으며, 미사일 문제 해결을 위해서는 추가적으로 복잡한 논의를 해야 하기 때문에 아직 이와 관련된 논의는 제대로 이뤄지지 않고 있다. 미사일 문제 해결 프로세스 역시 핵문제 해결 프로세스와 연계돼 진행될 것으로 예상되지만, 반드시 그렇게 될 것이라고 예단하기는 어렵다. 미국은 북한의 중·장거리 미사일 문제 해결에 큰 관심을 두고 있으며, 한국과 일본이 우려하는 북한의 단·중거리 미사일 문제 해결에는 거의 아무런 관심을 기울이지 않고 있기 때문이다. 북한 역시 한국 및 일본과 미사일 문제 해결을 위한 논의를 준비하고 있지는 않은 것 같다.

앞서 언급했던 비핵화 프로세스와 비슷하게 미사일 문제 역시 일련의 과정을 거치며 해결될 것으로 예상된다. 그러나 미사일 문제 해결 프로세스는 비핵화 프로세스보다 훨씬 복잡하게 전개될 가능성이 크다. 북한은 다양한 사거리의 미사일을 대량으로 보유하고 있으며, 미사일 개발 및 생산과 관련된 시설과 장비, 물질이 북한 전역에 퍼져 있다. 예를 들어, 북한의 미사일 기지만 해도 20여 곳에 달하는 것으로 알려졌다.[39] 특히, 북한이 미사일 엔진 기술을 장거리 로켓에도 활용해왔다는 점은 문제 해결을 더욱 어렵게 하는 요인이 될 수 있다. 인공위성과 정찰기 등 미국의 정보수집 수단이 탁월하다고 하더라도 미사일과 관련된 북한의 모든 시설, 장비, 물질을 파악하기는 불가능하다. 따라서 비핵화 프로세스와 마찬가지로 미사일 문제 해결 과정에서도 북한과 미국 사이의 정치적 타협이 가장 중요하고 결정적인 요인이 될 것이다.

---

39) 『문화일보』, 2016년 3월 7일; 『연합뉴스』, 1999년 3월 25일.

V. 나가며

북한은 김정일 시대 본격화 한 핵·미사일 개발을 김정은 시대 들어 고도화하며, 2017년 11월 29일에는 급기야 '국가 핵무력 완성'을 선언했다. 특히, 북한은 6차례의 핵실험을 전후해 중·장거리 미사일·로켓을 시험 발사하며 핵과 미사일의 연계를 강화시켜 나갔다(〈표 4〉 참고). 북한은 제6차 핵실험 이후에는 ICBM급으로 평가되는 화성-14형 및 화성-15형 장거리 미사일 시험 발사를 단행하며 미국 본토 타격 능력을 과시했다. 북한은 김정은 위원장의 2018년 신년사를 통해 '핵탄두와 장거리 미사일의 대량생산 및 실전배치' 의지를 밝히며 이른바 '핵·미사일 고도화 2단계'를 추진할 것으로 예상됐다. 핵·미사일 고도화 2단계에서는 북한이 핵무기와 관련해 생산 능력이 제한적인 플루토늄 방식보다는 고농축 우라늄 방식에 더욱 매진하고, 미사일과 관련해 군사용

〈표 4〉 북한의 핵실험 전후 장거리 미사일·로켓 발사 일지

일자	내 용
2006. 7. 5	대포동-2호(1기) 등 단·중거리 미사일 7기 발사
2006. 10. 9	제1차 핵실험
2009. 4. 5	은하-2호 장거리 로켓 발사
2009. 5. 25	제2차 핵실험
2012. 12. 12	은하-3호(2호기) 장거리 로켓 재발사
2013. 2. 12	제3차 핵실험
2016. 1. 6	제4차 핵실험
2016. 2. 7	광명성 로켓 발사
2016. 6. 22	무수단 시험 발사(6차, '핵탄두 운반수단 성공' 주장)
2016. 9. 9	제5차 핵실험
2017. 9. 3	제6차 핵실험
2017. 9. 15	화성-12형 발사(3차, 정상각 정상 사거리)

* 출처: 장철운, "북한의 핵·미사일 과학기술 발전과 비핵화 프로세스 전망,"『통일문제연구』, 30권 2호 (2018), 111쪽.

으로 적합한 고체 연료 엔진을 사용하는 중·장거리 미사일 개발 및 기존 미사일의 정밀 타격 능력 증진 등을 추진할 가능성이 컸다.

그렇지만 북한의 평창 동계 올림픽 참가를 계기로 한반도 정세는 급변하기 시작했다. 북한은 4.27 남북정상회담과 6.12 북미정상회담, 북·중정상회담 등을 통해 '완전한 비핵화'를 공약했다. 대내적으로도 2018년 4월 20일 당 중앙위 제7기 제3차 전원회의에서 기존에 '항구적 국가전략 노선'으로 추진했던 「경제건설 및 핵무력 건설 병진노선」의 사실상 종료를 선언했다. 이에 대한 진정성을 과시하기 위해 북한은 풍계리 핵실험장을 공개적으로 폐기했다. 즉, 북한이 2018년부터 추진할 것으로 예상됐던 '핵·미사일 고도화 2단계'는 더 이상 진전되지 않고 있으며, 핵·미사일 고도화가 멈춘 것에서 나아가 '완전한 비핵화'를 위한 일련의 프로세스가 진행되고 있는 것이다.

북한이 대내외에 공약한 '완전한 비핵화'를 달성하는 과정에서 핵과 관련해서는 기존의 6자회담에서 합의·이행됐던 내용이 일종의 기준이 될 것으로 보인다. 여기에 6자회담이 중단됐던 지난 10년간 이뤄진 북한의 핵무기 고도화가 추가로 고려돼야 할 것이다. 미사일과 관련해서도 유사한 프로세스가 추진될 것으로 보이지만, 실질적인 과정은 더욱 복잡할 것으로 예상된다. 북한은 단·중·장거리 미사일을 다양하고 보유하고 있지만, 미국은 중·장거리 미사일 문제에 우선적으로 관심을 두고 있으며, 한국과 일본을 타격할 수 있는 단·중거리 미사일 문제에는 별 관심을 두고 있지 않기 때문이다. 또한 북한의 미사일 관련 시설이 북한 전역에 산재해있으며, 북한이 군사적 목적의 미사일과 경제적 목적의 로켓을 연계해서 개발했다는 점도 미사일 문제 해결을 어렵게 하는 요인 중 하나로 작용할 수 있다.

참고문헌

1. 국내문헌

경남대 극동문제연구소. "북한의 우라늄 농축 시설." 『북핵 · 미사일 리포트』, 2016-22 (2016.11.25).

_____. "핵실험 시 위력 추정 방법." 『북핵 · 미사일 리포트』, 2017-12 (2017.3.30).

국방부. 『대량살상무기에 대한 이해』, 2007.

권용수. "북한 탄도미사일의 기술 분석 및 평가." 『국방연구』 제56권 제1호 (2013).

김창효 외. 『핵공학개론』. 서울: 한국원자력학회, 1990.

류광철 · 이상화 · 임갑수. 『외교현장에서 만나는 "군축과 비확산의 세계"』. 서울: 평민사, 2005.

안진수. "북한 비핵화 과정의 기술적 문제." 통일연구원. 『정책토론회 자료』. 2018.6.18.

이은철. 『북한 핵과 경수로 지원』. 서울: 서울대학교출판부, 1996.

이춘근. 『북한 핵문제의 과학기술적 이해』, 서울: 과학기술정책연구원, 2003.

장철운. "북한의 지대지 탄도 미사일 개발 착수에 관한 연구." 『현대북한연구』 제17권 제3호 (2014).

_____. "북한의 핵 · 미사일 능력 고도화." 경남대 극동문제연구소 편. 『북핵, 오늘과 내일』. 서울: 늘품플러스, 2016.

_____. 『북한의 핵전력 운용 전략에 관한 연구』. 서울: 통일부, 2016.

정규수. 『ICBM 그리고 한반도: 북한과 한반도 주변 열강의 탄도탄』. 서울: 지성사, 2012.

_____. 『로켓 과학 Ⅰ: 로켓 추진체와 관성 유도』. 서울: 지성사, 2015.

조성렬. "〈2.13 합의〉 이후 북핵문제의 로드맵과 향후 과제." 『군비통제자료집』, 제41호 (2007).

한국원자력통제기술원. 『북한 및 이란 핵문제 현안 분석 총서 Vol. 1: 북한 4차 핵실험 종합 분석』, 2016.

_____. 『북한 및 이란 핵문제 현안 분석 총서 Vol. 2: 북한의 원자로 현황 및 특성』, 2016.

_____.『북한 및 이란 핵문제 현안 분석 총서 Vol. 3: 북한의 재처리 / 농축 현황 특성』, 2016.

함형필. "3차 핵실험 이후 북한 핵능력 평가: 사실상의 핵보유국인가?." 한국국방연구원.『동북아안보정세분석』. 2013.3.10.

_____.『김정일체제의 핵전략 딜레마』. 서울: KIDA Press, 2009.

2. 국외문헌

Braun, Chaim, Siegfried Hecker, Chris Lawrence, and Panos Papadiamantis. *North Korean Nuclear Facilities After the Agreed Framework*. CISC, Stanford University, May 27, 2016.

Department of Defense. *Ballistic Missile Defense Review Report*. 2010.

IISS. *North Korean Security Challenges: A Net Assessment*. London: IISS, 2011.

3. 기타자료

『경향신문』, 2005년 5월 5일자.

『로동신문』, 2017년 2월 13일자.

『문화일보』, 2016년 3월 7일자.

『서울신문』, 2016년 9월 20일자.

『연합뉴스』, 1999년 3월 25일, 2007년 7월 2일, 2008년 2월 11일, 2016년 1월 14일, 2016년 2월 9일, 2017년 11월 30일, 2018년 8월 10일, 2019년 7월 16일자.

『조선일보』, 2012년 12월 22일자.

『조선중앙통신』, 2016년 4월 9일, 2016년 9월 20일, 2017년 3월 19일, 2018년 1월 1일, 2018년 4월 21일자.

『SBS』, 2013년 1월 21일자.

38north 웹사이트(www.38north.org/).

한국원자력연구원 웹사이트(www.kaeri.re.kr)

Schiller, Markus, and Robert H. Schumucker, "The Unha-3: Assessing the Successful North Korean Satellite Launch," FAS(Federation of American Scientists) Blog

(http://blogs.fas.org/pir/2013/02/the-unha-3-assessing-the-successful-north-kore
an-satellite-launch/).

제 6 장

김정은 시대의 선군정치와 당·군 관계*

이상숙

Ⅰ. 서론

김정일 시대에 중심 사상이 되었던 선군정치는 군대를 우선시하고 군대가 모든 영역에서 선도적 역할을 하는 것이었다. 이 때문에 김정일 시대의 권력구조에서 '국방위원회'의 위상 강화에 주목하고 군의 위상에 대한 논쟁이 있었다. 김정일 시대의 선군정치로 인해 북한은 '군사국가화'되었고 이로 인해 당의 권력이 약화되고 군이 당과 함께, 혹은 단독으로 통치하는 '군-당 체제', 또는 '당-군 체제'로 변화했다는 주장이 있었다. 반면 당-국가체제 지속을 주장하면서 선군정치에서도 당 우위 체제는 변함이 없으며 다만 군의 역할이 증대한 것으로 '군 중시'정책이라는 반론이 있었다.[1]

그러나 양측의 논리는 공존 가능하다. 전자의 경우 군이 단독으로 통치하는 '군-당 체제'가 아니라 군이 당과 함께 통치하는 '당-군 체제'는 한국전쟁 시기 북한 체제에서도 존재하였고, 다른 사회주의 체제에서도 발견할 수 있다. 후자의 경우 당-국가체제가 북한 체제의 핵심이

---

* 이 글은 "김정일 시대와 김정은 시대의 당·군 관계 특성 비교,"『북한학연구』 제14권 2호 (2018)을 수정·보완한 것임.

1) 안경모, "김정은 시대 북한 정치체제 변화에 대한 분석,"『아세아연구』제59권 2호 (2016), pp. 83~85.

기 때문에 군에 대한 당적 통제가 유지된다는 본질적 특성은 변함이 없으나 시기에 따른 '당·군 관계'의 내적 변화가 있다는 점을 인정할 필요성이 있다. 중국 공산당의 경우 군이 당의 군대인 것은 변화가 없으나 시기에 따라 당·군 관계의 내용이 변화되었음을 확인할 수 있다.[2]

김정은 시대에 들어서서 당·군 관계에 대한 분석은 당의 정상화와 당의 위상 강화가 핵심이 되었다. 이러한 주장의 근거는 선군정치에 대한 언급이 줄어들면서 군이 약화되고 당의 역할과 기능이 강화되었다는 것과,[3] 당규약의 변화로 수령과 당의 영도가 강화되었고 당조직의 인원이 충원되면서 당기능이 강화되었다는 것이다.[4]

이러한 김정은 시대의 당의 정상화 또는 당의 위상 강화 논리는 결국 앞선 김정일 시대 당·군 관계 변화가 가능했다는 것을 반증하는 것이며 당·군 관계 논쟁이 서로 다른 수준에서 논의되었다는 것을 의미한다. 즉 당·군 관계에서 당의 우위라는 본질은 변함이 없으나 당·군 관계의 특성에 따른 유의미한 변화가 있으며, 이것은 당·군 관계 자체의 변화가 아니라 그 특성이 변화 가능하다는 점을 의미한다.

이에 따라 이 글의 목적은 김정일 시대와 김정은 시대의 당·군 관계의 특성을 비교하고 선군정치의 변화를 확인하는 것이다. 당·군 관계의 특성은 시기에 따라 변화 가능하다는 것을 확인하고 김정일 시대의 국방위원회와 김정은 시대의 국무위원회를 비교분석할 것이다. 이를 위해 이 글은 구소련의 당·군 관계 이론을 검토하고 중국의 당·군 관계를 설명한 엘리스 요페(Ellis Joffe)의 당·군 관계 관련 이론을 활용할 것

---

2) 김태호, "후진타오 시대 중국의 당-군관계 전망," 『중소연구』 통권 100호(2003/2004), p. 54.
3) 대표적 연구는 고유환, "김정은 후계구축과 북한 리더십 변화," 『한국정치학회보』 제45집 5호 (2011)임.
4) 대표적 연구는 정성장, "장성택 숙청 이후 김정은 체제의 안정성 평가," 『국방연구』 제57집 제1호 (2014)임.

이다. 이를 통해 당·군 관계의 특성 변화가 김정은 시대의 선군정치에 미친 영향을 분석할 것이다.

II. 사회주의 당 · 군 관계론

1. 구소련의 당 · 군 관계론

당·군 관계 연구를 체계화한 것은 헌팅턴(Samuel Huntington)의 민−군 관계(civil-military relations) 연구에서 시작되었다. 헌팅턴에 따르면 민간의 군 통제방법으로 군의 힘을 제도적으로 제한하는 주관적 통제(subjective control)와, 군을 전문화하는 객관적 통제(objective control)로 구분하였다. 주관적 통제 모델은 군을 정치화함으로써 군이 국가의 목표를 실현하는 모범적 조직이 되도록 하는 것이라면, 객관적 통제모델은 군을 직업주의화(professionalism)하여 국가의 도구로 남아 있도록 하는 것이다.[5]

이를 바탕으로 사회주의 체제의 당·군 관계에 대한 연구를 발전시킨 대표적 연구로는 구소련의 당·군 관계 특성에 대한 다음과 같은 세 가지 입장이 있다. 우선 로만 콜코비츠(Roman Kolkowicz)의 갈등모델이다. 이 모델은 군이 군대라는 조직적 이익과 특성이 따로 존재하기 때문에 당의 통제를 약화시키려는 경향을 나타내므로 당이 군을 철저히 통제하려는 경향이 있다는 것이다.[6]

---

5) Samuel P. Huntington, *The Soldier and the State* (Cambridge: Harvard University Press, 1981), pp. 83~84.

6) Roman Kolkowicz, *The Soviet Military and the Communist Party* (Princeton: Princeton University Press, 1967); "Interest Groups in Soviet Politics: the Case of the Military," Dale R. Herspring & Ivan Volgyes(eds.), *Civil-Military Relations in*

두 번째 접근방법은 오돔(William Odom)의 제도조화모델(institution congruence model)이다. 제도조화모델은 양자를 공생적인 관계(symbiotic relationship)로 파악하여 군은 당과 경쟁하는 위치에 있지 않으며, 당과 분리되어 있는 조직도 아니고 당의 행정적 기관이라고 본다.[7]

세 번째 접근방법인 콜톤(Timothy Colton)의 참여모델(participatory model)은 당이 최고 권력을 장악하고는 있지만 당이나 군 어느 한쪽이 절대적 지배력을 행사하지 않는다고 주장한다. 그는 군인이 직업적 전문성을 바탕으로 주로 군대와 관련한 정책결정과정에 참여하거나 당과 협상을 하는 과정에서 당과 군은 상호 지지와 동맹의 망을 형성한다고 설명한다.[8]

위의 세 모델과 달리, 헐스프링(Dale Herspring)은 당·군 관계의 변화를 포함하는 발전모델을 제시하여 군이 당의 가치를 수용하는 정도를 통해 당과 군의 갈등을 설명한다. 즉 군이 수용의 폭을 확대할수록, 당의 군부통제에 대한 필요성은 축소된다. 이에 따라 당·군 관계는 고정된 것이 아니며 시간과 상황에 따라 변화하고, 이를 이해하기 위해서는 전체 시스템과의 관련 속에서 파악해야 한다.[9] 따라서 국가기구 간의 관계 속에서 당·군 관계를 파악해야 한다는 점을 강조한다. 또한 최고지도자의 변화는 최고지도자와 엘리트의 관계를 변화시킬 수 있고 군부가 당의 가치를 수용하는 정도는 변화할 수 있기 때문에 최고지도자와 국가기구의 변화는 당·군 관계 변화에 큰 영향을 주는 요소라고 설명된다.

Communist Systems (Boulder Westview Press, 1978), pp. 9~16.

7) William Odom, "The Party-Military Connection: A Critique," Dale R. Herspring & Ivan Volgyes(eds.), *Civil-Military Relations in Communist Systems*, pp. 35~41.

8) Thimothy Colton, Commissars, Commanders and Civilian Authority (Cambridge: Harvard University Press, 1979), p. 14.

9) 하용출, "중국, 북한, 베트남의 당·군 관계," 김달중·스칼라피노 공편, 『아시아공산주의의 지속과 변화』 (서울: 법문사, 1989), pp. 256~257.

2. 중국의 당·군 관계론

중국의 당·군 관계에 대한 이론을 체계적으로 정리한 엘리스 요페 (Ellis Joffe)는 중국의 당·군 관계를 당의 통제(party control), 공생(symbiosis), 직업주의(professionalism)로 구분하여 세 가지 접근법을 종합적으로 고려할 것을 주장하였다.[10] 한편 데이비드 샘보(David Shambaugh)는 중국의 당·군 관계에 대한 공생이론도 지지하나 근본적으로 중국 공산당의 통제가 군을 지배하는 것으로 보는 당의 통제론을 주장하였다.[11]

이에 대해 김태호는 요페의 세 가지 접근법에 대하여 다음의 세 가지로 설명하였다.[12] 첫째, 당의 통제 모델은 군의 정치교육을 통한 정치화 및 군조직 내 당위원회를 포함한 다양한 통제장치를 강조하며, 이와 같은 구조적 제약으로 인해 중국군은 내부적 단결이 어렵고 이익집단의 가능성이 없는 것으로 판단한다.

둘째, 공생모델은 당의 통제이론에 비해 보다 다양한 시각을 포함하는데 당지도부는 중국의 정치과정에 군을 끌어들여 일당독재를 유지한다는 것이다. 고위직 군인사에 대한 당의 주요 요직 안배, 당의 군·정 고위직 겸임제 및 과거 '군-정치지도자', '정치-군지도자'와 같은 개념은 모두 중국의 당·군 관계가 별개 조직 간의 관계가 아닌 동일 조직 내 관계임을 보여주는 사례라고 주장한다.

셋째, 직업주의 모델은 헌팅턴의 민군관계 이론을 바탕으로 중국 당·군 관계의 최고 쟁점은 '홍(紅)·전(專)'의 문제인 '군의 정치화(紅)

---

10) Ellis Joffe, "Party-military Relations in China: Retrospect and Prospect," *The China Quarterly* (1996), pp. 299~314.

11) David Shambaugh, "The Soldier and the State in China: The Political Work System in the PLA," *China Quarterly*, No. 127 (September 1991), pp. 527~568.

12) 김태호, "중국의 당·군 관계와 군의 역할 변화,"『현대중국정치론』(서울: 박영사, 2005), pp. 212~214.

대 군의 전문화(專)'로 규정한다. 또한 중국군은 전문화가 지속되더라도 군의 형성과정 및 경험 그리고 당·국가인 중국의 성격으로 인해 헌팅 턴이 정의한 서방국가 군의 전문성과 조합주의와는 다른 성격과 양상 을 지니게 될 것이라고 전망한다.

이와 같이 중국의 당·군 관계 연구에 대한 다양한 시각이 존재하나 중국의 당·군 관계는 동일한 특성을 지속하기보다는 지도자의 변화에 따라 당·군 관계 역시 변화되어왔다고 보는 것이 바람직하다. 예컨대 장쩌민 주석 시기인 1990년대 중국의 당·군 관계는 이전 덩샤오핑 시 대보다 군의 직업주의 성향이 크게 제고되어 군조직 하부의 당조직 하 부와의 분리가 점차 심화되는 추세를 보였다.[13] 혁명 세대인 마오쩌둥 과 덩샤오핑 시기의 당·군 관계와 후혁명 세대의 지도자 시기의 당· 군 관계가 동일할 수 없다.

이러한 논의는 앞서 헐스프링의 발전 모델과 맥락을 같이 하는 것으 로 군이 당의 가치를 수용하는 정도에 따라 당·군 관계가 변화된다는 것을 알 수 있다. 물론 위의 세 가지 특성이 시기에 따라 한 가지 특성 만 나타나는 것은 아니며 동시에 여러 특성이 드러날 수 있으나, 시기 에 따라 한 특성이 강화되거나 약화되는 양상을 보이게 된다.

III. 김정일 시대의 선군정치와 당·군 관계

1. 김정일 후계체제와 선군정치의 등장

북한의 권력체계는 당이 국가기관을 지도하는 체제로 일반적인 사회

---

13) 위의 글, pp. 54~55.

주의 체제인 '당-국가체제'를 기반으로 하고 있다. 1970년대 김정일은 당내 후계자로 공식 확정된 후 당내 기반을 강화하였고 1980년 10월 개최된 제6차 당대회에서 김정일은 대외적으로 후계자 지위를 공식화하였다.

1990년대부터 김정일은 군에서 권력을 신속하게 이양하였고 1991년 12월 당중앙위원회 제6기 제18차 전원회의에서 조선인민군 최고사령관으로 추대되었다. 이어 그는 1992년 4월 인민군 창군 60주년을 맞아 '조선민주주의인민공화국 원수' 칭호를 받았다. 이후 1997년 10월 당중앙위원회와 당중앙군사위원회의 공동결정으로 김정일에 대한 당 총비서 추대가 선언되었다.[14] 김정일은 먼저 당내 위상을 강화하고 이후 군 내에서 권력을 강화하였고, 결국 당의 총비서 자격으로 최고지도자에 올랐다고 평가된다.

최고지도자의 위상을 확립한 김정일은 자신의 시대를 '선군정치'로 내세우면서 사회주의 체제 수호에 나섰다. 이러한 선군정치는 '선군사상'이라는 사상체계로까지 발전하였는데, 선군정치는 김정일 시대를 이끌어가는 이념적 토대였다. 북한 공식 주장에 따르면 선군정치는 1995년 1월 1일에 김정일에 의해 시작되었다. 김정일이 '다박솔 초소'를 찾아 인민군대를 혁명의 기둥, 주력군으로 삼고 주체혁명위업을 완성해 나가려는 '선군정치의 의지'를 피력하면서 시작되었다고 설명하였다.[15]

북한의 문헌에 따르면 선군정치란 "군사선행의 원칙에서 혁명과 건설에서 나서는 모든 문제를 풀어나가며 군대를 혁명의 기둥(주력군)으로 내세워 사회주의 전반을 밀고 나가는 정치"라고 정의하면서 "그 기초는

---

14) 김용현, "선군정치와 김정일 국방위원장 체제의 정치변화," 『현대북한연구』 8권 3호 (2005), pp. 126~128.
15) 전미영, "선군담론의 기능과 특징," 강성윤 편, 『김정일과 북한의 정치』 (서울: 선인, 2010), p. 230.

군대가 곧 당이라는 군과 당이 운명공동체라는 인식에서 출발하여 당과 군대의 모든 것이 하나로 일치한다는 것을 의미한다"고 주장하였다. 그러나 당과 군대가 서열상 누가 앞서냐 할 때는 당이 앞자리에 놓이고, 군은 당의 군이라고 설명하였다.16) 다시 말하면 선군정치의 핵심은 군사를 선행하는 정치이고 군에 의해 혁명을 이끌어가는 정치를 말한다.

이러한 선군정치는 군이 단순히 전쟁과 조국방위를 위한 수단으로서만이 아니라 혁명과 건설을 함께 수행해나가는 역할을 담당한다고 볼 수 있다.17) 또한 선군정치는 위기를 돌파하기 위한 효율적 수단인 군의 정치적 역할을 강조하고 경제발전을 위한 가용자원으로서 군의 경제적 역할을 중시한 이중적 전략을 내포하였다.18) 따라서 김정일은 선군정치를 통해 정치·경제·사회적으로 체제 생존의 위기에서 이를 돌파하기 위하여 당과 군을 공동운명체로 간주하고 당과 군의 일체성을 강조한 것이다.

2. 선군정치의 실현과 국방위원회의 강화

김정일의 선군정치를 설명한 북한의 문헌에 따르면, 선군정치는 "국가기구 자체를 군사체제화"한 것이 아니라, "국가기구체제에서 군사를 우선시하고 군사 분야의 지위와 역할을 최대한 높이도록 한 정치체제"라고 설명하였다. 선군정치가 국가기구 시스템을 변화를 통해 이뤄진다는 점을 명확히 하면서 김정일의 선군정치가 국방위원회를 통해 이뤄

---

16) 김철우, 『김정일장군의 선군정치』(평양: 평양출판사, 2000), p. 27; 김현환, 『김정일장군 정치방식연구』(평양: 평양출판사, 2002), p. 193.
17) 김갑식, "1990년대 '고난의 행군'과 선군정치: 북한의 인식과 대응," 『현대북한연구』 8권 1호 (2005), p. 23.
18) 조영국, "'강성대국론'과 '선군정치'에 대한 정치 경제적 접근," 『현대북한연구』 9권 1호 (2006), p. 71.

졌음을 설명하였다. 동 문헌에서 이전에는 "국방위원회가 최고인민회의와 그 휴회중의 최고인민회의 상설회의 중앙인민위원회 다음 순위"에 있었으나, "1998년 개정된 헌법에서는 국방위원회가 최고인민회의 다음 순위에 놓임으로써 국방위원회가 법적지위와 구성, 임무와 권한에 있어서 최고인민회의 상임위원회, 내각, 지방주권기관들, 사법검찰기관보다 우위에 놓인다"라고 하여[19] 국방위원회의 지위와 구성, 임무와 권한을 통해 선군정치가 실현되었음을 보여주었다.

이와 같이 김정일 시대의 선군정치는 국방위원회의 위상 강화와 연계되었다. 국방위원회는 1990년 5월 최고인민회의 제9기 제1차 회의에서 중앙인민위원회[20] 산하 국방위원회가 격상된 것으로 당시 김일성 주석과 김정일 비서가 각각 위원장과 제1부위원장에 임명되었다. 1992년 4월 9일 헌법 개정으로 국방위원회는 '국가주권의 최고군사지도기관'으로 규정되었고, 군사 문제는 주석의 권한에서 제외되었다. 국방위원장이 사실상 군 지휘와 통솔권을 가지게 되었다.[21]

이후 1998년 9월 최고인민회의 제10기 제1차 회의에서 이뤄진 헌법 개정을 통해 김정일은 국방위원장으로 재추대되었다. 이 헌법을 통해 국가기구상 주석직과 '중앙인민위원회'가 폐지되고 국방위원회가 이를 실질적으로 대체하였다. 또한 동 헌법은 국방위원회를 "국가주권의 최고 군사지도기관이며 전반적 국방관리기관"으로 규정하였다.[22]

이러한 국방위원회는 구소련에서 출발한 기구이다. 소련의 경우 1937년 소련 국방위원회(Committee of Defence)를 만들었으며 1941년 6월 독일

---

19) 김철우, 『김정일 장군의 선군정치』, p. 24.
20) 중앙인민위원회는 국가주권의 최고지도기관으로 최고인민회의 휴회 기간에는 최고주권기관이다. 모든 국가기관과 국가사업들에 대한 주권행사 및 주권적지도와 감독을 한다. 『조선말대사전(1)』 (평양: 사회과학출판사, 1992), p. 334.
21) 김용현, "선군정치와 김정일 국방위원장 체제의 정치변화," p. 128.
22) 위의 글, p. 129.

의 소련 침공으로 내전기 전시동원, 군수지원 기능을 강화하기 위하여 국가방위위원회(State Committee of Defence)를 도입하였다. 국방위원회 는 정치 및 외교문제뿐 아니라 전시경제 등의 전시 국가최고 정책결정 기관이었다.[23] 종전 후인 1945년 9월 소련최고회의 간부회의 지시에 따라 해체되었다가, 1977년 헌법 개정 때 '소련 국방위원회(Presidium of the Supreme of the USSR)'로 헌법에 명문화되었다.[24]

이러한 구소련의 국방위원회는 평시가 아닌, 전시라는 위기 상황을 대처하기 위하여 탄생한 것이다. 국방위원회의 수장인 국방위원장은 전시기관 국가 최고지도자로서 간주되며 당·군·정을 모두 포괄하는 지도자인 셈이다. 김정일 시대의 국방위원회가 국가 최고기관으로 격상된 것은 김정일이 지도자로 등장한 시기가 북한의 체제 위기 상황이라는 점을 드러내는 것이다. 구소련의 국방위원회가 전시라는 위기 상황 대처 기구인 것처럼, 북한의 체제위기에 대한 대처를 위하여 군을 중심으로 하는 국방위원회에 국가 권력을 집중시킨 것이다.

또한 김정일 시대 국방위원장은 국가의 최고령도자로서 국방위원회 사업은 물론 국가의 전반 사업을 지도할 뿐 아니라 국방위원들을 비롯한 중요 군사간부들을 임면할 권한을 보유하며, 전시상태와 동원령 선포는 물론 비상사태 선포 권한까지 장악하는 위상으로 격상되었다. 특히 김정일 체제 출범 이후 국방위원장이 사실상 북한 최고통치자 역할을 하고 선군정치를 강조함에 따라 상대적으로 군의 위상이 강화되었다.

---

23) 이대근, "북한 국방위원회의 기능: 소련, 중국과의 비교를 통한 시사,"『국방연구』제47권 제2호 (서울: 국방대학교 안보문제연구소, 2004), pp. 151~152.
24) 정성장,『현대 북한의 정치』(서울: 한울, 2011), p. 365.

3. 김정일 시대 당·군 관계의 특성

1990년대 중반 대부분의 북한 지역에서 식량배급이 장기간 중단되고 아사자가 발생하게 되자 당의 권위가 약화되고 지방 당조직이 주민들을 통제하는 데 많은 어려움을 겪었다. 이러한 상황에서 김정일이 선군정치를 앞세운 배경은 사회주의권 붕괴 이후 체제위기의 심화에 따라 군 중심의 위기관리체제를 운영하면서 체제결속을 도모하고, 군을 조직적으로 동원해서 경제난을 해결하기 위해서였다.[25] 김정일이 선군정치를 주창하면서 경제건설에서도 군을 앞세우는 정책을 취하였기 때문에 군에 대한 자원배분이 확대될 수밖에 없었다. 1990년대 경제난 상황에서 군에 대한 지원은 최우선이 되었으며, 2000년대 들어서서 경제상황이 점차 개선되는 상황에서는 이익이 발생하는 기업소나 무역 이권을 군에 우선적으로 배분하였다.

반면 김정일 시대의 조선노동당은 1980년 10월 6차 당대회 이후 당대회를 개최하지 않았고 엘리트 충원이 제대로 이뤄지지 않아 당이 제역할을 다하지 못하였다. 김정일 시대 정치의 중심은 당 중앙위원회에서 국가기관인 국방위원회로 옮겨졌다. 특히 당중앙위원회 회의도 개최되지 않아 당을 통한 정치과정이 생략되고 군사우선의 위기관리체제를 제도화하였다.[26]

선군정치는 당이 혁명과 건설의 영토에서 노동계급보다 군대를 앞세우려는 것이므로 당연히 군은 과거보다 향상된 지위와 역할을 부여받게 된 것이다.[27] 이로 인해 김정일 시대의 군은 요페의 세 가지 접근법

---

25) 고유환, "김정은 후계구축과 북한 리더십 변화," p. 184.

26) 위의 글, p. 185.

27) 김근식, "김정일 시대 북한의 당·정·군 관계 변화,"『한국정치학회보』36권 2호 (2002), p. 359.

중에서 직업적(professional) 군보다는 혁명적 군의 성격을 더욱 명확히 하였다고 볼 수 있다.[28]

이러한 상황을 종합적으로 고려해보면, 김정일 시대 북한의 당·군 관계는 요페의 당·군 관계 중에서 '공생' 관계의 특성이 강화되었다고 분석된다. 김정일은 사회주의권의 붕괴와 극심한 경제난으로 체제 생존이 위협받는 상황을 비상시기로 인식하고 군을 중심으로 하는 국방위원회라는 국가 기구를 만들어 북한을 통치하였다. 비상 시기에 당과 군은 위기를 돌파하는 공동 운명체로서 공생관계를 형성하면서 수령 시스템을 유지하였다. 이러한 공생관계를 형성하게 하는 사상이 바로 선군정치였으며 선군정치의 강조는 공생관계를 더욱 공고히 하는 역할을 하였다.

IV. 김정은 시대 당·군 관계의 변화와 선군정치의 후퇴

1. 당 기능 정상화와 당중앙군사위원회의 부상

후계자 김정은의 권력 구축은 군에서부터 시작되었고 김정일이 만들어놓은 '국방위원회' 시스템이 기반이 되었다. 2010년 9월 44년 만에 개최된 제3차 당대표자회는 2009년 1월 후계자로 지명된 김정은을 당중앙위원회 위원과 당 중앙군사위원회 부위원장으로 선출하였다.[29] 이후 북한 조선노동당은 2012년 4월 11일 제4차 당대표자회를 개최하여 김정

---

28) 장달중, "김정일체제의 주체비전: 이데올로기, 당 그리고 군중을 중심으로," 장달중 외, 『김정일체제의 북한: 정치, 외교, 경제, 사상』 (서울: 아연출판부, 2004), p. 53.
29) 고유환, "김정은 후계구축과 북한 리더십 변화," p. 181.

일 위원장을 '영원한 총비서'로 추대하고, 후계자 김정은을 당 제1비서로 추대하여 김정은은 조선노동당의 최고 지위에 올랐다.[30]

이후 김정은 제1비서는 당조직이 비정상적으로 운영되던 김정일 시대와는 달리, 당조직의 기능을 정상화하였다. 앞서 언급한 두 번의 당대표자회 개최를 통해 주요 인사와 기구 개편을 결정하였다. 당중앙군사위원회 구성원은 1980년 제6차 당대회 개최 이후 19명으로 출발했으나, 1994년 7월 김일성의 사망 이후 당중앙군사 위원들의 병사, 퇴임 등으로 그 인원이 계속 줄어들고 이에 대한 충원이 이루어지지 않았다. 2010년 8월 당중앙군사위원회 구성원이 6명으로까지 줄어들었으나 이후 같은 해 9월 개최된 제3차 당대표자회에서 19명으로 회복되었다.[31] 당시 정치국 상무위원회 위원으로 최룡해를 임명하고, 김경희, 김정각, 장성택, 박도춘, 현철해, 김원홍, 리명수를 당정치국 위원으로, 곽범기, 오극렬, 로두철, 리병삼, 조연준을 당정치국 후보위원으로 각각 새로 임명하였다. 이후 김정일 시대와는 달리, 김정은 시대에는 당중앙위원회 정치국 회의를 소집하고 이를 통해 중요 정책결정을 하여, 사실상 정치국의 정책결정 기능을 정상화하였다.[32]

당의 정상화와 함께 당·군 관계의 변화를 보여준 것은 당중앙군사위원회의 부상이었다. 원래 당중앙군사위원회는 1962년 12월 당중앙위원회 제4기 제5차 전원회의에서 당 중앙위원회에 '군사위원회'에서 출발하였다.[33] 이후 2010년 개정된 당규약에는 "조선로동당 총비서는 당중

30) 『노동신문』, 2012년 4월 12일.
31) 정성장, 『중국과 북한의 당중앙군사위원회 비교 연구』 (성남: 세종연구소, 2011), p. 39.
32) 이상숙, "북한 김정은 체제의 구축과 당·군 관계 변화," 『2012년 정책연구과제 Ⅰ』 (서울: 국립외교원, 2013), p. 268.
33) 당시 당 규약 제3장 27조는 "당중앙위원회 군사위원회는 당 군사정책 수행방법을 토의·결정하며, 인민군을 포함한 전무장력강화와 군수산업 발전에 관한 사업을 조직·지도하며 우리나라의 군대를 지휘한다"라고 그 기능을 설명하였

앙군사위원회 위원장으로 된다"는 조항을 추가하였다. 그리고 당중앙군사위원회는 "당대회와 당대회 사이에 군사 분야에서 나서는 모든 사업을 당적으로 조직지도"한다는 조항을 추가하였고, 그 역할은 "당의 군사노선과 정책을 관철하기 위한 대책을 토의결정하며 혁명무력을 강화하고 군수공업을 발전시키기 위한 사업을 비롯하여 국방사업 전반을 당적으로 지도한다'고 하여 당중앙군사위원회의 높아진 위상을 확인하였다.[34]

이전 1998년 국방위원회의 기능이 강화되자 당중앙군사위원회의 대부분 업무가 국방위원회로 이관되어 실질적 지위와 권한이 축소되었다. 그러나 2010년 9월 제3차 당대표자회를 통해 당중앙군사위원회의 위상이 높아지고 인력이 충원되자 실질적으로 그 기능이 활성화되었다.

이와 같이 당 기능 정상화와 군에 대한 당의 통제가 강화되는 상황에서 김정은 위원장은 1980년 제6차 당대회 이후 36년 만에 2016년 5월 제7차 당대회를 개최하면서 명실상부한 당의 정상화를 선포하였다. 특히 제7차 당대회 이후 군의 당내 위상 하락은 구체화되었다. 이전 정치국 상무위원이었던 총정치국장이 정치국 위원에만 선출되었고, 당중앙군사위원회 부위원장이었던 총정치국장과 총참모장도 위원으로 하락하였다.[35] 이것은 당내 군의 위상 약화를 단적으로 보여주는 것이며, 군의 정치력 약화를 의미하는 조치였다.

다. 이후 1982년 11월부터 '당중앙군사위원회'로 개칭되었다. 권오윤, "조선로동당의 조직과 역할," 강성윤 외, 『김정일과 북한의 정치』(서울: 선인, 2010), pp. 420~421.

34) 이대근, "조선로동당의 조직체계," 세종연구소 편, 『북한의 당·국가기구·군대』(파주: 한울, 2007), p. 41.

35) 『노동신문』, 2016년 5월 10일.

2. 국무위원회 시스템의 등장

당의 정상화는 국방위원회 중심의 국정 운영 시스템과는 조화되지 않았으며, 김정은 위원장은 새로운 시스템을 만들어냈다. 2016년 5월 제7차 당대회 이후 6월 29일 사회주의 헌법에 의해 국무위원회가 설립되었다. 이로써 김정일 시대의 국방위원회 시대를 마감하고 김정은 시대의 국무위원회 시대를 열었다.

개정된 사회주의 헌법에 따르면, 국무위원회는 국가 주권의 행정적 집행기관이며, 국무위원회의 역할은 국정 계획과 정부의 일반정책, 대내외정책을 심의하고 이러한 정책들이 사회주의 헌법에 명시된 조항을 심의하는 헌법상의 심의기관이다. 당시 김영남 최고인민회의 상임위원장은 김정은 위원장을 추대할 것을 선포하면서, 양형섭 최고인민회의 상임위원회 부위원장이 "국방위원회 제1위원장을 조선민주주의인민공화국 국무위원회 위원장으로, 국방위원회를 국무위원회로 고친 것"이라고 설명하였다.[36]

또한 부위원장의 구성을 살펴보면 국무위원회 부위원장에 황병서[37], 최룡해, 박봉주를 선출하여 당군정 엘리트의 균형을 이루었다. 기존 국방위원회 부위원장과 비교하면, 국방위원회 부위원장이었던 리용무, 오극렬이 빠지고 최룡해와 박봉주가 새롭게 포함된 것이다. 또한 국무위원회 위원은 김기남, 리만건, 김영철, 리수용(이상 조선노동당 중앙정무국 부위원장 겸 당 중앙위원회 정치국 위원), 리용호, 박영식, 김원홍, 최부일(이상 당 중앙위원회 정치국 후보위원)이 포함되었고, 내각 각 부의 상과 부상은 당연직 국무위원에 포함되었다.

특히 과거 국방위원회에 포함되지 않았던 박봉주 내각 총리, 최룡해

---

36) 『노동신문』, 2016년 6월 29일.
37) 이후 김정각, 김수길로 교체되었음.

근로단체 담당 당중앙위원회 부위원장, 김기남 선전선동 담당 당중앙위원회 부위원장, 김영철 대남 담당 당중앙위원회 부위원장, 리수용 국제 담당 당중앙위원회 부위원장, 리영호 외무상이 포함되어 당과 내각의 엘리트들이 높은 비중을 차지하게 되었다.

〈표 1〉과 같이 국방위원회와 국무위원회를 비교해보면 다음과 같다. 국방위원회는 국가 주권의 최고 국방기관으로 정의되는 반면, 국무위원회는 국가주권의 최고 정책적 기관으로 정의된다. 국방위원회의 임무 및 권한이 '선군혁명노선'을 관철하기 위한 국가 주요정책을 세우는 데에 비해, 국무위원회의 임무 및 권한은 국방건설사업을 비롯한 국가 중요정책을 토의하고 결정한다고 명시하였다. 특히 국무위원회에 '선군혁명노선'을 삭제하여 선군정치를 강조하지 않은 것은 국무위원회가 선군정치를 구현한 국방위원회와는 차별성을 가진다는 점을 의미한다.

〈표 1〉 국방위원회와 국무위원회의 비교[38]

구 분	국방위원회	국무위원회
정의	국가 주권의 최고 국방기관	국가주권의 최고 정책적 기관
임무 및 권한	선군혁명로선을 관철하기 이한 국가의 주요정책을 세움	국방건설사업을 비롯한 국가의 중요정책 토의·결정함
임면권	국방 부문의 중요 간부의 임명 또는 해임	국가의 중요 간부의 임명 또는 해임
전시	전시와 평시 동일	국가방위위원회 조직 권한

또한 국방위원회가 전시와 평시에 동일한 임무 및 권한을 가지는 반면, 국무위원회는 전시에 '국가방위위원회'를 조직할 수 있게 하였다. 이것은 국방위원회가 비상 시기의 국가관리 기구 특성을 지녔다는 점

---

38) 1998년 개정된 사회주의 헌법과 2016년 개정된 사회주의 헌법을 비교하여 작성함.

을 고려하면, 국무위원회는 북한 체제가 비상 시기를 벗어난 국가 기구의 정상화를 상징하고 있다고 분석된다. 특히 국방위원회의 전시 또는 위기시의 기능을 '국가방위위원회'에 부여한 점에서 국무위원회는 평시의 국정 운영 기구임을 확인할 수 있다.

또한 국무위원장을 신설하였는데 개정된 헌법에 따라 국무위원장의 지위는 '조선민주주의인민공화국의 최고 영도자'이다. 이것은 국방위원장의 지위가 '조선민주주의인민공화국의 최고 영도자와 조선인민군의 최고 사령관'인 것과 비교해보면, 국가 권력에 더 초점을 두고 있다. 국무위원장의 권한과 임무는 "국가의 중요 간부를 임명 또는 해임"으로 규정되었고, 국방위원장의 모든 권한을 동일하게 승계하였다.

이러한 국무위원회의 특징을 국방위원회와 비교해보면 다음과 같다. 첫째, 국방위원회가 비상 시기를 상정한 최고권력기관이었으나, 국무위원회는 북한의 위기를 벗어난 평시를 상정한 최고권력기관이다. 둘째, 국방위원회의 선군정치 구현 목표가 국무위원회에서는 약화되었다. 셋째, 인민무력부를 비롯한 보위기관이 모두 포함되어 이 기관들에 대한 국무위원회의 제도적 통제가 가능해졌다. 이러한 국무위원회 조직의 출범은 이전 국방위원회의 군 중심에서 벗어나 당군정의 조화로운 국정 운영이라는 특징을 보여주었다.

3. 당 · 군 관계의 특성 변화와 '새로운 전략적 노선'

김정일 시대에 당은 여전히 북한 권력의 핵심이었지만 국방위원회의 부상으로 인하여 상대적으로 당이 군에 대한 통제 필요성이 크지 않았다. 국방위원회가 군내부의 사안을 넘어서서 국정의 중요 사안까지 담당하고 당과 군이 공생 관계였기 때문에 당은 군에 대한 통제 필요성이 상대적으로 적었다.

이러한 당군 간의 공생 관계를 지탱시키는 것은 선군정치였고 그 중심에는 국방위원회가 있었다. 김정일이 최고지도자가 된 이후 국방위원회의 위상이 높아졌고 기능과 역할이 확대되어 사실상 국가최고지도기관으로 자리매김하였다. 선군정치의 실현에 따라 국방위원회는 군사 분야뿐만 아니라 정치·경제·사회 등 각 분야의 정책 수립과 결정에 중요한 역할을 하였다.

그러나 김정은 시대에는 당의 군부에 대한 통제 필요성이 높아졌다. 김정은은 김정일과 달리 개인적 리더십이 부족하기 때문에 그가 각 기관을 직할통치하는 것이 용이하지 않은 상황이었다. 이에 최고지도자의 직할통치를 보완해줄 장치가 필요했고 이 역할을 당이 수행할 필요성이 있었고, 이를 위해 당의 조직을 정상화시키고 당의 기능을 강화하였다고 분석된다. 즉, 최고지도자의 인적 리더십보다는 당 위상의 정상화를 통해 제도적 리더십을 통해 권력을 강화하였다고 분서된다.

김정은 시대에 북한의 권력 구조에서 가장 비대해진 군부를 효과적으로 통제하기 위하여 당의 기능을 정상화시켰다. 이 과정에서 당과 군의 관계는 요페에 주장에 의하면 '공생' 관계가 아니라 '당의 통제'라는 특성이 강화된 당·군 관계로 변화했다고 분석된다.

이와 같이 김정은 시대의 당·군 관계의 변화는 대외정책의 변화로 이어졌다. 앞서 언급한 바와 같이 선군정치의 실현이 국방위원회라는 국가기구의 위상 변화를 통해 이뤄졌기 때문에 김정은 시대에 국방위원회를 대체하는 국무위원회의 등장으로 군은 상대적으로 위상이 하락되었다. 이러한 특성을 뒷받침하는 것이 군 엘리트들의 잦은 교체이다. 김정은 시대의 군 엘리트들 중 주요 인사인 리용호 전 총참모장, 현영철 인민무력부장 등이 물러났고 상대적으로 당과 내각의 인사들에 비해 잦은 교체로 군 엘리트들의 위상을 하락시킨 바 있다.

그러나 김정은 시대의 경제·핵무력 병진노선은 핵무력 강화로 이어졌고 경제보다는 핵무력 건설에 집중하였기 때문에 '국가핵무력 완성'의 성과를 보였다. 이러한 핵무력 강화를 군의 정치적 위상 강화로 볼 수 없는 것은 핵무력 강화는 군 중에서도 당중앙군사위원회의 직접적 통제를 받는 '전략군'을 통해 이뤄졌기 때문이다. 북한 전략군은 북한의 육해공군에 이어 '제4군'으로 불리는 전략로켓군이 2014년 5월 '전략군'으로 명칭이 바뀌면서 사령관 계급이 별 2개에서 별 4개로 격상되어 전략군의 위상이 강화되었다.

'경제·핵무력 병진노선'하에서 국방에 대한 자원배분이 제한될 수밖에 없는 상황에서 김정은은 군사력 강화를 위하여 '4대 전략적 노선'을 추진하였는데, 이것은 정치사상 강군화, 도덕강군화, 전법강군화, 다병종강군화라고 설명된다.[39] 여기에서 북한군은 다양한 병종부대 중 전략군의 강화를 과학기술 발전을 통해 군을 강화해왔다고 분석된다.

이러한 북한군의 전략군 중시는 중국의 사례와 유사하다. 19차 당대회 이후 3월 개최된 중국인민정치협상회의 제13기 전국위원회 제1차회의와 제13기 전국인민대표대회 제1차회의에서 당중앙군사위원회 중 웨이펑허(魏凤和) 중앙군사위원회 위원이자 로켓군 사령관이 국방부장에 임명되었다. 중국군의 현대화 전략에 따라 로켓군 전력 강화가 중요해지고 있어 육해공군이 아닌 로켓군 최고책임자가 국방부장에 임명되었고 로켓군의 위상이 높아졌다.[40]

또한 김정은 시대 군의 위상 약화는 경제부문에서의 군의 영향력 약화를 초래하였다고 분석된다. 2018년 4월 경제건설에 총력을 집중한다는 '새로운 전략적 노선'을 선포하면서 경제건설에 군을 제외하고 "당과 국가가 총력을 다할 것"으로 명시되었다.[41] 김정일 시대의 선군정치는

---

39) 김동엽, "경제·핵무력 병진노선과 북한의 군사 분야 변화,"『현대북한연구』 제18권 2호 (2015), p. 96.

40) 김한권,『2018 중국 양회와 한중관계』(서울: 국립외교원, 2018), p. 13.

국방 분야뿐만 아니라 경제 분야에서도 군을 우선시하는 정책을 표방
하였기 때문에 경제 건설에서도 군이 핵심 세력이었으나, 김정은 시대
에는 경제 건설에서 군의 역할을 축소한 것으로 해석된다.

　따라서 김정은 시대의 핵무력 건설은 전략군 중심으로 이루어졌기
때문에 군의 정치력 강화보다는 전문성 강화에 초점을 맞출 필요성이
있다. 당중앙군사위원회가 전략군을 강력히 통제하면서 당의 군에 대한
통제 특성을 강화하였다. 과학기술력을 보유하고 있는 전략군은 혁명적
군이라기보다는 직업적 (professionalism)군의 특성을 보유하기 때문에 이
들에 대한 우대를 통해 군의 정치화를 약화시켰다고 분석된다. 물론 북
한군의 규모에서 볼 때 전략군은 육군의 비해 미약하다고 할 수 있으나
잇따른 북한의 핵과 미사일 고도화 상황을 고려한다면, 최고지도자가
관심을 가지고 잦은 소통을 하는 전략군의 정치적 영향력이 확대되었
음을 확인할 수 있다.

　결국 김정은 위원장은 당 중심의 국정 운영을 통해 당이 군을 강하게
통제하는 당·군 관계를 형성하였고, 이 과정에서 김정일 시대에 선군
정치로 공생관계를 가졌던 군의 정치력을 약화시키고 과학기술을 보유
한 직업적 군의 성격을 강화시켰다. 이러한 당·군 관계의 특성 변화는
2018년 4월 북한이 '새로운 전략적 노선'을 선포하면서 경제에 총집중하
고 이를 위해 대외관계를 개선시키려는 노력을 하겠다는 정책 변화를
가능하게 하였다. 즉 직업적 군의 영향력 강화로 국가 핵무력을 완성하
였고, 당의 군에 대한 통제가 강화되고 군의 경제정책에 대한 영향력을
하락시켜 효율적 경제정책과 유연한 대외정책 추구에 영향을 주었다고
분석된다.

---

41)『노동신문』, 2018년 4월 21일.

V. 결론

이 글은 북한 김정일 시대의 국방위원회와 김정은 시대의 국무위원회를 중심으로 김정일 시대와 김정은 시대의 당·군 관계의 특성을 비교하였다. 당·군 관계의 특성은 시기에 따라 변화 가능하다는 것을 확인하고 이를 위해 중국의 당·군 관계를 설명한 엘리스 요페(Ellis Joffe)의 당·군 관계 관련 이론을 활용하였다. 이를 통해 김정은 시대의 당·군 관계가 대내외정책에 미치는 영향을 분석하였다.

김정일 시대의 군은 직업적 군보다는 혁명적 군의 성격을 더욱 명확히 하였고 당과 공생관계였음을 확인할 수 있었다. 김정일 시대에는 국방위원회가 최고 국가기관으로 격상되고 국방위원장이 사실상 북한 최고통치자 역할을 하고 선군정치를 강조하였다. 김정일은 사회주의권의 붕괴와 극심한 경제난으로 체제 생존이 위협받는 상황을 비상시기로 인식하고 군을 중심으로 하는 국방위원회라는 권력 기구를 만들어 북한을 통치하였다. 비상 시기에 당과 군은 위기를 돌파하는 공동 운명체로서 공생관계를 형성하면서 수령제를 유지하였다.

그러나 김정은 시대에는 당의 군부에 대한 통제 필요성이 높아졌다. 후계자 김정은은 최고 권력자를 견제할 수 있는 군부를 효과적으로 통제하기 위하여 당의 기능을 정상화시켰다. 특히 인적 리더십이 김정일에 비해 약한 후계자 김정은은 당이라는 제도적 리더십을 통해 군을 통제하였다. 이후 국무위원회를 설립하여 최고 국가기관으로 국방위원회를 대체하면서 당군정 엘리트의 균형을 이루었고, 그 권한 및 임무에서 선군혁명노선을 삭제하였다. 국무위원회 조직의 출범으로 김정은 시대 당과 군의 관계는 '공생' 관계가 아니라 '당의 통제'라는 당·군 관계의 특성이 강화되었다.

결국 김정은 위원장은 당 중심의 국정 운영을 통해 당이 군을 강하게 통제하는 당·군 관계를 형성하였고, 과학기술을 보유한 전략군 중심의 직업적 군을 우대하고 군의 정치화를 후퇴시키고 대신 전문성을 강화 시켰다. 이러한 당·군 관계의 특성 변화는 직업적 군의 영향력 강화로 국가 핵무력 완성을 가능하게 하였고, 군의 정치적 영향력을 약화시켰 으며, 이는 선군정치의 후퇴로 이어졌다.

참고문헌

1. 국내문헌

강성윤 외.『김정일과 북한의 정치』. 서울: 선인, 2010.

고유환. "김정은 후계구축과 북한 리더십 변화."『한국정치학회보』제45집 5호 (2011).

김갑식. "1990년대 '고난의 행군'과 선군정치: 북한의 인식과 대응."『현대북한연구』8권 1호 (2005).

김구섭·차두현.『북한의 권력구조와 권력엘리트』. 서울: 한국국방연구원, 2004.

김근식. "김정일 시대 북한의 당·정·군 관계 변화."『한국정치학회보』36권 2호 (2002).

김달중·스칼라피노 공편.『아시아 공산주의의 지속과 변화』. 서울: 법문사, 1989.

김동엽. "경제·핵무력 병진노선과 북한의 군사 분야 변화."『현대북한연구』제128권 2호 (2015).

김용현. "선군정치와 김정일 국방위원장 체제의 정치변화."『현대북한연구』8권 3호 (2005).

김윤권. "중국 중앙행정부의 행정기능과 행정기구 및 그 변화."『한국행정학보』제39권 제1호 (2005).

김태호. "후진타오 시대 중국의 당·군관계 전망."『중소연구』통권 100호 (2003/2004).

_____.『현대중국정치론』. 서울: 박영사, 2005.

김한권.『2018 중국 양회와 한중관계』. 서울: 국립외교원, 2018.

박명규 외.『북한 후계체제: 구축과정·엘리트·정책·안정성』. 서울: 서울대 통일평화연구원, 2011.

세종연구소.『북한의 당·국가기구·군대』. 파주: 한울, 2007.

안경모. "김정은 시대 북한 정치체제 변화에 대한 분석."『아세아연구』제59권 2호 (2016).

오경섭.『김정일과 김정은의 권력승계 비교: 제도와 리더십의 동학을 중심으로』. 성남: 세종연구소, 2012.

와다 하루끼. 서동만·남기정 역. 『북조선』. 서울: 돌베개, 2002.

윤대규 엮음. 『사회주의 체제전환에 대한 비교연구』. 파주: 한울, 2008.

이기동. "제3차 노동당 대표자회 이후 북한 권력구조 확립의 쟁점 및 과제." 『한국과 국제정치』 제26권 제4호 (2010).

이대근. "북한 국방위원회의 기능: 소련, 중국과의 비교를 통한 시사." 『국방연구』 제47권 제2호 (서울: 국방대학교 안보문제연구소, 2004).

_____. 『북한 군부는 왜 쿠데타를 하지 않나』. 파주: 한울, 2009.

이상숙. "북한 김정은 체제의 구축과 당·군 관계 변화." 『2012년 정책연구과제Ⅰ』 (서울: 국립외교원, 2013).

장달중 외. 『김정일체제의 북한: 정치, 외교, 경제, 사상』. 서울: 아연출판부, 2004.

정성장. 『중국과 북한의 당중앙군사위원회 비교 연구』. 성남: 세종연구소, 2011.

_____. 『현대 북한의 정치』. 파주: 한울, 2011.

_____. "장성택 숙청 이후 김정은 체제의 안정성 평가." 『국방연구』 제57집 제1호 (2014).

조영국. "'강성대국론'과 '선군정치'에 대한 정치 경제적 접근." 『현대북한연구』 9권 1호 (2006).

조영남. "중국 개혁 시기(1978-1998) 전국인민대표대회, 중국공산당, 국무원의 권력관계 분석." 『국제정치논총』 제39집 2호 (1999).

2. 북한문헌

김철우. 『김정일 장군의 선군정치』. 평양: 평양출판사, 2000.

김현환. 『김정일장군 정치방식연구』. 평양: 평양출판사, 2002.

『조선말대사전(1)』. 평양: 사회과학출판사, 1992.

3. 국외문헌

Colton, Thimothy. *Commissars, Commanders and Civilian Authority*. Cambridge: Harvard University Press, 1979.

Herspring, Dale R. & Volgyes. Ivan (eds.), *Civil-Military Relations in Communist Systems*. Boulder Westview Press, 1978.

Huntington, Samuel P.. *The Soldier and the State*. Cambridge: Harvard University Press, 1981.

Joffe, Ellis. "Party-military Relations in China: Retrospect and Prospect," *The China Quarterly*, 1996.

Kolkowicz, Roman, *The Soviet Military and the Communist Party*. Princeton: Princeton University Press, 1967.

Shambaugh, David. "The Soldier and the State in China: The Political Work System in the PLA." *China Quarterly*, No. 127 (September 1991).

제 7 장

선군정치와 대외관계

대외정책 결정요인을 중심으로

신대진

Ⅰ. 서론

대외정책 또는 대외관계는 국제정치학의 영역이다. 주로 국제정치학에서는 국제구조, 국제제도, 국가 간 상호작용 등을 핵심 설명변수로 이용한다. 본 장에서는 '김정일 시기 선군정치가 어떻게 대외관계에 영향을 미쳤는가'에 대한 답을 찾고자 구성하였다. 즉, 선군정치라는 국내정치적 속성이 어떻게 김정일 시기 대외정책에 영향을 미쳤는가에 대한 답을 구하는 것이다.[1]

---

[1] 신대진, "김정일 시기 대외정책의 국내정치성: 사회적 강제, 자유활동공간, 순응적 태도," 『통일문제연구』 제29권 1호 (2017), p. 154에서 저자는 구성주의뿐만 아니라 게슈탈트 심리학을 기반으로 사회심리학 관점을 이용하여 '사회적 강제 기제와 순응적 태도'의 관점에서 연구모델을 제시하였으며, "권력의 자기합리화 전략으로서 지배담론 분석: 김정일 시기를 중심으로," 『통일문제연구』 제26권 1호 (2014), p. 143에서 지배권력의 자기합리화 전략으로 지배담론을 분석하였다. 이 둘을 모두 적용하면 전자는 강제기제와 후자는 동의기제와 연결되며 지배권력은 강제와 동의기제를 모두 이용하여 정치적 정당성(정권안보)을 위해 대외정책을 선택한 것으로 보는 것이 저자의 선군정치의 대외정책의 핵심 분석결과이다. 다만, 여기서는 분석대상이 김정일, 김정은 시기로 확대하며, 대외정책의 국내정치성뿐만 아니라 국제적 환경요인들이 대외관계에 어떻게 영향을 미쳤는가를 고려한 대외정책 결정요인들을 도출하고 현실을 분석하는데 초점을 맞추어 전개될 것이다.

국제정치학에서 국내정치적 속성을 변수로서 이용하는 연구방법은 다음과 같다. 자유주의 국제정치이론에서는 국내적 특성에서는 국내 레짐에 대하여 민주, 비민주(독재), 또는 국내적 정치경제적 요인들을 주요 변수로서 제시한다. 전자의 경우 민주평화론이 대표적이며 북한사례에 적용하면 국내체제적 성격이 독재체제이기 때문에 호전적 태도로 가기 쉽다고 설명할 수 있다. 커헤인은 국가 간 경제 교류에 대한 현상에 대한 설명은 신자유주의가 설득력 있지만 안보이슈에 관련해서는 현실주의가 설명력이 높은 것으로 평가하면서 아나키라는 국제구조와 국제제도를 강조한다.[2]

최근 신고전적 현실주의에서 안보이슈에 대하여 국내적 요인을 강조하는 설명논리를 제시한다. 스웰러는 세 가지 변수 중에서 가장 중요한 변수로서 이데올로기적 응집성을 제시한다.[3] 국내 사회적으로 이데올로기적 응집성, 즉 단일한 이데올로기로 사회가 구성되어 있다면 그 국가는 과도한 균형전략―현상타파, over-balance―을 선택하는 경향이 있음을 제시하였다. 물론 역으로 응집성이 낮은면 과소균형전략―under-balance―을 선택하는 경향이 있음을 제시한다. 부차적 변수로서 엘리트 집단과 정부의 취약성을 제시한다. 북한 체제에 대하여 적용하면 주체사상, 선군사상으로 지배담론이 사회 구성원으로부터 받아들여진 것으로 이해한다면 북한의 과도한, 현상타파적 균형전략은 쉽게 이해될 수 있다.

2) 자유주의, 현실주의 비교는 다음의 그리코 논문 참조. Joseph M. Grieco "Anarchy and the limits of cooperation: a realist critique of the newest liberal institutionalism," *International Organization*, Vol. 42, No. 3 (1988).

3) 스웰러 논리는 Randall L. Schweller, *Unanswered Threats: Political Constraints on the Balance of Power* (Princeton: Princeton University Press, 2006)를 참조하고, "북한 리더십 위기와 핵·미사일 개발,"『국제관계연구』제22권 2호 (2017), pp. 59~61에서 스웨델 모델 외, 희생양 모델, 메스키타의 지배연합모델을 추가 소개하였다.

그러나 이러한 현상타파적 균형전략은 국제구조를 너무 소홀히 하는 경향이 있다. 또한 스웰러의 논리를 인정한다고 해도 북한 사회가 정말로 이데올로기적으로 응집성이 높은 사회인가, 그렇다면 왜 지배담론이 전략적으로 구성한 이데올로기가 사회적으로 받아들이게 되었는지에 대한 설명이 필요하다. 따라서 본고는 선군정치라는 국내적 특성—자원배분 우선순위로서 선군후경(자원제약성), 사회적 최우선과제와 최고지도자의 역할 및 책임(정치적 정당성)—이 대외관계에 어떻게 영향을 미치는지를 살펴보고자 대외정책의 결정요인을 도출하고자 한다. 이런 대외정책 결정요인을 보다 구체적으로 이해하기 위해서 글렌 스나이더의 동맹딜레마 개념을 사용하겠다.[4] 북한의 입장에서 북미관계는 적대관계로, 북중관계는 동맹관계로 이해할 수 있으며 이 두 국가는 대외관계의 핵심 대상국이기 때문이다. 이를 바탕으로 김정일, 김정은 시기를 분석하고자 한다.

II. 이론적 고찰: 김정일 시기 대외관계 결정요인

1. 국제구조와 동맹 – 적대 관계

가. 국제수준과 지역수준

역사적으로 냉전시절 미소 간 양분화된 국제질서는 양극체제로서 각 진영에는 패권적 권력을 가진 소련과 미국이라는 지도국이 있었으며 하위국가들은 지도국의 영향력 아래 행위의 제약을 받았다. 이런 양극

---

4) Snyder, Glen, "The Security Dilemma in Alliance Politics," *World Politics*, Vol. 36, No 4 (1984).

체제에서 동맹관계는 상대적으로 안정적이었다고 볼 수 있다. 이 시기 소련 진영, 미국 진영에 있는 국가들의 일차적인 안보문제는 진영 간 문제이며 곧 국제적 차원의 문제로 볼 수 있다. 따라서 동맹 와해에 따른 방기의 위험도 상대적으로 제한된다. 또한 동맹이탈은 진영 내 패권적 지위를 가진 미국과 소련이 허용하지 않았다. 이는 패권국이 필요하다면 집단적 보복을 할 수 있었기 때문이다. 그 대표적인 예가 바로 1956년 헝가리와 1968년 체코에 대하여 소련이 군대를 동원한 무력 진압이다. 즉, 동맹이탈 가능성에 대한 집단적 보복사례이다.

여기에는 반론도 가능하다. 바로 중국의 소련중심의 동맹으로부터 이탈하여 미국으로의 편승한 1972년 미중정상회담 및 1978년 미중 국교정상화이다. 이 현상에 대한 왈츠의 입장은 당시 중국은 상대적 약소국이었고 따라서 국제적 차원의 세력불균형을 초래하지 않기 때문이라고 한다.[5] 다른 의견으로는 소련은 유럽에 치명적인 안보관심이 있고 아시아에 대한 안보관심은 상대적으로 낮기 때문으로 볼 수 있고, 다른 의견으로는 러중관계가 공산화 과정에서부터 불편한 관계였기 때문으로 볼 수도 있다. 동유럽 국가와 중국 사례를 모두 고려하면 강대국의 핵심이익을 침해하는 경우 역사적으로 군사적 무력개입은 비일비재하다. 그럼에도 불구하고 동맹관계의 안정성 측면에서 보면 양극체제가 다극체제 보다 상대적으로 안정적이다.

탈냉전 이후 소련의 해체, 중국의 상대적 부상이 국제적 구조수준에 영향을 미친 변수로서 볼 수 있다. 탈냉전 이후 2000년대 초중반까지 중국은 미국중심의 미국에 편승하는 태도를 가졌다. 이는 북한의 입장에서는 북미관계에서 동맹국 중국으로부터 군사지원과 지지라는 동맹

---

5) 케네스 왈츠는 구조적 현실주의자로서 국제적 차원의 능력의 분포가 가장 중요한 변수로서 이해한다. Kenneth N. Waltz 저, 박건영 역, 『국제정치이론』 서울: 사회평론, 2005) 참조.

의무에 대한 신뢰의 약화, 즉 방기의 위험성이 커진 것을 의미한다. 여기서 북한의 선택가능지점은 두 가지다. 첫째, 북중동맹관계를 강화를 위해서 방기위험을 낮추는 전략이다. 그러나 중국이 자기방식의 개혁개방을 요구한다는 점에서 북한은 정권안보 차원에서 선택하기 어렵다. 그렇다면 역시 북한은 자강에 의한 안보전략을 선택할 수밖에 없고 이는 1990년대 초중반 안보상황과 유사하다. 그러나 2000년대 중국의 상대적 부상, 2008년 미국의 서브프라임모기지 사태 이후 미중 간 경쟁관계의 지속과 북중동맹 관계의 복원 등으로 북한의 입장에서는 안보위협이 상대적 약화되는 측면을 가진다. 즉, 중국과 러시아라는 외적균형에 대한 신뢰가 약화된 상황에서 중국의 부상과 북중동맹 강화는 외적균형의 의미가 다시 강화된 것을 의미한다.

국제적 세력균형 차원이 아니라 지역적 차원의 세력균형은 양극체제에서도 불안정성을 가진다는 점이다. 지역적 차원에서 세력균형의 논리가 작동한 사례는 중동과 동남아시아이다. 중동은 시아파와 수니파 간 경쟁, 친소파와 친미파 국가 간의 갈등관계가 지속되고 있다. 동남아시아에서도 인도차이나 반도에서 베트남과 주변 국가들의 관계, 그리고 중국의 개입 등으로 경쟁관계가 지속되고 있다. 지역 차원의 경쟁관계는 세력균형의 상태에서 안정적으로 관리된다. 그럼에도 불구하고 지리적 인접국과의 경쟁관계는 민감하게 위협을 구성하는 요인으로 작동한다.

이런 지역적 차원의 세력균형의 원리, 또는 인접국가와의 상대적 능력 차이에 대한 균형적 태도는 상대적 약소국에게 있어 더욱 중요한 안보메카니즘으로 볼 수 있다. 이를 한반도에 적용하면 남한과 북한은 상호 간 상대적 능력과 동아시아 지역차원의 동맹-적대 게임에 대하여 민감하게 반응할 수밖에 없음을 의미한다.

나. 약소국의 강대국 관계

동맹에 의한 균형전략은 두 가지 차원의 동맹딜레마 상황에 노출될 수 있다. 첫째, 군비경쟁과 동일하게 적대국가의 동맹형성은 자국에게 세력불균형을 초래하기 때문에 자국도 동맹을 형성할 수밖에 없다. 즉, 동맹에 의한 외적 균형력 강화는 역으로 보면 남북 당자 간 갈등관계와 미국, 중국으로 확대된 것을 의미한다. 이는 1960년대 초 한미일 유사삼각동맹과 북중소 삼국동맹 형성과정을 설명한다. 그러나 문제는 이런 동맹관계의 형성에 따라 안보가 이전보다 복잡성을 띠며, 동맹국에 의존성을 가진 확대된 안보위협으로 구성된 부정적 결과를 초래한다. 둘째, 자국의 동맹관계와 적대관계는 방기위험과 연루위험의 상호연결성을 가지는 안보딜레마이다. 이는 동맹의존성 개념으로 정리될 수 있다. 동맹의존성이 높아지게 되면 자국은 동맹국의 적대게임에 불필요하게 연루될 위험(연루위험)에 노출되거나, 동맹국의 적대세력에 대한 협력적 태도에 따라 동맹국의 신뢰가 약화될 위험(방기위험)에 노출된다. 동맹-적대 관계는 상호연결성에 따른 복잡성과 불확실성에 의해 강한 안보딜레마 상황에 빠진다. 동맹국 간 신뢰는 매우 중요한 요인이 되며 특히 약소국 입장에서는 이런 신뢰를 유지하기 위해 동맹국이 원하는 안보비용을 수용할 수밖에 없는 상황에 빠진다.

또한 상대적 약소국은 두 가지 면에서 강대국에 대한 의존성에 의해서 정치적 자율성을 훼손받을 수 있다. 첫째, 경제적 의존성이 강대국에 20%에 이상 경우 경제적 비대칭성에 의해서 강대국은 약소국에 대하여 무역관계를 바탕으로 정치적 양보를 요구할 수 있다.[6] 최근 한중

---

6) 핸델은 약소국의 상대적 강대국에 대한 경제적 의존성이 안보에 영향을 미치는 기준을 20%로 제시하고 있다. Handel, Michael. 저, 김진호 옮김,『약소국생존론』(서울: 대왕사, 1985) 참조.

무역관계에서 사드문제로 빌미로 해서 경제적 보복을 당하는 경우 이에 해당한다고 볼 있다. 둘째, 강대국에 대한 동맹의존성이 높은 경우 강대국은 약소국에 대하여 정치적 양보, 또는 국내정치에 대한 간섭을 요구할 수 있다. 현재 남한의 경우 북한의 핵위협으로부터 미국에 확장 억지력 제공과 관련하여 강대국 동맹인 미국의 요구에 응하는 태도를 보이고 있다. 북한의 경우 연이은 핵실험에 따라 국제사회의 제재를 통해 무역이 어려워지자 대중 무역의존도는 90% 정도로 높아진 상황이다. 또한 1990년 초 탈냉전 이후 북한의 잠재적 위협국가인 남한과 미국과의 상대적 능력의 차이에 의해서 동맹국 중국과 러시아에 대한 의존성이 커진 상황이다. 따라서 북한은 동맹국의 정치적 요구에 매우 취약한 상황에 빠지게 되었으며 이를 극복하는 방법은 자강에 의한 균형전략을 선택하여 동맹의존성을 낮추는 방법이 있다.

국제 및 지역수준 세력균형 상태, 강대국-약소국 간 동맹관계 등은 모두 김정일 시기 대외관계, 즉 동맹-적대관계를 결정하는 요인으로 볼 수 있다.

2. 국내구조와 동맹-적대관계

가. 정권안보: 최고지도자의 전략적 동기

독재국가에서의 최고지도자의 일차적 동기는 독재체제(일인지배)의 권력구조를 재생산하는 것이다. 이런 전략적 동기는 지배엘리트(power elite)와 대중으로부터의 저항을 사전에 차단하는 것이다. 지배엘리트로부터의 저항가능성은 의사결정구조(권력구조)를 독재자 일인 중심으로 구성하고 지배엘리트 간 상호견제하도록 하며 지배엘리트에 대한 이중,

삼중의 감시체제를 강화하므로써 지배엘리트 사회를 파편화된 무기력한 개인으로 구성함으로써 독재자에게 충성하도록 유도하는 것이다.

대중으로부터의 저항가능성은 억압 및 보상기제에 따른 정치적 정당성을 인정받는 것이다. 억압기제는 비밀경찰 등으로 구성된 물리적 요인, 부의 분배에 대한 통제 등에 따른 경제적 요인, 지배담론에 의한 집합적 관념의 재구성에 따른 구성효과 및 인과효과와 관련된 관념적 요인 등으로 구성되어 있다. 이런 억압기제는 대중들의 마음 속에 존재하는 자유활동 공간의 한계, 제약요인들을 구성함으로써 현실에 대하여 순응적, 소극적 태도에서 만족하도록 유도한다. 이에 비해서 상대적으로 적극적 태도에서 현실에 만족하도록 유도하는 장치는 최고지도자의 대중에 대한 충성에 따른 보상구조이다. 따라서 최고지도자는 지배담론과 제도를 통해서 물질적, 상징적 보상을 구성하고 대중들에게 제한적이지만 물질적 재화—안보와 복지—를 충족시켜줌으로써 현실에 대하여 적극적으로 만족하도록 유도하는 것이다.

독재국가에서의 가장 위협적인 상황은 이와 관련하여 두 가지 상황에서 발생할 수 있다. 첫째, 독재자 개인(일인)에 의한 권력구조는 곧 독재자 유고시 권력공백의 상황발생과 함께 권력엘리트 간 투쟁의 가능성이 발생할 수 있다는 점이다. 둘째, 권력세습 이후에는 권력이 대중들로부터 정치적 정당성을 인정받는 것이다. 전자는 권력공백을 제도적으로 예방하는 안전장치를 마련할 수 있다. 그러나 지배엘리트들이 복종하는 가장 큰 이유는 신분상의 안전과 권력에 이익의 보장이다. 사회적으로 부의 분배체계가 붕괴되었을 경우에는 상대적 권력(신분)에 따른 렌트 추구—비공식적 부패구조—를 통해서 기득권을 적극적으로 보장 또는 소극적으로 인정하는 것이다. 후자의 경우 대중들에게 물질적 보상을 위해서는 경제적으로 지배권력의 동원가능한 자원제약성이 중요하다. 여기서 자원제약성은 국내적으로 동원가능성뿐만 아니라 국외적으로 동원가능성―원조, 차관―을 모두 포함한다. 따라서 지배담론을 통해서 구성된 사실관계에서 지배권력이 상대적 박탈감을 최소화는 방식으로 대중들에게 물질적, 상징적 보상을 통해서 만족을 유도한다면 심리적으로 현실에 순응하는, 조금더 적극적 관점에서는 지배권력의 정치적 정당성을 인정하도록 유도할 수 있게 된다. 따라서 정권안보의 관점에서 보면 정치적 정당성의 관점에서 물질적, 상징적 보상을 위한 제약요인은 과거에 이미 형성된 사회적 집합적 관념과 자원제약성이다.

최고지도자를 중심으로 한 지배권력은 국가안보를 구성하는 대외환경을 일차적으로 고려하되 정치적, 경제적 제약요인으로서 국내환경을 고려하여 대외전략을 선택할 수밖에 없다. 이와 관련된 지배담론 구조에 의해서 동맹―적대관계가 지배권력의 정치적 목적을 위해서 객관적 예측과는 다른 방식으로 작동될 수 있다. 즉, 국내적으로 위협과 이익이 지배담론에 의해서 어떻게 구성되어 있으며 따라서 동맹의 필요성과 잠재적 위협국가와의 적대관계로부터 구체적인 위협과 이익이 어떻게 구성되어 있는가에 따라 상대적 약소국 북한의 대외정책은 달라질 수 있는 것이다.

나. 지배담론: 위협과 이익의 사회적 구성

국내구조는 국내 행위자 관점에서 보면 환경요인이다. 이와 관련해서 두 가지 측면을 고려할 필요가 있다. 첫째, 사회적 관념요인으로서 위협과 이익이 어떻게 사회적으로 구성되어 있는가이다. 국제구조에 의한 대외 안보환경은 객관적으로 인식되는 것이 아니다. 즉 국내 사회적 관념적 속성에 따라 안보 위협과 이익은 보다 직접적으로 구성된다. 현실주의 관점에서 국제환경으로부터의 안보위협이 객관적으로 구성되어 있는지도 중요하지만, 이러한 객관적 사실관계들이 사회적으로 어떻게 구성되는가, 또한 독재국가에서는 지배담론에 의해서 위협과 이익이 구성되어 있는가가 중요하다. 이는 국가안보와 관련된 사실관계들이 지배담론을 통해서 재구성될 수 있는 것이다.

그러나 여기서 중요한 것은 지배담론이 역사적으로 사회적으로 구성된 집합적 관념으로부터 자유롭지 못하다는 점이다. 과거의 지배담론과 대중들의 사회적 집합적 경험을 통해서 구성된 관념구조는 사회적으로 강한 관성을 가진다. 현재 지배권력이 객관적 사실관계들을 과거의 지배담론과 전혀 다른 새로운 사실관계들로 구성하는 것은 사회적 주체, 대중들로부터 심리적 강한 저항을 받게 될 것이다. 즉, 과거에 형성된 집합적 관념, 지배담론도 대외정책의 결정요인으로 볼 수 있다.

둘째, 독재정권의 지배담론도 자원제약성에 영향을 받는다. 지배권력은 지배담론에 의해서 구성된 물질적 보상구조와 관련해서 사회적 경제요인인 자원제약성의 제약을 받는다. 지배담론에 의해서 위협과 이익이 사회적으로 구성되었다면 이것으로부터 물질적 보상구조도 지배담론에 의한 독재정권의 비전으로 구체적으로 구성된다. 지배권력은 물질적 보상을 위해 사회적으로 제한된 자원을 동원하여 대중들에게 제공해야만 한다. 그러나 이는 정부차원에서는 예산제약성, 사회적으로는 자원제약성에 의해 제약받는다. 인간에게 기본적인 두 가지 물질적 보상은 안전―즉, 국가차원에서는 안보―과 복지이다. 안보문제와 복지문제 등 물질적 보상과 관련해서 어떤 문제가 사회적으로 최우선과제로 구성되었는지에 따라 자원제약성―기술과 설비 등의 자본고정성과 부존자원―은 구체적으로 달라질 수 있다.

안보문제가 지배담론에 의해서 일차적으로 중요한 물질적 보상으로서 구성되어 있고 대중들에게 이 담론이 받아들여진다면 지배권력은 안보문제를 해결하기 위한 물질적 보상을 대중들에게 제공해야만 한다. 그러나 상대적으로 복지문제가 지배담론에 의해서 구성되고 대중들이

이 담론을 받아들여진다면 지배권력은 복지와 관련된 물질적 풍요를 대중들에게 제공해야만 한다.

국제적으로 균형이 깨지고 동맹이 이완되었다고 지배담론에 의해서 구성되었다면 자강에 의한 안보문제 해결이 최우선 과제로 사회적으로 구성될 수 있으며 이런 지배담론이 대중들에게 받아들여진다면 지배권력은 자강에 의한 안보문제 해결을 위한 물질적 보상을 충족해주어야 한다. 지배권력이 제시한 비전이나 정책은 성공적으로 수행되어야만 정치적 정당성을 인정받을 수 있다. 따라서 지배권력은 비전과 정책 제시는 사회적 자원제약성을 반드시 고려해야만 한다. 즉, 사회적 자원제약성은 대외정책의 가장 중요한 물질적 제약요인이 될 수 있다.

국내구조에서 가장 중요한 정책결정 요인은 국내 사회적으로 대중들이 어떻게 위협과 이익으로 구성되어 있는가, 지배권력이 제시한 비전으로 구체화된 물질적 이익, 즉 안보와 복지 재화를 공급하기 위한 자원제약성이다.

이상에서 언급한 내용을 정리하면, 국제구조는 위협과 이익을 구성하는 대외환경을 구성한다. 그러나 이는 국내구조에 의해 행위주체, 즉 지배권력과 대중들에의 마음 속에서 다시 직접적으로 구성된다. 국내적으로 사회적 집합관념과 지배담론에 의해서 관념을 매개로 해서 구성된다. 국내구조는 이런 관념적 요인(집합적 관념), 경제적 요인(자원제약성)에 의해서 대외관계, 동맹－적대관계를 구성 및 제약한다. 북한의 특수성을 고려하면 최고지도자 중심의 지배권력은 정권안보의 관점에서 대중들에게 물질적, 상징적 보상을 해야 하며 따라서 대내외환경을 고려하여 선군정치를 선택한 것으로 볼 수 있으며 선군정치라는 국내적 특수성에 의해서 대외정책이 패턴화된 일관성을 가진다고 볼 수 있다.

III. 사례분석: 탈냉전 이후 대외관계

물론 북한의 최고지도자는 역할은 사회적 최우선과제를 대중의 이익
의 실현자라는 관점에서 구성되어 있다. 최고지도자의 역할을 구성을
위해서는 세 가지 수단을 동원한 것으로 보인다. 첫째, 신년사 등을 통
한 지배담론을 통한 위협과 이익의 구성, 즉 사회적 최우선과제를 구성
이다. 둘째, 사회적 최우선과제를 해결하기 위한 최고지도자의 역할은
최고지도자로서 등극한 이후 새로운 비전제시를 통해서 제시한다. 또한
구체적인 사회적 최우선과제를 해결하기 위한 책임과 역할관계는 헌법
을 통해서 구체적으로 제시된다. 김정일은 강성대국론이라는 비전, 김
정은 '새로운 병진노선'이라는 비전을 통해서 최고지도자의 역할을 구성
하고 셋째, 지배담론에 의해서 구성된 사회적 최우선과제는 최고지도자
의 선택, 즉 대내외정책을 통해서 해결되는 것으로 구성될 수 있어야
한다. 이로써 최고지도자는 대중으로부터 정치적 정당성을 인정받을 수
있는 구조를 재생산할 수 있다. 여기서 중요한 것은 사회적으로 구성된
대중들의 집합적 관념은 관성적 속성을 가지고 있다는 점에서 사실관
계를 구성하고 행위를 제약하는 효과를 가진다. 또한 최고지도자가 제
시한 사회적 최우선과제는 반드시 해결되어야 하기 때문에 안보문제든,
경제문제든 자원제약성을 가진다는 점이다. 따라서 최고지도자는 이 두
가지 국내적 특수성, 제약요인을 고려해서 사회적 최우선과제와 비전을
제시해야 한다는 점이다. 이런 북한의 국내적 특수성이 북한의 대외정
책의 특수성을 이해할 수 있게 한다.

1. 김정일 시기 대외정책

김정일 시기 국내적 특수성은 다음과 같다. 첫째, 김정일 시기 최우

선 과제는 북한의 지배담론에 의해서 다음과 같이 구성되어 있다.[7] 동유럽 사회주의 국가들의 체제전환으로부터 체제정당성 위기가 구성된 상황 속에서 북한의 선택한 담론 전략은 '사회주의 건설에서 방법은 변화하며 현실에 맞게' 수정되어야 함을 제시한다. '일부사회주의 국가가 좌절'된 현실은 '사회주의 원칙을 옳게 구현하지' 못한 탓이며 북한식 '우리식 사회주의'는 옳은 것이며 따라서 시대적 요구에 맞게 강성대국론, 선군정치는 정당한 것으로 구성된다. 여기서 가장 중요한 것은 '힘의 균형이 파괴'되었으며 '전쟁위협'에 직면한 현실을 반영하여 사회적으로 최우선과제는 '반제국주의 전쟁에서의 승리'가 된다.

새로운 지도자 김정일은 1998년 최고지도자로서 국방위원장 직을 바탕으로 강성대국론이라는 비전을 제시한다. 강성대국은 주체사상과 선군사상으로 사상강국이 실현되었으며, 핵·미사일 실험을 통해서 군사강국이 실현되었으며, 마지막 강성대국의 목표지점인 경제강성대국은 '광명성'을 상징화하여 첨단돌파전을 통해서 가까운 시일 내에 도달 가능한 것으로 구성하였다. 이를 위해 김정일 시기 국가 최고지도자로서 역할과 책임을 명확히 제시한 1998년 헌법에서 인민경제와 국방부문 모두 책임지는 국가주석(중앙인민위원회) 폐지을 폐지하고 국방부문의 직접적인 책임을 지는 국방위원장(국방위원회) 직을 최고지도자(최고지도기관)으로 명확히 제시한다. 다만, 인민경제부문은 내각책임제 아래 총리가 직접적인 책임을 지는 구조가 된다. 이는 당시 1990년대 초중반 북한 경제의 위기, 1992년 중국의 무역에서 경화(달러)요구 등에 의한 자원제약성과 정권안보, 국가안보 상황을 모두 고려한 전략적 선택으로 보인다.

이렇게 국방부문을 우선하는 선군정치를 전략적으로 선택하게 된 역

---

7) 북한 신년사(1990년~1994년)를 바탕으로 구성.

사적 배경은 다음과 같다. 1989년은 북한에게 있어 매우 격동의 시기로 볼 수 있다. 1989년 6월 4일 중국에서 천안문사태가 발생하였으며 1989년 11월 9일은 독일에서 베를린장벽이 자유이동이 허용되더니 이윽고 베를린 장벽 붕괴로 이어졌다. 동년 12월에는 루마니아 독재자 차우체스코가 군대가 시민의 편을 들면서 결국 사형되었다. 여기서 북한은 두 가지 관점에서 위협을 인식한 것으로 보인다. 독재정권에서도 아래로부터의 저항으로 무너질 수 있다는 생각, 군부의 배신이다. 1990년 북한에서 김정일이 국방위원회 제1부위원장 직에 오른다. 이는 1980년 당대회 이후 공식적으로 후계자 역할을 했던 김정일에게 군부에 대한 실권을 넘겨주는 것으로 볼 수 있다. 마침내 1991년 김정일은 최고사령관이 된다. 이후 1972년 헌법에서 국가주석 - 중앙인민위원회(산하 국방위원회) 였던 것을 1992년 헌법개정을 통해서 국방위원회를 독립하여 국가주석과 중앙인민위원회의 지도체계에서 벗어나게 된다. 1993년에는 김정일은 국방위원장이 된다. 이는 사실상 국방부문의 정책결정 및 지휘권을 김정일에게 이양한 것을 의미한다. 1997년 유훈통치 기간을 끝내고 김정일은 당 총비서로 추대되고 드디어 1998년 헌법개정을 통해서 국가주석을 폐지하고 국방위원장 직으로 국가 최고지도자로서 등극한다. 동 헌법에서 또 하나 중요한 것은 인민경제부문을 책임지는 내각을 총리가 책임지는 구조로 개정된다는 점이다. 이는 1998년 헌법을 중심으로 보면 최고지도자의 역할과 책임은 국방부문에 대하여 일차적으로 책임을 지고 인민경제는 내각 총리가 책임을 지는 구조로 이원화되었다는 점이다. 이는 역으로 생각하면 북한이 국방을 우선시 하는 것을 제도화한 것으로 볼 수 있다.

북한은 1993년 NPT탈퇴로 제1차 북핵위기는 북미관계에서 핵심 관심 사항이 된다. 이후 북미 간 직접 협상을 통해서 마침내 1994년 제네바에서 합의를 이끌어낸다. 이와 관련해서 왜 북한이 북핵위기를 촉발하였는지와 관련해서 정리할 필요가 있다. 1991년 구소련의 해체는 곧 양극체제에서 미국중심의 일극체제로 넘어갔음을 의미하며 전 세계적으로 러시아, 중국, 북한 모두 미국의 이익을 침해하지 않는 편승전략을 선택할 것을 강요하는 상황이었다. 북한의 동맹관계도 이미 1990년 한소국교정상화, 1992년 한중국교정상화에 의해서 동맹국으로부터 방기위험에 노출되었다. 또한 1990년 제1차 걸프전에서 보여준 미국의 압도적인 군사력은 미군의 최첨단 전력을 확인할 수 있는 자리였다. 더욱이 북한과 지리적 인접성에 의해서 가장 가까운 동맹국의 중국의 대미편승 태도도 북한을 자극한 것으로 보인다. 중국은 1992년 등소평이 남순강화를 통해서 자본주의 체제를 강화하겠다는 상징적인 태도를 보였다. 물론 김정일은 2000년 남북정상회담을 앞두고 김정일이 최고지도자 등극 이후 처음으로 북중회담을 함으로써 북중관계를 복원한다. 그러나 중국은 2001년에는 미국의 후원에 의해서 WTO체제에 가입하였다. 즉, 기존의 사회주의 진영에서 완전한 자본주의 진영으로 편입한 것이다. 중국이 미국에 편승하는 구도 속에서 북미관계가 악화된 상황에서 필요한 안보협력을 다할지에 대한 강한 의구심, 즉 '방기의 위험'에 노출된 상황으로 볼 수 있다. 북러관계도 구체적으로 동맹약화로 나타난다. 북러 간 군사동맹조약은 1995년 8월 7일부로 러시아 자동군사개입을 통해 북한의 안전보장을 위한 장치가 들어있던 북러 간 군사조약을 연장하지 않아 1996년 9월 10일부로 효력이 상실하였다. 이후 2000년 북러 간 우호조약을 다시 체결한 여기서 자동군사개입 조항은 들어가지 않는다. 역시 북러관계도 복원되었지만 냉전시절 만큼 북러관계는 강한 군사동맹으로까지 발전하지 못한 것으로 보인다.

이후 2001년 9월11일 알카에다 조직의 뉴욕 테러를 통해서 전 세계는 미국의 눈치를 보게 되었다. 동년 9월부터 미군은 뉴욕테러의 책임자 빈라덴을 사살하기 위해 아프카니스탄에 군대를 파견하였다. 2002년에는 부시는 북한을 '악의 축' 국가군에 포함하였다. 2003년에는 미국은 대량살상무기라는 핑계로 제2이라크 전을 일으켰다. 이는 북한의 관점에서 보면 북미관계가 악화된 상황에서 직접적인 위협이 구성되었다는 점이다. 여기서는 두 가지 위협이 구성되어 있다. 미국이 북한을 '악의 축'으로 지칭하였다는 것은 정체성의 문제를 걸고 넘어갔다는 것이다. 이는 곧 북한의 존재 자체가 위협의 대상이며 따라서 제거를 통해 위협의 근본 원인을 제거하겠다는 논리와 연결되기 때문이다. 또한 미국의 2001년, 2003년 두 지역에서 전쟁수행은 미국의 압도적인 군사력 확인 뿐만 아니라 미국이 마음만 먹는다면 언제든지 북한을 침공할 수 있다는 평판을 제고하는 효과도 가진다는 점이다. 이미 중국, 러시아도 미국의 대테러전에 찬성한 국제환경을 고려하면 북미관계는 직접적인 적대관계로 구성되었지만 동맹국의 방기를 염려하는 상황에 노출될 수밖에 없다는 점이다.

따라서 2003년 북한은 제2차 NPT탈퇴와 함께 준전시상태를 선포함으로써 북미관계가 적대관계로 구성되어 있음을 대내외적으로 공표했다. 2003년 8월부터 6자회담을 시작하게 되었다. 이는 북한의 입장에서 보면 제1차, 제2차 북핵위기와 북미협상이 이어졌다는 학습효과를 가질 수 있다. 중요한 것은 북한은 신년사를 통해서 1993년, 2003년을 '승리의 해'로 구성하고 있다. 그러나 미국은 2005년 방콕델타아시아 은행에 대한 북한자금의 동결조치는 북미 간 적대관계를 증폭시켰다. 이후 6자회담은 재개하였으며 9.19공동성명 합의를 도출하였다. 다시 10월 21일 미국은 대량무기살상 확산과 관련하여 북한 기업에 대한 제재조치를 발동하였으며 이에 북한은 7월 미사일, 10월 제1차 핵실험으로 응한다. 이렇게 북미관계는 6자회담 진행과 함께 북한에 대한 제재를 반복하면서 상호 간 불신이 쌓였으며 마침내 북미 간 적대관계에 의해서 제1차 핵실험을 단행한 것으로 이해할 수 있다. 이런 강대강 태도는 적어도

2001년 부시 정권의 들어선 이후 일관된 태도를 취했다. 이는 북한이 국내적으로 지배담론에 의해서 최우선 과제는 인민경제부문의 복구가 아니라 대외안보환경에 의해서 미국과의 '제국주의 전쟁'에서 승리가 역사로 구성하였기 때문이다. 따라서 제1차 핵실험은 북한 내에서 김정일의 정치적 정당성을 제고하는 효과를 가졌을 것으로 보인다. 이후 부시는 6자회담을 진행하여 2007년 2.13합의를 통해서 제1차 북핵위기와 같이 경제적 지원을 통한 북한 핵문제 해결을 도출한다.

그러나 김정일 시기 2009년 핵실험은 다른 방식으로 전개된 것으로 보아야 한다. 북한의 가장 중요한 동맹인 중국과의 정상관계가 복원된다. 2008년 김정일은 건강이 갑자기 악화된다. 이는 곧 짧은 기간 내에 후계자 문제를 정리해야 함을 의미한다. 갑작스럽게 부자세습에 의한 후계자 선정은 북한 대중들로부터 심리적 저항을 일으키게 될 것이다. 따라서 북한은 국내적으로 젊은 지도자와 함께 새로운 시대가 도래할 것이라는 비전을 제시할 필요가 있다. 이것이 바로 2009년 4월 '광명성2호'의 발사이다. 광명성은 강성대국론의 실현을 위한, 첨단돌파전을 위한 상징성을 가지고 있기 때문이다. 북한은 우주개발을 명목으로 은하2호를 통한 광명성을 쏘아 올리겠다는 계획을 국제기구에 통보를 하였다. 문제는 로케트 기술과 장거리 미사일 기술은 중첩되며 2006년 제1차 핵실험을 한 전력을 고려한다면 국제사회에서의 의심은 합리적이다. 이에 2009년 4월 13일 안전보장이사회에서 북한 행위를 규탄하는 의장성명을 발표하였다. 역시 북한은 강대강의 일관된 태도를 견지 제2차 핵실험을 단행한다.

2008년 이후 북한은 젊은 후계자를 통한 새로운 시대를 열어줄 비전을 주민들에게 제시할 필요가 있었다. 2009년 북한의 신년사에서 "정치군사적 위력에 의거하여 우리 경제와 인민생활을 높은 수준에 올려 세움으로써 2012년에는 기어이 강성대국의 대문을 활짝 열어놓으려는" 당의 의지를 공개적으로 표명한다(노동신문, 2009년 1월 1일). 따라서 북한의 지배권력은 이런 지배담론의 구성과 걸맞게 상징전략에 의해서 '광명성2호'를 쏘아 올린 것이다. 이에 대한 국제사회의 반발을 예측했다는 듯이 안보리 의장성명 발표 후 바로 강대강의 태도에 의해서 핵실험을 단행한 것이다. 이는 1차 핵실험은 북미 간 적대관계를 기반으로 진행되었다는 점에서 안보문제가 사회적으로 최우선과제로 구성된 대내외환경을 반영한 결과라면 2차 핵실험은 1998년 '광명성1호'와 같이 새로운 비전과 첨단돌파전을 위한 대내적 특수성과 연결하는 것이 합리적인 설명으로 보인다.

이후 북한은 후계자 문제를 처리하기 위하여 2009년 헌법수정을 통해서 국방위원장의 역할과 책임을 부분 수정한다. 즉, 1998년 헌법에서 국방위원장은 '국방사업 전반을 지도'한다는 조항을 2009년 헌법에서 '국가의 전반사업 지도'로 수정한다. 즉, 국방에서 국가로 수정은 1972년 헌법에서 국가주석(중앙인민위원회)가 정무원 지도를 통해 인민경제를 책임지는 구조를 그대로 가져온 것으로 볼 수 있다. 즉, 최고지도자의 역할을 인민경제부문으로까지 확대한 것으로 보이며 이는 2009년 광명성2호 발사와 연결된다고 볼 수 있다. 이어 2010년 김정은을 3차 당대표자회에서 당중앙군사위원회 부위원장으로 임명함으로써 후계자를 대내외적으로 공식화한다.

2. 김정은 시기 대외정책

김정은 시기 북한의 지배담론을 2012 북한 헌법서문와 신년사, 2016년 헌법과 7차 당대회 사업총화를 통해서 정리할 수 있다. 2012년 북한은 헌법을 수정하면서 서문에서 시대상황을 "세계사호주의체제의 붕괴와 제국주의련합세력의 악랄한 반공화국압살공세속"으로 규정함으로써 역

시 '제국주의와의 전쟁'이 지속되고 있음을 지적한다. 김정일 시기 시대
적 요구, 즉 사회적 최우선과제는 '제국주의와의 전쟁에서 승리하는 것
이며, 그 결과의 성취물로서 "정치사상강국, 핵보유국 ... 강성국가건설
의 휘황한 대통로를 열어놓"은 것으로 구성하였다. 이는 김정은 시기
지배담론도 역시 김정일 시기 선군정치를 계승하겠다는 점을 보여준 것
이다.

2013년 신년사에는 2012년을 "광명성3 2호기를 성과적으로 발사(하여)
... 우주과학기술과 종합적 국력"을 제고하였음을 승리의 역사로 구성하
였다. 또한 2014년 신년사에서 2013년 3차 핵실험에 대해서 직접적인
언급을 하지 않고 "국방과학의 첨단을 돌파"하였다는 표현만 있다. 이는
2013년 김정은이 자신의 새로운 비전으로서 '새로운 병진노선'을 제시한
것과 연결이 된다. 즉, 인민경제부문과 핵무력을 동시에 발전시키겠다
는 의지를 새로운 지도자로서 등극하면서 제시한 것이다. 즉, 최고지도
자의 역할과 책임을 복지와 안보 두 영역으로 확대하면서 김정일의 업
적─핵무력과 선군정치─을 계승하겠다는 것을 동시에 표명한 것이다.
2013년 북한은 '새로운 병진노선' 채택과 함께 '경제개발구' 관련 정령을
최고인민회의에서 채택한다. 경제개발구는 중앙정부 차원에서의 지정
과 지방정부 차원에서의 지정이 모두 가능하다. 원산·금강산 지대와
같은 경제특구는 중앙정부에서 직접 자원을 투여하지만 대부분의 지방
정부 차원의 경제개발구는 북중 접경지역을 기준으로 하면 북한의 지
방정부, 중국의 지방정부, 중국 또는 해외 자본이 삼자 간 합의에 의해
서 개발한다는 계획이다. 즉, 중앙정부의 예산지원 없이 중국 또는 해
외자본에 의존한 경제개발 계획은 김정은 정권의 경제개발구와 관련하
여 적극적인 의지가 없음을 시사한다.

그럼에도 불구하고 김정은 시기 경제는 2015년 일시적인 마이너스
성장을 제외하면 2012년부터 2016년까지 수치는 낮지만 조금씩 개선되

고 있는 것으로 보인다. 이는 대체적으로 그 원인을 중국에서 찾을 수 있을 것으로 보인다. 중국은 북한의 추가 핵실험이 있으면 국제사회의 제재에 동참하지만 북중무역은 지속적으로 증가하여 2010년 약 34억 달러, 2011년 약 56억 달러, 2012년에서 2016년 사이 60억 달러 선에서 유지되고 있다. 이는 북한의 핵실험과 국제사회의 제재국면에서 중국은 일시적으로 제재에 동참하지만 연간기준으로 보면 다시 북중관계를 고려하여 무역을 증가한 결과로 볼 수 있다. 이는 북한의 입장에서 보면 견고한 북중동맹으로 평가할 만하다. 또한 러시아 푸틴은 동방포럼을 중심으로 두만강개발계획에 적극적으로 관심을 가지고 있으며 따라서 북러관계에서 경제협력의 가치에 대한 지대한 관심을 가지고 있다는 점이다. 2018년 최근 중국과 러시아는 북미정상회담 이후 북한의 비핵화관련 조치들과 함께 국제사회의 제재를 어느 정도 풀어야한다는 의견을 제시하고 있다. 현재 북한의 대외환경은 북중관계, 북러관계 등 동맹관계는 매우 우호적인 환경으로 구성되어 있는 듯하다.

이와 관련하여 2016년 헌법을 통해 최고지도자의 역할과 책임이 어떻게 수정되었는지를 살펴보면 다음과 같다. 자신의 비전제시와 맞게 최고지도자의 직명은 '국방위원장'에서 '국무위원장'으로 대체된다. 이미 2009년 헌법을 통해서 최고지도자가 '국가사업 전반 지도'하는 조항을 2012년, 2016년 헌법에서도 동일하게 적용하였다는 점에서 김정일 시기 이미 후계작의 역할과 책임을 규정하고 이를 계승한 것으로 볼 수 있다.

북한은 2016년 7차 당대회에서 시대상황을 "제국주의자들과 사회주의 배신자들의 책동으로 .... 사회주의가 련이어 무너지는 비극적인 사태"가 초래되었다고 하며 따라서 "제국주의자들의 반사회주의 공세는 사회주의의 보루"로서 북한 남게 되었다고 규정한다. "제국주의의 핵위협과 전횡을 계속하는 한 경제건설과 핵무력 건설을 병진"할 것을 천명한다.

이런 시대규정과 함께 당대회에서 핵무기가 가치를 다섯 가지로 정리하고 있다는 점이다. 핵무력은 첫째, '안전과 평화의 담보물', 둘째, 통일을 위한 담보물, 셋째, 대외관계의 주도권과 세계평화를 위한 주도권의 담보물이며 이와 함께 핵무력과 광명성은 넷째, 첨단돌파전의 담보물, 다섯째, 새로운 병진노선의 담보물 등으로 구성하였다. 즉, 핵무력과 광명성은 평화, 통일, 대외관계의 주도권, 첨단돌파, 병진노선의 담보물로서 규정함으로써 핵무력을 통한 보다 적극적인 현재의 어려움을 극복할 것이라는 현상타파의 의지를 표명한 것으로 볼 수 있다.[8]

북한이 2016년 6차 당대회 전부터 연초에 4차 핵실험을 시작하여 5차 핵실험과 2017년 6차 핵실험과 다양한 미사일 실험과 마침내 ICBM급 미사일을 11월 28일 실시한 이후 핵무력 완성을 선언했다(노동신문, 2017년 11월 29일)는 점이다. 2016년 당대회 사업총화를 근거로 하면 북한은 핵무력이라는 담보물을 바탕으로 남북관계와 북미관계에서 주도권을 행사하겠다는 의지를 표명한 것으로 볼 수 있다. 따라서 2017년 핵무력 완성 선언은 이후 남북관계와 북미관계에서 주도권을 가지고 협상을 임한다는 것은 자연스런 현상이다. 이는 2018년 신년사에 남북관계에서 평창올림픽을 참가를 언급하면서 실현된다. 사실 2017년 6차 핵실험 이후 UN은 북한의 해외자금줄을 직접적으로 제재안이 만장일치로 통과되면서 예견된 것이기도 하다. 현재까지 3차례 남북정상회담, 2차례 북미정상회담이 진행되었다.

본고는 북한의 대외정책의 결정요인에서 국내적 특수성을 강조했단. 김정은은 2013년 '새로운 병진노선'과 '경제개발구'를 채택함으로써 인민경제가 개선될 것이라는 비전을 제시하였다. 다행히도 북중무역에서 60억 달러 정도로 유지가되고 북한의 GDP가 다소 호전되면서 이는 실현되

---

8) 7차 당대회에서의 핵무력의 가치에 대한 정리는『김정은 시대 조선로동당』신대진, 임상순, 제3장 "제7차 당대회와 북한 안보정책의 지속성과 변화" 참조.

는 것처럼 보였다. 문제는 2017년 UN제재효과는 북한의 경제를 어렵게 할 수밖에 없다는 점이다. 특히 북한의 경제가 북중무역에 대한 의존도가 작지 않다는 점을 고려한다면 중국의 국제사회의 제재 동참효과는 클 것으로 보인다. 2017년 북한 경제는 3.5% 마이너스 성장을 하였으며 금년도 제제효과가 지속된다면 마이너스 성장은 이어질 것으로 보인다. 김정은 시기 2015년 일시적인 마이너스 성장 외 지속적인 플러스 성장을 하였다는 점을 고려한다면 김정은에게 국제사회의 제재에 따른 경제위기는 국내적 정치적 정당성을 위협하는 요인으로 작동할 것으로 보인다.

여기서 광명성과 핵실험 간의 관계를 정리해 보겠다. 2012년 '광명성 3 1-2호기' 발사에 따른 2013년 제3차 핵실험은 2009년 김정일의 광명성 발사, 국제사회 제재, 강대강 태도로서 핵실험한 순서를 그대로 가졌다는 점이다. 이는 국내적으로 경제강성국가를 성취하기 위한 대내적 메시지가 일차적으로 중요한 대외정책의 결정요인으로 볼 수 있으며 이는 2012~2013년 김정은 시기에도 유지되었다. 그러나 2016년 당대회에서 핵무력을 현상타파를 위한 담보물로 규정하고 당대회 전후 4차, 5차 핵실험을 하였다는 점이다. 심지어 4차 핵실험 이후 광명성 4호를 쏘아 올렸지만 이후 광명성 5호는 발사되지 않고 다종의 미사일 실험을 하였다는 점은 핵무력을 바탕으로 현상을 타파하겠다는 의지를 보여준 것으로 볼 수 있다. 즉, 경제강성대국가로 가기 위한 국제사회의 봉쇄를 타파하기 위해서 핵능력을 증진하기 위한 강대강 전략을 2016년부터 구사한 것으로 볼 수 있다.

V. 결론

북한의 대외정책결정 요인은 현실주의 관점의 세력분포, 상대적 능력, 동맹－적대관계 등이 일차적으로 중요하지만 국내적 특수성, 즉 정권안보와 관련된 최고지도자의 정치적 정당성 제고, 자원제약성과 밀접한 연관되어 있다. 또한 구성주의 관점에서 북미관계에서 홉스적 적대관계가 상호주관성으로 구성되거나 북한의 체제를 위협, 북한 주민의 입장에서는 일상의 급격한 변화를 위협하는 존재론적 안보도 중요한 위협을 구성하는 요인이 되었다.

특히 국내적 특수성에서 지배담론이 시대상황을 어떻게 규정하고 있는지, 그에 따른 사회적 최우선과제를 어떻게 구성하고 있는지, 최고지도자의 역할과 책임은 어느 부문인지를 선택하는 것은 정치적 정당성을 재생산하는데 있어서 매우 중요하다. 지배담론은 대내외적으로 안보와 관련된 환경뿐만 아니라 국내사회적으로 지배담론이 구성해 놓은 사회적 집합적 관념의 관성적 요인을 고려하여 지배담론은 부분적인 수정만 가능하며 일관성을 가져야 한다. 즉, 대외정책을 결정하는 요인으로서 지배담론을 파악하는 것은 매우 중요하다. 또한 정치적 정당성이 최종적으로 북한주민들에게 인민경제를 복원하여 복지문제를 해결하는데 있다면 자원제약성은 매우 중요하며 북한의 대외의존도가 높다는 점을 감안하면 자원제약성 문제 또한 대외정책의 강한 대외정책 결정요인으로 평가할 수 있다. 따라서 2017년 6차 핵실험 이후 국제사회의 제재와 중국의 적극적인 동참은 2018년 북미 간 핵협상을 하도록 유도한 상황강제요인으로 작용했을 것으로 보인다. 그러나 이도 2016년 당대회를 통한 핵무력을 통한 현상타파를 위한 주도권을 가지겠다는 의지표명, 2017년 6차 핵실험과 ICBM급 미사일 실험에 따른 '핵능력 완성'선언은 곧 북한의 주도권을 가지고 협상에 임하겠다는 의지의 표명으로 평가할 만하다. 즉, 북한의 대내외환경 모두 북한의 대외정책에 영향을 미치지만 보다 직접적인 요인 북한의 국내적 특수성이라고 볼 수 있다.

이상 선군정치와 연결해서 북한의 대외정책을 결정하는 요인들을 정리하면 다음과 같다. 북한의 대외정책, 즉 북미관계에서 중요한 포인트는 핵 및 미사일 실험과 '광명성'발사이다. 첫째, 광명성의 발사시기이다. 1998년 강성대국론이라는 비전을 제시하였다는 점이다. 강성대국은 사상강국, 군사강국, 경제강국을 의미한다. 여기서 중요한 것은 강성대국론 비전과 함께 최고지도자가 선택한 것은 '광명성1호'을 쏘아 올렸다는 사실이다. 북한에서 광명성은 강성대국으로 가기위한 첨단돌파전을 위한 상징성을 가지고 있다. 그러나 또 하나 중요한 것은 북한이 광명성을 쏘아 올리고 UN에서 제재를 하면 그 대응책으로 핵실험을 했다는 점이다. '광명성1호'는 강성대국론 비전을 실현하기 위한 상징적 정책으로 볼 수 있다. 이후 '광명성2호'는 2009년, '광명성3-1호, 광명성3-2호'는 2012년에 쏘아 올리고, 광명성4호는 2016년 쏘아 올리고 이후 '광명성5호'는 소문만 무성했고 실제 쏘아 올리지 않았다. 핵실험과 연결해서 보면 2006년 1차 핵실험, 2017년 6차 핵실험 시에는 경제강성대국의 상징성을 가진 '광명성'을 쏘아 올리지 않았다. 그러나 이 두 시기는 북미관계와 북한의 전략적 판단을 이해해 볼 필요가 있다.

둘째, 북한의 대내외환경과 핵실험과 관련된 태도이다. 탈냉전 이후 북한의 대외환경을 고려하여 북미관계를 협상중심, 방어적 도발과 협상, 현상타파적 도발과 협상 전략을 선택한 것으로 보인다. 객관적인 대외환경에서의 위협요인은 구소련 해체에 따른 세력불균형, 북한 경제의 붕괴에 따른 남한과의 상대적 능력의 하락, 중국과 러시아의 미국에 대한 편승적(협력적) 또는 균형적(경쟁적) 태도에 의해서 동맹관계에 의한 위협구성, 그리고 미국의 대북한 적대시 태도에 의해서 구성되었다. 탈냉전 이후 북한이 북미관계에서 두 번의 태도전환이 있었다. 첫째, 탈냉전 이후 국제구조에 의한 세력불균형 상황 속에서 동맹이 약화된 상황을 반영하여 미국에 편승하는 태도를 보인다. 즉, 협상을 통한 북미관계 해소이다. 제1차 북핵위기에 대한 북미 간 제네바 합의, 1998년 북미 간 시작되었고 북미 정상회담을 합의했던 2000년까지의 미사일 협상이다. 둘째, 북미관계에서 상대적으로 다소 미국의 적대적 행위에 대응하여 핵미사일 중심의 도발과 협상을 반복시기이다. 셋째, 핵보유국으로서 현상타파를 위한 '선 도발 후 협상의 시기'이다. 이는 2016년 제4, 5차 핵실험과 2017년 제6차 핵실험을 통해서 나타난다. 이후 2018년부터 현재까지 3차례의 남북정상회담, 2차례의 북미정상회담으로 전개되었다.

셋째, 북한은 부자세습이라는 국내적 특성을 가진다. 김정일과 김정은은 모두 부자세습이라는 권력세습을 통해서 최고지도자로서의 권력을 장악하였다. 북한의 특수성을 인정한 정권안보의 구조를 정리하면 다음과 같다. 첫째, 최고지도자와 대중 간 공식/비공식적 관계에 의해서 정치적 정당성을 재생산한다. 최고지도자는 대중의 현장을 직접 방문하여 지도하는 '현장지도'의 형식을 통해서 지배엘리트들을 배제하였다. 따라서 최고지도자가 지배담론을 통해서 사회적 최우선 과제를 선정하고 이에 대한 승리의 역사를 통해서 물질적, 상징적 보상을 통해서 대중으로부터 지지를 획득할 수 있다. 이와 대외정책을 연결해서보면 대외정책은 안보문제에서 핵능력을 중심으로 물질적 보상을 직접 대중들에게 제공하고 핵능력을 통해서 미 제국주의 세력의 경제봉쇄를 타파할 수 있을 것이라는 기대를 유도할 수 있다. 또한 광명성이라는 상징전략을 통해서 첨단돌파에 의한 경제강성대국의 실현을 기대할 수 있다.

참고문헌

1. 국내문헌

신대진. "권력의 자기합리화 전략으로서 지배담론 분석: 김정일 시기를 중심으로." 『통일문제연구』 제26권 1호 (2014).

_____. "김정일 시기 대외정책의 국내정치성: 사회적 강제, 자유활동공간, 순응적 태도." 『통일문제연구』 제29권 1호 (2017).

_____. "북한 리더십 위기와 핵·미사일 개발." 『국제관계연구』 제22권 2호 (2017).

신대진, 임상순. 『김정은 시대 조선로동당』. 서울: 선인, 2018.

2. 국외문헌

Handel, Michael 저. 김진호 옮김. 『약소국생존론』. 서울: 대왕사, 1985.

Kenneth N. Waltz 저. 박건영 역. 『국제정치이론』. 서울: 사회평론, 2005.

Randall L. Schweller, *Unanswered Threats: Political Constraints on the Balance of Power*. Princeton: Princeton University Press, 2006.

Snyder, Glen.. "The Security Dilemma in Alliance Politics," *World Politics*, Vol. 36, No 4 (1984).

3. 기타자료

『로동신문』

제 8 장

북한 '선군시대 경제건설로선'에 대한 재고찰*

이창희

I. 들어가며

　과거 적지 않은 북한 연구자들은 북한의 선군정치로 상징되는 핵무기 개발에 대해서 핵으로 체제유지를 하려다 오히려 경제를 망치고 있다고 지적하며, 그로인해 북한의 정치 및 경제적 위기가 심화되고 있다고 말하였다. 최근까지도 북한은 체제를 유지하기 위해서 미국을 중심으로 하는 국제사회가 반대하는 핵무기 개발을 강행한 결과, 대북제재가 강화되어 스스로 경제발전에 해가 되는 봉쇄를 심화시켜 체제의 위기를 증폭시켰다고 주장한다. 이는 대북제재 만능론에 기초하여 2018년 경제-핵무력 병진노선의 폐기 등 지금의 북한 변화를 가져온 것이 유례없는 대북제재 때문이라는 평가를 가능하게 한다. 따라서 남북관계 및 북미관계 개선국면에서도 비핵화를 위한 강력한 대북 압박이 더욱 필요하다는 주장이 유효성을 얻게 된다.

　그러나 현재 북한은 유례없는 대북제재로 힘들어 하지만, 점진적인 경제회복을 실현해왔다. 2016년 한국은행은 강력한 대북제재에서 북한이 3.9% 경제성장을 실현했다고 발표하였다. 물론 2017년 북한 경제성

---

* 본 글은 2018년 8월 24일 현대북한연구회 학술회의 "선군정치와 북한사회의 지속성과 변화 전망"에 발표한 글을 수정·보완한 것이다.

장률은 각각 -3.5%, -4.1%를 나타냈다. 하지만 2018년 북중교역이 예년에 비해 절반 이상 감소하였지만, 북한의 시장 환율은 여전히 안정세를 유지하였다. 2019년 북한은 102년만의 가뭄에도 장마당 쌀값이 안정적이다. 이러한 상황에서 강력한 대북압박의 유지는 오히려 코리아리스크를 재발시키는 등 남한 경제성장의 안정화에 일정한 장애를 조성할 수 있다.

  따라서 우리는 섣부른 진단에 기초한 행동보다는 북한에 대한 엄밀한 연구를 통해 합리적인 대북정책을 마련해야 할 것이다. 이를 위해 북한에 대해 내재적으로 정치 및 경제적 위기 극복, 또는 심화 여부를 살펴보아야 한다. 특히, 김정은 집권기 경제-핵무력 병진노선의 기초가 되었던 선군정치와 경제발전, 즉 '선군경제발전략'의 의미를 파악하면서 북한 발전전략의 역사적 실효성에 대한 평가를 진행해야 한다.

II. 선행연구와 북한의 고전적 발전전략에 대한 제도적 추진

  북한의 선군경제발전전략에 대해서는 크게 2가지 관점이 존재한다. 다수를 이루는 하나는 당·군경제에서 더 나아가 군수경제를 중심으로 하는 북한의 체제유지전략으로 군대를 중심으로 사회적 양극화가 심화되었고, 경제운영의 선순환이 붕괴되었다는 것이다.[1] 소수를 이루는 또 다른 하나는 과거 경제-국방 병진노선의 경직성에서 벗어나 계획과 시장의 공존을 추구하면서 체제유지와 경제발전을 동시에 추구하는 발전전략이라는 것이다.[2]

---

1) 배종렬, "북한의 딜레마: 경제강국 건설과 시장경제,"『수은북한경제』 2011년 여름호 (서울: 한국수출입은행, 2011) 참조.
2) 임수호, "김정일 정권 10년의 대내 경제정책 평가: '선군경제노선'을 중심으로,"『수은북한경제』 2009년 여름호 (서울: 한국수출입은행, 2009) 참조.

본 연구는 전자보다 후자에 가까운 입장을 취한다. 북한이 1960년대 경제－국방 병진노선, 2000년대 선군경제노선, 2010년대 경제－핵무력건설 병진노선 등을 취하는 것은 단순한 위기 대응이 아니라, 국력지향형 발전국가론에 기초한 전략적인 입장에 있기 때문이다. 북한은 해방 이후 국가발전전략을 후진국의 입장에서 사회복지지향형과 국력지향형 가운데 국력지향형을 강하게 추구하였다. 우선 경제발전을 중심으로 사회복지를 발전시켜 국제적 불평등을 완화하고, 생활수준의 격차를 점진적으로 축소하는 방향으로 발전전략을 추구하기보다는, 선진국과의 경제적 격차뿐만 아니라, 정치 및 군사적 힘의 격차를 동시에 줄이려는 발전전략을 추구하였던 것이다.3)

국력지향형 발전전략은 고전적인 발전전략에 다름 아니다. '발전'이란 개념은 유럽의 국민국가 건설과정에서 비롯되었다. 1648년 베스트팔렌 조약에서 비롯된 국민국가 중심의 근대적 국제질서에서 국가들은 서로 경쟁하며 발전을 추구하였다. 국민국가들이 발전을 통해 추구하는 5가지 요소는 첫째 국가의 영토에 대한 정치·군사적 통제력 강화, 둘째 영토에 대한 군사적 방어, 셋째 영토 내 물질적 복지 제공, 넷째 정치적 정통성 확보, 다섯째, 영토 내 국민들의 문화적 동질성 확보 등이었다. 이는 국민국가 건설과정에서 핵심적으로 추구되었고, 국가의 발전전략 목표와 동일시되었다. 따라서 국민국가 수립을 성공적으로 진행하기 위해 국가를 건설하고자 하는 주요세력에게는 국방자금, 복지자금, 투자자금 등 경제적 자원이 요구되었고, 이를 뒷받침하는 경제성장이 필요했다. 특히 경제성장 전략으로 화폐만을 중시하는 중상주의의 편향을 넘어서 산업, 그중에서도 공업 능력의 발전에 주목하였다. 공업화는 국부의 축적만이 아니라, 안보를 담당하는 전쟁 수행능력과 밀접히 관련

---

3) 양문수,『북한경제의 구조』(서울: 서울대학교출판부, 2001), p. 70 참조.

되기 때문에 더욱 관심을 끌었다.[4)

또한 본 연구는 북한 경제-국방 병진노선의 변화과정을 설명하기 위해서 발전전략 검토와 함께 역사적 제도주의 접근을 활용하고자 한다. 북한은 1945년 일제 식민지 붕괴와 외세에 의한 해방이라는 상황에서 철저하게 고전적 발전전략을 추구하였다. 1946~1949년 중국의 제2차 국공내전과 맞물려 중국 공산당을 지원하기 위해서도 북한은 일제 강점기의 유산인 군수산업을 포함한 중공업을 주되게 복구하는 동시에, 농업과 경공업의 발전을 동시에 꾀하였다. 고전적 발전전략의 성과는 중국혁명의 승리와 맞물려 한국전쟁을 추진하는 힘으로 악용되기도 하였다. 북한은 전후복구 노선에서도 중공업 중심의 고전적 발전전략을 지속하였다. 따라서 전후복구의 성과 속에서 1960년대 북한은 경제력과 국방력의 동시 발전을 추구하는 경제-국방 병진노선, 즉 자립적 민족경제노선에 따른 전형적인 고전적 발전전략을 채택하였던 것이다. 이것이 북한 발전노선의 원형이 되었고, 이에 기초하여 경로의존적으로 상황에 따라 변형된 고전적 발전전략이 추진되었다.

이는 당시 동유럽을 비롯한 대부분의 사회주의 국가들이 자립적 발전전략을 탈피하여 사회주의 국제분업체제와 공동안보시스템을 구축하려는 시기에 도출된 것이기에 독특한 의미를 지닌다. 1960년대 초반 적지 않은 사회주의국가들이 경제와 국방을 모두 성과적으로 추진하려는 고전적인 자립적 발전노선을 실행하는 과정에서 경제침체 등의 한계를 절감하였던 것이다.[5) 하지만 북한은 고전적 발전전략에 기초하여 독자

---

4) 이연호,『발전론』(서울: 연세대학교출판부, 2009), pp. 4~6 참조.
5) "경제에서 심각한 문제들, 특히 기술발전의 낙후와 생산의 비효율 및 병목 현상은 사회주의 국가들의 군사력에 위협 요소가 된다. 소련이 자국의 동맹국들과 함께 이 분야에서 자본주의 세계에 뒤처지지 않아야 한다는 목표는 언제나 더 큰, 거의 견디기 힘든 희생을 요구한다. … 이 모든 상황들은 소비로 돌아가야 할 생산의 몫을 더욱더 갉아 먹고, 결국 삶의 질을 낮은 수준에 머무르게

적인 자립적 발전노선을 제도적으로 확립하여 경제-국방 병진노선을 추구하였다.

당시 북한은 대안의 사업체계, 청산리방법 등의 정책으로 1960년대 북한의 경제성장을 실현하였고, 이에 기초하여 국방력 강화가 포함된 자립적 민족경제노선을 확립하였다. 중·소분쟁과 베트남전쟁 등으로 인한 경제-국방 병진정책의 본격화에 따른 경제침체에도 불구하고, 1970년대 초 북한의 자립적 사회주의노선은 헌법 제도로 더욱 공고화되어 사회를 지배하게 되었다. 공고화된 북한식 사회주의는 1970년대 이후 전개된 각종 위기에 사회주의의 원칙을 고수하는 보수적 정책과 유연하게 대응하는 개혁정책과의 절충 속에서 지속되었다. 1990년대 고난의 행군 이후 2000년대 본격적으로 등장한 실리사회주의와 선군정치에 기초한 선군경제노선, 2010년대 우리식경제관리방법과 함께 추진된 경제-핵무력 병진노선이 경로의존적으로 절충된 정책의 대표적 사례인 것이다.

중국도 당-국가의 사회주의체제에서 고전적 발전전략을 추진하는 대표적 나라이다. 혼란스러웠던 문화대혁명 때에도 고전적인 발전전략에 기초한 '군사경제합일전략(軍事經濟合一戰略)'을 추진하였다. 이를 통해 중국은 핵폭탄, 수소폭탄, 인공위성 발사 등 '양탄일성(兩彈一星)'의 독자적인 군수공업과 과학기술을 개발할 수 있었다. 이로써 중국은 다소 부족함은 있었지만, 비교적 채굴부터 가공 및 제조까지 완비된 일관된 국방공업체계를 갖추게 되었다. 이러한 국방력 강화는 농가청부생산책임제의 도입, 지방 향진기업의 발전 등 중국의 경제성장을 이끈 개혁개방노선으로의 변화에 대한 사회주의 체제의 안정적 기반으로 작용하였다.[6] 따라서 북한도 경제-핵무력 병진노선을 통한 국방력 강화의

한다." Kornai, J. *The Socialist System* (Princeton: Princeton University Press, 1992), p. 384.

성과에 기초하여 최근 사회주의경제건설 총집중노선이라는 개혁정책을 채택하였다고 볼 수 있다.

결국 북한은 상황에 맞게 고전적 발전전략의 추진방식을 변화시키며, 그것을 지속적으로 실행하고 있는 것이다. 따라서 경제-핵무력 병진노선의 기초가 되는 선군경제발전노선에 대한 연구는 북한의 고전적 발전전략 변화에 대한 역사적 이해에 도움이 될 것이다. 또한 남한의 대북정책 및 통일 정책에 시사점을 제공할 것이다.

III. 북한의 경제-국방 병진노선 변화과정

1. 1960년대 경제-국방 병진노선의 등장

북한은 1962년 12월 당중앙위원회 제4기 제5차 전원회의를 통해 '국방에서의 자위'를 표방하며 "경제와 국방을 병진하는 노선", 즉 경제-국방 병진노선을 채택하면서 4대 군사노선인 '전인민의 무장화', '전군의 간부화', '전지역의 요새화', '전군의 현대화'를 결정하였다. 이는 1961년 미국의 쿠바 피그만 침공에 따른 위기의식과 1962년 10월 쿠바 미사일 위기에 대해서 소련이 미국에 대해 타협적 태도를 취하고, 그 이후 북한의 군사적 지원 요청을 거절한 것 등에 기인한 것이었다. 또한 북한은 당시 사회주의 진영의 이념분쟁 및 중소분쟁에서 독자적 노선의 필요성을 절감하였다. 이러한 상황에서 북한은 자주적인 경제-국방 병진노선을 채택하였던 것이다.

하지만 북한의 경제력 및 국방력 동시 강화입장은 해방 이후 혁명적

---

6) 린이푸 외, 한동훈 · 이준엽 역, 『중국의 개혁과 발전전략』 (서울: 백산서당, 2001), p. 91 참조.

민주기지노선에서 이미 나타난 것이다. 1945년 12월 북조선공산당 중앙
조직위원회 제3차 확대집행위원회의 보고에서 '통일민주독립국가건설'
을 위해 '민주기지'7)라는 단어가 처음 제시되었다. 그리고 그것의 내용
은 1947년 4월 김일성이 평양 곡산공장에서 한 연설에서 구체적으로 나
타났다. '통일민주독립국가'를 위해 정치, 경제, 군사적 역량을 지닌 민
주기지를 형성해야 하며, 이를 실현하고자 자립적 민족경제가 건설해야
한다는 것이다.

 "그러기 위하여서는 북조선에 민주기지를 튼튼히 꾸려야 합니다.
 민주기지를 튼튼히 꾸려야 통일되고 독립된 부강한 새 민주조선을
 성과적으로 건설할수 있습니다. 우리는 북조선에서 이미 달성한 민
 주개혁의 성과들을 공고히 하며 정치, 경제, 군사적 력량을 더욱 강
 화함으로써 민주기지를 튼튼히 다져야 합니다. 부강한 민주주의완전
 독립국가를 건설하기 위하여서는 자립적민족경제의 토대를 튼튼히
 축성하여야 합니다. 자립적민족경제의 튼튼한 토대를 축성하는것은
 부강한 민주주의완전독립를 성과적으로 건설할수 있는 확고한 물질
 적 담보로 됩니다. 자립적민족경제의 토대를 축성하지 않고서는 나
 라의 통일독립을 달성할수 없으며 인민들의 행복한 생활을 보장할수
 없습니다."8)

---

7) "그러면 우리 당앞에 제기된 당면과업은 무엇입니까? 첫째로, 현단계에 있어
   서 우리 당의 정치로선은 모든 민주주의적 정당, 사회단체들과의 련합의 기초
   우에서 우리 나라에 통일적민주주의정권을 수립하며 북조선을 통일된 민주주
   의적독립국가 건설을 위한 강력한 민주기지로 전변시키는것입니다. 그러므로
   우리는 한편으로는 북조선의 정치, 경제, 문화 생활을 급속히 민주화하기 위
   한 투쟁에 도시와 농촌의 근로대중을 궐기시키며 다른편으로는 남북조선의
   모든 민주주의적 정당, 사회단체들과의 통일전선을 결성하고 그것을 백방으
   로 강화하여야 하겠습니다." 김일성, "북조선공산당 각급 당단체들의 사업에
   대하여(1945.12)," 『김일성 저작집 1』 (평양: 조선로동당출판사, 1979), p. 487.
8) 김일성, "평양곡산공장 로동자들앞에서 한 연설(1947.04)," 『김일성 저작집 3』
   (평양: 조선로동당출판사, 1979), p. 223.

경제력과 국방력을 동시에 강화하는 내용의 자립적 민족경제노선은 1960년대 초반 북한의 사회주의경제건설의 기본노선이자, 대원칙으로 발전하였다.[9] 1963년 자립적 민족경제노선을 정리하여 소개한 책자 『우리당의 자립적 민족경제 건설로선』 등에는 국방력 강화의 내용이 혁명적 민주기지노선으로 포함되었지만,[10] 향후 경제─국방 병진노선으로 변화되었다. 결국 북한이 건국 초기부터 표방하였던 경제력과 국방력을 모두 발전시키는 고전적 발전전략이 자립적 민족경제노선으로 구체화된 것이다.

경제─국방 병진노선은 1966년 10월 제2차 당대표자회에서 전면적으로 본격화되었다. 국방력 강화를 위해 경제발전의 속도를 낮추면서 1960년 재정의 3.1%에 불과했던 국방비가 1967년부터 북한 전체 예산의 30%로

---

9) "위대한 수령 김일성동지께서는 우리 나라에서 사회주의의 물질기술적토대를 튼튼히 쌓기 위한 투쟁을 현명하게 령도하시는 과정에 자립적민족경제건설에 관한 리론을 더욱 발전풍부화하시였다. 위대한 수령님께서 이 시기에 밝혀주신 자립적민족경제건설에 대란 리론은 불후의 고전적로작 ≪조선민주주의인민공화국정부의 당면과업에 대하여≫(최고인민회의 제3기 제1차회의에서 한 연설 1962년 10월 23일). ≪조선민주주의인민공화국에서의 사회주의건설과 남조선혁명에 대하여≫(인도네시아 ≪알리 아르함≫ 사회과학원에서 한 강의 1965년 4월 14일)를 비롯한 여러 로작들이 천명되었다. 위대한 수령님께서는 자립적민족경제건설의 기본내용을 독창적으로 정식화하시였다."『광명백과사전 5: 경제』(평양: 백과사전출판사, 2010), pp. 556~557.

10) "더욱이 해방 후 미제가 조국의 남반부를 강점하고 식민지로 전락시킴으로써 우리 혁명이 장기성과 간고성과 복잡성을 띠게 된 조건 하에서 자립적 민족경제를 튼튼히 건설함으로써 민주 기지를 공고화하는 것은 우리 혁명의 승리를 위하여 필수적으로 제기되는 요구였다. 조선 혁명의 종국적 승리를 달성하기 위해서는 북반부의 혁명적 민주기지를 정치, 경제, 군사적으로 철옹성 같이 강화해야 하였으며 이에 있어서 자립적 민족경제의 건설은 가장 중요한 의의를 가지는 것이었다. 자립적 민족 경제를 건설하고 혁명적 민주 기지를 강화하며 북한부에 지상 락원을 건설하여 사회주의 제도의 우월성을 전면적으로 발양시키는 것은 미제의 북진 소동과 군사적 침략 기도를 꺽는 결정적 힘으로 될 뿐만 아니라 남반부 인민들의 반미 구국 투쟁에 강력한 혁명적 영향을 미치며 조국 통일의 위업을 성취케 하는 추동력이 된다." 정태식,『우리당의 자립적 민족경제 건설로선』(평양: 조선로동당출판사, 1963), pp. 33~34.

확대되었다. 북한은 베트남전쟁을 바라보면서 한반도에서의 전쟁을 대비해 전시물자를 조성하는 동시에, 월맹에 대한 군사원조까지 진행하여 결국 물자부족 현상이 발생하였다. 1964년부터 북한은 '계획의 일원화, 세부화 조치'라는 초중앙집권적인 계획경제를 통해 빈틈없는 자원의 분배로 자원의 부족을 해결하고자 하였다. 하지만 북한은 절대적인 물자의 부족을 해결하지 못하였고, 이를 1967년 소비재 생산을 강조하는 갑산파 숙청 등 사상적 접근으로 해결하려고 했지만 오히려 경제침체현상이 발생하였다.[11]

1967년에 마쳐야 할 제1차 7개년 계획이 3년의 완충기를 가지게 되었다. 군사력은 강화되었지만, 경제력이 동시에 강화되지 못해 경제-국방 병진노선은 실패하였다. 결국 북한은 1969년 경제-국방 병진노선을 주도하였던 군부강경파를 숙청하면서 1972년 군수부문을 제2경제위원회를 분리하고, 국방비를 17%대로 감소시키는 경제개혁으로 노선의 변화를 꾀하였다.

2. 2000년대 선군경제노선의 도입

1970년대 초반 북한이 군수부문을 제2경제위원회로 돌렸지만, 군사력을 중시하는 고전적 발전전략에 입각하여 군수부문은 항상 자원배분의 우선순위 영역이었다. 따라서 1980년대 초반 군수공장에서 생활필수품을 제작해 부족한 민수부문으로 보내는 기형적 현상이 발생하기도 하였다.

---

11) "그 결과 1968년 전반기에는 화학공업 및 제철공업의 기존 용량의 50~60%만이 가동될 수 있었다. 예컨대 함흥 비료공장은 일시적으로 완전히 가동이 중단되기도 했다. … 1968년 봄 군사교육, 초과근무, 일요일 근무, 빈번한 집회 등등으로 모든 주민층에게 쥐어짜낼 수 있는 만큼 짜낸 힘겨운 상황으로 인하여 주민들은 엄청난 부담을 받고 있으며, 부분적으로 육체적으로 더 이상 버티기 어려운 한계에까지 이르렀다." 통일연구원 편, 『독일지역 북한기밀문서집』(서울: 선인, 2006), pp. 239~245.

나아가 1990년대 북한은 초유의 경제난을 겪으면서 체제의 생존을 위해 국가의 자원을 국방공업에 최우선으로 집중해야 하는 상황이 발생하였다.

1994년 북한은 제3차 7개년 계획의 실패를 인정하는 등 경제난을 겪으면서 중공업 우선노선에서 탈피하여 경공업·농업·무역제일주의의 혁명적 경제전략을 전개하였다. 그러나 혁명적 경제전략에도 불구하고 산업 가동률은 좀처럼 회복되지 않았다. 또한 핵문제를 둘러싸고 미국과 갈등을 겪으며 스스로 체제의 안전을 꾀해야 하는 필요성을 절감하게 되었다.

이러한 상황에서 북한은 1998년 국방공업 위주의 중공업 우선전략인 '혁명적 경제대책'을 추진하게 되었다. 당시 북한의 공장가동률은 20% 수준의 심각한 지경에서 회복되지 못하고 있었다. 이 속에서 북한은 국방공업을 중심으로 자원을 투입하여 산업의 일관생산시스템을 낮은 수준에서라도 유지하려는 정책을 추진하게 된 것이다. 일례로 당시 김책제철연합기업소(함경북도 청진), 황해제철연합기업소(황해북도 송림), 천리마제강연합기업소(평안남도 남포), 성진제강연합기업소(함경북도 김책시) 등 북한의 4대 제철소 가운데 성진제강연합기업소만을 유지하는 선택을 취한 것이다. 다른 철강소들은 모두 운영이 중단되었던 경험을 가졌음에도 한 번도 문을 닫은 적이 없는 성진제강연합기업소는 일제강점기부터 전기로를 통해 탱크 철갑장판 등을 생산하는 군수공장이었다. 따라서 북한은 철광석부터 미사일까지 생산하는 군수산업의 일관생산공정을 위해서 각 부문의 공장 가동률을 20~30% 수준으로 유지하며 재도약하려는 발전전략을 채택하였다.

물론 중공업 우선과 경공업 및 농업 동시발전노선에서도 나타났듯이 국방공업 중심의 중공업을 유지하기 위해서 최소한 농업을 동시에 발전시켜야 한다. 군수부문 노동자와 체제 수호에 종사하는 군인 등에게 제공할 식량을 생산해야하기 때문이다. 북한은 1998년부터 2005년까지 토지정리사업을 진행하는 동시에, 1999년부터 2009년까지 고도의 차이를 이용하여 전력을 절약하는 자연흐름식 물길공사도 진행하였다. 강원도에서 시작된 북한의 토지정리작업이 평안북도, 황해남도, 황해북도, 개성, 함경남도 등으로 전개되어 7,000여 정보의 새 땅을 확보하였다. 이는 선군정치라는 명목하에 인민군대가 앞장서고 국가가 일정한 자원을 보장하는 가운데 실행되었다. 토지 및 관개시설 등 농업인프라 개선으로 북한의 곡물생산량은 가뭄과 수해에도 400만 톤 이상을 생산하는 안정성을 확보하였다.

〈표 1〉 북한의 관개 현황 및 물길공사(1999~2009)

공사명	개천-태성호 물길	백마-철산 물길	미루벌 물길
공사기간	1999.11~2002.10	2003.5~2005.10	2006.3~2009.9
물길길이	154km	168.5km	220km
관개면적	99.610ha	46.750ha	26.000ha
사업비	6.310만 달러 - 북한: 4.680만 달러 -OPEC차관: 1.000만 달러 - 기타 원조단 지원	4.800만 달러 -OPEC차관: 1.202만 달러	n.a.
수혜지역	평안남도. 평양시의 10여 개 시, 군, 구역	평안북도 피현군, 용천군, 염주군, 동림군, 철산군, 신의주 100여 개 협동농장	황해북도 곡산군, 신계군, 수안군의 35개 협동농장
효과	곡물증산: 8.7만 톤 전력절감: 연 145백만kWh (FAO타당성보고서 기준)	공물증산: 10여만 톤 전력절감: 연 263백만kWh (북한OPEC 발표자료)	전력절감: 연 27백만kWh (3.23 조선신보)

* 자료: 통일부, 주간 북한동향, 각호

하지만 북한은 1990년대 후반 국방공업과 농업 이외의 다른 산업에 크게 신경 쓰지 못하였다. 생필품을 생산하거나 유통하는 경공업과 상업 등은 여전히 회복되지 못하고 있었다. 이 속에서 자연적으로 성장하는 북한의 장마당, 즉 자생적 시장경제가 그 영역을 조금씩 대체하였다. 이에 주목하여 북한 당국은 시장화를 인정하는 2002년 7.1조치, 즉 가격현실화 위주의 경제개혁정책을 선포하는 가운데, 2002 9월 "국방공업 우선적 발전과 경공업과 농업 동시발전"을 추구하는 '선군시대 경제건설노선'을 공식화하였다.12)

〈표 2〉 2012년 강성대국 진입목표와 실적 추산

김정일 시대 2012년 달성 목표 :1980년대 최고 생산력 수준 (북한『조선중앙연감』발표 기준)		2011년 실제 생산량 (한국은행추산)	2020년 국가경제개발 10개년 전략계획
1. 전력	555억 kWh(1989년)	생산능력 692만 kWh /실제 생산량 211억 kWh	3천만 kW
2. 석탄	8천500만 톤(1989년)	2,550만 톤	-
3. 철강	740만 톤(1987년)	122.5만 톤	2천만 t(제철)
4. 시멘트	1,350만 톤(1989년)	645.2만 톤	-
5. 화확비료	560만 t(1989년)	47.1만 톤	-
6. 직물	8억 7천 m(1989년)	-	-
7. 알곡	1,000만 t(1987년)	425만 톤	-

* 출처: 이창희, "제7차 조선로동당 대회로 살펴본 북한 경제정책의 변화,"『현대북한연구』제19권 3호 (2016) 참조.

이러한 선택과 집중 속에서 북한은 점진적인 경제회복을 맞이하였다.

---

12) "2001년 10월 3일 김정일은 7·1조치와 선군경제노선의 청사진을 제시한 담화에서 "국가계획위원회는 경제건설에서 전략적 의의를 가지는 지표들, 그밖의 소소한 지표들과 세부규격지표들은 해당기관, 기업소들에서 계획화하도록 하여야 한다"면서, 동시에 "군수공업을 선차로 내세우고 전력공업, 석탄공업, 금속공업, 철도운수부문 그리고 먹는 문제 해결을 위한 농업생산에 힘을 집중"하라고 지시했다. 이러한 토대 위에서 마침내 김정일은 7·1조치 직후인 2002년 9월 "국방공업을 우선적으로 발전시키면서 경공업과 농업을 동시에 발전시키는 선군경제노선"을 정식화하여 공식 제시하였다." 임수호, "김정일 정권 10년의 대내 경제정책 평가: '선군경제노선'을 중심으로,"『수은북한경제』여름호 (2009), p. 27.

이로 인해 북한은 선군경제노선을 통해 더욱 '강성대국' 건설을 강조하게 되었다. 북한은 1995~2000년을 고난의 행군시기, 2001~2006년을 강성대국 여명이 밝아온 시기, 2007~2012년을 강성대국의 문을 여는 시기[13]로 설정하면서 생산력을 1980년대 중반 수준으로 회복하려 하였다.[14] 이러한 흐름에 기초하여 2010년 내각결정으로 2020년 북한이 선진국에 진입할 수 있다는 '국가경제개발 10개년 전략계획'을 발표하기도 하였다. 그러나 선군경제노선은 목표 달성에 실패하였다.

주체 100년인 2012년 북한의 생산실적은 1980년대 최고생산력 수준에 알곡과 시멘트만이 절반 수준에 근접했을 뿐, 나머지는 크게 부족하였다. 북한은 2009년 100 : 1의 화폐개혁까지 감행하면서 국가의 재정을 확보하여 생산력을 향상시키려 했지만, 실패하였다. 물론 선군경제노선은 강성대국 건설에는 실패했지만, 고난의 행군을 극복하면서 낮은 수준의 점진적인 경제회복을 가져왔다.

3. 2010년대 경제 – 핵무력건설 병진노선의 채택

북한은 강성대국을 건설하지 못했지만, 기간 경험의 연장선상에서 2013년 3월 조선로동당 중앙위원회 3월 전원회의를 통해 '경제 건설과 핵무력 건설 병진노선'을 새롭게 채택하였다. 2011년 김정일 사망 이후, 김정은은 2012년 4월 제4차 당대표자회를 통해서 공식적으로 집권하였다. 그리고 20년 만에 당 중앙위원회 전원회의를 열어서 기존 계획과 시장의 실험적 공존을 제도화된 형태로 발전시킨 '경제 – 핵무력건설 병

---

13) "北학자들, 8월말 '우라늄 기술 확보' 공개주장,"『연합뉴스』, 2009년 9월 9일.
14) "강성대국의 문어구에 이른 오늘 우리가 도달하여야 할 최고의 생산수준은 사회주의완전승리를 위한 물질기술적토대축성에서 커다란 전진이 이룩되였던 1980년대 중엽의 생산수준이라고 말할수 있다." 리기성, "현시기 사회주의경제강국건설의 주요과업,"『경제연구』제1호 (평양: 과학백과사전출판사, 2009), p. 5.

진노선'을 채택하였다.

이에 따라 김정은 시대 북한은 2016년 7월까지 집권 5년 동안 탄도미사일을 31발 발사하였다. 김정일 시대 북한에서 집권 18년 동안 탄도미사일 16발 발사에 비교하면 1/3도 안 되는 시간에 두 배에 가깝게 탄도미사일발사를 한 것이다.[15] 핵실험도 김정일 시대 2차례에 비해서 김정은 시대 4차례 실행하였다. 이러한 사실은 김정은 정권이 자원을 최대한 집중하여 핵무기 완성에 매진했다는 것을 나타내는 것이다. 그리고 마침내 북한은 2017년 11월 '화성-15형' 대륙간 탄도미사일 발사를 통해서 핵무력 완성을 선언하였다.

이는 경제-핵무력건설 병진노선에서 하나의 측면인 핵무력 건설에서 성과가 있었음을 의미한다. 북한은 핵무력 완성을 통한 체제보장으로 군사비의 절감을 가져와 민수부문으로의 자원이동을 꾀하려 하였다. 물론 북한은 핵무력 완성을 위해 노력을 기울이는 동안에도, 경제-핵무력건설 병진노선의 또 다른 하나의 측면인 경제부문에서도 경제개혁을 통해 점진적인 경제회복을 지속시켰다.

2013년 3월 경제-핵무력건설 병진노선을 채택하기 이전부터 북한은 김정은이 공식 집권자로 등장한 2012년 4월 제4차 당대표자회 직후, 6월 '6.28조치'를 발표하였다. 6.28조치의 핵심은 분조관리제를 존치시키면서 분조마다 2~5명의 포전담당제를 실시하여 사실상의 가족영농제를 인정하는 경제개혁을 시범적으로 도입한 것이었다. 북한의 경제개혁은 그해 12월 더욱 진전되었다. 12.1 경제개선조치를 통해서 공장기업소의 평균주의를 완전히 타파하면서 성과급에 대해 100배까지의 차등제를 도입한 것이었다.

---

15) "김정은, 5년간 탄도미사일 31발 발사... 1천100억 이상 날려,"『세계일보』, 2016년 7월 27일 참조.

〈표 3〉 김정은 시대 주요 경제개혁 조치

시기	내용
2012년 6.28농업개혁조치 (농업 부문)	• 분조관리제 전면 개혁: 분조 관리제 밑에 포전담당제 도입(2~5명) • 초과생산물 자율처분권 대폭 확대: 생산량의 70% 국가, 30% 분조 - 40%(국가: 영농비용), 30%(국가 수매: 현금 배분), 30%(현물 배분) • 배급제 시스템의 이원화: 지역 양정소 공급과 기업소 현물분배
2012년 12.1경제개선조치 (기업소 부문)	• '지배인 책임경영제' 전면 확대 • 차등임금제 전면도입 - 성과급 중심 분배(최고 100배 차등)
2013년 5월 경제개발구법 (대외 부문)	• 지방정부 차원 경제개발구 설치의 법적 근거 마련 • 지역별 특색에 맞는 소규모 경제특구 설치 - 지방공업 개선과 자본 마련 목적
2014년 5.30조치 (총괄적 내용)	• 농업 생산량의 40%(국가 납부), 60%(농민 자율) - 농가 단위 영농 허용(1,000평까지도 텃밭 허용) • 사회주의기업책임관리제 도입*: 기업 자율권 부여 - 업종전환, 노력관리(고용과 해고), 임금 결정 자율 - 지방기업까지 무역권 허용

* 사회주의기업책임관리제는 2014년 11월 기업소법 개정에서 법적 제도로 명기되었고, 37년 만에 열린 2016년 제7차 당대회에서 우리식 경제관리방법으로 공식화되었음.
* 출처: 현대경제연구원, "최근 북한 경제정책의 특징과 통일에의 시사점," 『VIP 리포트』 제569호 (2014); "북한 농업개혁이 북한 GDP에 미치는 영향," 『현안과 과제』 제36호 (2014).

나아가 2013년 경제-핵무력건설 병진노선의 결정으로 대북제재의 강화가 명확히 예상됨에도 불구하고, 5월에 지방의 자율적인 경제개발구 설치를 허용하는 '경제개발구법'을 발표하였다. 이에 따라 김일성 시대 나진선봉지역 1곳 밖에 없었고, 김정일 시대 신의주, 황금평, 금강산, 개성 등 4곳에 불과하였던 경제특구가 김정은 시대 국가급과 지방급을 합쳐서 2013년부터 2017년까지 전국적으로 22곳이나 선포되었다.

그리고 이러한 경제개혁조치들이 총괄적으로 종합되어 2014년 '5.30조치'로 발전되었다. 5.30조치의 핵심은 기업소에 자율성을 대폭 부여하는 것이다. '우리식경제관리방법'이라는 5.30조치가 제도화된 '사회주의

〈그림 1〉 북한 경제특구 및 경제개발구

* 출처: "김정은식 개혁·개방 3종세트, 북미회담으로 탄력받나,"『한겨레신문』, 2018년 5월 21일.

기업책임관리제'라는 경제관리방식의 개혁으로 기업소에 무역권, 상대적인 가격제정권, 상품개발권, 노력조정권 등을 허용한 것이다.[16] 이는

---

16) "사회주의기업책임관리제하에서 근로대중은 기업체의 주인으로서의 지위에 맞는 확대된 경영권을 부여받고 행사하면서 기업관리를 능동적으로, 주동적으로 진행해나가게 되며, 이 과정에 온갖 예비와 가능성을 남김없이 동원하여 자기 단위에 맡겨진 국가적과제를 무조건 수행해나가게 된다." 리창혁, "경제강국건설과 주체사상을 구현한 우리 식 경제관리방법,"『경제연구』제1호 (평양: 과학백과사전출판사, 2017), p. 7; "기업체들이 계획권, 생산조직권, 관리도구 및 로력조절권, 새 제품개발 및 품질관리권, 판매권, 무역 및 합영합작권 등을 행사하도록 함으로써 집단주의적원칙에서 독자적으로, 창발적으로 기업

모두 과거 사회주의체제에서 국가가 독점했던 것이었다. 이러한 경제개혁조치에 힘입어 핵개발로 인해 대북제재가 유례없이 강화되기 시작했던 2016년 한국은행조차 북한이 16년 만에 최고치인 3.9% 경제성장한 것으로 발표하였다. 이는 경제-핵무력 건설 병진노선에 대한 적지 않은 논란과 북한 경제성장률에 대한 논쟁에서도 그 노선이 성과적이었음을 나타내는 증거가 되었다.

IV. 선군경제발전노선의 의미와 특성

1. 경제-국방병진노선, 선군경제노선, 경제-핵무력건설 병진노선의 비교

1960년대 경제-국방 병진노선, 2000년대 선군경제노선, 2010년대 경제-핵무력건설 병진노선 등을 살펴보면서 북한이 고전적 발전전략을 안보상 주요한 시기마다 더욱 심화시켜 추진했음을 확인할 수 있다. 사실 북한은 경제력 발전과 동시에 국방력 강화를 추구하는 고전적 발전전략을 지속적으로 실행하였다. 북한에서의 고전적 발전전략 추진은 1960년대 초반 경제력과 국방력 강화가 포함된 자립적 민족경제노선으로 공식화되었다.

하지만 북한은 고전적 발전전략을 상황에 맞게 방식의 변화를 꾀하면서 추진하였다. 첫 번째 북한 고전적 발전전략의 변화된 추진방식이 1960년대 경제-국방 병진노선이었다. 1962년 쿠바 미사일사태와 중소

활동을 하게 되어있다. 여기서 국가는 기업체들이 실질적인 경영권을 행사하는데 맞게 환경과 조건을 마련하여주는 방법으로 전략적 관리를 실현한다." 송정남, "전략적경제관리방법의 본질적 특징," 『경제연구』 제4호 (평양: 과학백과사전출판사, 2015), p. 16.

분쟁 등을 겪으며 스스로 전쟁을 대비할 수 있는 국가를 건설해야 한다
는 목표 속에서 경제성장 속도를 낮게 조절하면서 경제-국방 병진노선
과 그에 따른 4대 군사노선을 전개하였던 것이다. 물론 북한은 1960년
대 초반 중공업 우선 발전의 문제점을 보완하고자 했던 제1차 7개년계
획의 목표에 따라 국방비를 급격히 증가시킬 수 없었다. 그러나 베트남
전쟁을 거치면서 한반도 공산화를 위한 무리한 욕구와 맞물리면서 전
시물자 생산 등 본격적인 전쟁준비에 따라 국방비를 예산의 30%까지
증가시켰다.

경제-국방 노선의 경제관리방식은 1964년에 채택한 '계획의 일원화
및 세부화'였다. 이는 초중앙집권적인 계획경제로서 지방 기업소까지
한정된 자원을 꼼꼼히 세부적으로 파악해서 국가의 계획적 지도에 따
라 각 부문의 생산을 톱니처럼 맞물려 진행시켜 물자의 낭비를 막고 생
산의 확대를 이루고자 하는 것이 본 취지였지만, 불가능에 가까운 일이
었다. 북한 당국의 계획수행능력이 미흡하였으며, 사회주의 기업소의
계획 달성을 위한 저장강박 속에서 물자가 원활히 유통되지 않는 '부족
의 경제'가 발생하였기 때문이다. 이를 공산주의적 사상성, 즉 정치적
자극으로 극복하려 했지만, 오히려 경직된 경제운영 속에서 경제침체가
발생하였다.

두 번째 북한 고전적 발전전략의 변화된 방식은 2000년대 선군경제
노선이었다. 1990년대 중반 제3차 7개년계획이 실패하는 동시에, 유례
없는 수해를 맞이한 북한은 수십만 명의 아사자[17]가 발생하고 공장가
동률이 20% 수준으로 하락하는 등 극심한 경제난을 겪었다. 본래 제3차

---

17) 북한은 2001년 5월 중국 북경에서 열린 유엔아동기금(UNICEF) 회의에 참석한
최수헌 외무성 부상을 통해 '고난의 행군(1994~1997)' 기간 22만여 명의 아사자
가 발생했음을 공식적으로 인정하였다. 『통일뉴스』, 2001년 5월 17일자, "북,
유니세프 보고서에 나타난 기아실태" 참조.

7개년계획의 실패는 북한이 경제성장에 따라 경제의 규모가 커지는 가운데 소련 및 동구권 몰락과 내포적인 기술적 발전의 미흡으로 물자와 기술의 병목현상이 발생해 경제적 침체가 나타난 것에 기인하였다. 이러한 상황에서 자연재해까지 더해져 식량난을 겪고 있었던 북한은 1994년 제1차 북핵 위기로 미국과의 대립과 갈등을 빚기도 하였다. 이 속에서 체제 생존과 경제의 점진적 회복을 위해 국방력 유지와 경제력 회복을 위한 국가발전전략, 즉 선군경제노선을 취했던 것이다.

2000년대 선군경제노선의 핵심은 계획과 시장의 실험적 공존이었다. 경제난에서 발생한 배급의 중단 등을 극복하고자 자연스럽게 성장한 북한의 장마당을 공인하면서 시장가격에 따라 물가를 현실화했던 7.1조치 등이 선군경제노선 핵심 내용의 하나였다. 또 다른 하나는 선군경제노선의 중핵으로서 군수부문으로의 선택과 집중 전략. 즉 체제생존과 관련된 국방과 농업 등 전략적 부문으로의 계획적 자원투입이었다.

이 속에서 북한은 점진적 경제회복을 이루었지만, 2012년 강성대국 건설에는 실패하였다. 시장을 활용하면서 생필품 공급 등으로 낮은 수준으로 의식주 생활이 가능하게 되었다. 여기에는 농업에 대한 국가의 전략적 투자도 크게 도움이 되었다. 하지만 핵문제로 인한 대북제재 속에서 군수공업 위주로 자원이 지속적으로 집중되면서 경제의 선순환적인 발전에 차질이 빚어지며 강성대국으로의 경제도약을 성취하지 못했다.

세 번째 북한 고전적 발전전략의 변화된 방식은 2010년대 경제-핵무력건설 병진노선이었다. 북한은 2009년 화폐개혁도 실패하였고 2012년 강성대국 건설에도 실패하였다. 그 과정에서 일생에 걸쳐 사회주의 완전승리를 일구려 했던 지도자 김정일의 사망을 맞이하였다. 이로 인해 3대세습이라는 정치적 환경이 발생하였고, 북한 붕괴론이 재유행하기 시작하였다. 이에 대해 북한 당국은 강성대국 건설의 실패의 원인을 자신들을 고립시키고 전복시키려는 대외적 관계의 문제로 파악하고, 체제의 안전과 대외적 관계의 해결을 위한 핵무력 완성에 전력을 다하게 되었다. 동시에 점진적 경제회복의 흐름을 유지하면서 체제의 안정성도 꾀하고자 하였다.

경제－핵무력 건설 병진노선의 경제운영방식은 계획과 시장의 공존을 제도화하여, 소위 북한식 시장사회주의를 건설하는 것이었다. 북한식 시장사회주의는 군수산업 등 전략적 부문에서의 계획경제 유지와 생필품 영역 등 비전략적 부문에서의 시장경제 도입, 기업소에서 최소한의 계획물자 생산과 다수의 시장상품생산 등으로 이야기될 수 있다. 이는 북한 당국이 1960년대 경제－국방 병진노선의 경험과 2000년대 선군경제노선의 경험을 종합적으로 정리한 결론이기도 하였다. 우리식 경제관리방식을 모색하는 가운데 '사회주의기업책임관리제'를 '기업소법'으로 제도화하면서 기업의 시장 활용을 합법화하였고, 계획 부문의 유연한 발전을 추구하였다.

이로 인해 북한의 시장화는 합법적으로 제도화되었고, 급속하게 확대

〈표 5〉 북한 장마당 변천사

시기	주요 내용
1958	－ 농촌시장 폐지, 농민시장으로 개설
1984	－ 농민시장 외 일일시장 개설(시군별 3~4개)
1987~1992	－ 매일장 폐지 시도했으나 실패
1999	－ 장마당 폐지 시도, 장마당 관리 기관 사회안전성 → 보위부로 이관
2001	－ 장마당, 북한 전역에 300~350개 추정(군 단위 1~2개, 시 단위 3~5개)
2003	－ 2002.7.1조치 이후 종합시장으로 합법화(곡물 및 공산품 판매 공식 허용)
2010	－ 2009년 화폐개혁 실패로 장마당 통제, 억제 정책 크게 감소
2011	－ 사회주의 계획가격체계에서 시장가격체계로 전환
2012~현재	－ 2014.5.30조치(인센티브 인정) 이후 장마당 규모 급속히 확대

* 출처: 이해정·이용화 외, 『통일경제의 현재와 미래』(서울: 현대경제연구원, 2016), p. 29.

되었다. 일본 리츠메이칸대학 리강국 교수는 2018년 북한에서 인가된 종합시장이 482개에 달한다고 하였다. 비상설 '야간시장' 등을 합치면 시장 수가 2018년 현재 800개가 넘을 것으로 추정되고 있다.

이러한 가운데 북한의 경제-핵무력건설 병진노선은 일정한 성과를 나타냈다. 2017년 6차 핵실험과 화성 15형 대륙간탄도미사일 발사로 핵무력완성을 선언하였다. 또한 2016년부터 2017년까지 5차례에 이르는 유례없는 대북제재에서도 장마당 쌀값과 환율의 안정 등 점진적인 경제회복의 흐름을 유지하였다. 북한의 무연탄, 철광석, 의류 등에 대한 수출금지를 넘어서 중국 비철금속 및 운송수단의 북한 판매 금지 등 대북제재의 전례 없는 확대에도 불구하고 북한 경제의 내구성이 과거보다 강화되었다. 현재 북한은 이러한 성과에 기반하여 핵무기를 보유한 공세적 위치에서 비핵화협상을 통한 대외관계 해결과 사회주의경제건설에 총력을 기울이고 있다.

〈표 6〉 북한 고전적 발전전략 추진방식의 변화

북한의 고전적 발전전략 추진방식	지도자	경제관리방식	성과
1960년대 경제-국방 병진노선	김일성	초중앙집권적 계획경제 '계획의 일원화 및 세부화'	약 (군사력 강화, 경제 침체)
2000년대 선군경제노선	김정일	계획과 시장의 실험적 공존 '7.1조치'	중 (체제 수호, 경제위기 모면, 강성대국 진입 실패)
2010년대 경제-핵무력 병진노선	김정은	계획과 시장의 공존 합법화 '5.30조치'와 사회주의기업책임관리제	강 (핵무력 완성, 점진적 경제회복 지속, 대외문제 해결 실패)

* 출처: 필자 정리

2. 선군경제노선의 특징: 개혁성과 보수성

1960년대 경제-국방 병진노선, 2000년대 선군경제노선, 2010년대 경제-핵무력건설 병진노선을 각각 비교해보면 선군경제노선의 특성을 파악할 수 있다. 2002년 9월 공식화된 선군시대 경제건설노선의 특징은 크게 두 가지에 있다.

하나는 과거 경직된 고전적 국가발전전략인 경제-국방 병진노선에서 벗어나 유연한 고전적 국가발전전략의 실행방식이라는 점이다. 이것이 북한식 시장사회주의의 거대한 실험공간이 되었다. 또 다른 하나는 북한은 1990년대 고난의 행군 등 체제의 절대적 위기 순간에서도 경로의존적으로 군사력 강화에 힘을 기울인다는 점이다. 이는 북한이 고전적 국가발전전략을 지속적으로 유지함을 의미한다.

전자는 선군경제노선의 개혁적 특징에 속하는 것으로 구체적으로 살펴보면 북한은 선군경제노선을 통해 계획과 시장의 공존을 실험하였다. 2002년 7.1조치를 통해 가격을 시장가격 수준으로 현실화하기도 하였고, '사회주의물자교류시장'을 설치하여 "자재는 국가가 보장한다"는 대안의 사업체계의 대원칙에서 벗어나 시장원리에 의해 자재를 구하는 자재시장을 만들기도 하였다. 이를 통해 자재 구입 및 물자 판매 등에 대한 불법적 영역의 암시장을 합법적 영역의 공식시장으로 전환하기 시작하였다.

후자는 선군경제노선의 보수적 본질에 속하는 것으로 경제-국방 병진노선, 경제-핵무력 병진노선처럼 북한의 고전적인 발전국가로의 지향을 변화되는 역사적 상황에서도 경로의존적으로 표방하는 것이다. 경제적으로 어려워도 국가의 생존을 위해서 국방력 강화에 지속적으로 투자하는 것이다. 과거 동구권의 사회주의국가들은 경제적 어려움으로 자립경제 추진과 독자적 안보의 병행이 힘들어 국제 분업체제에 편입

〈표 7〉 계획과 시장의 공존 합법화

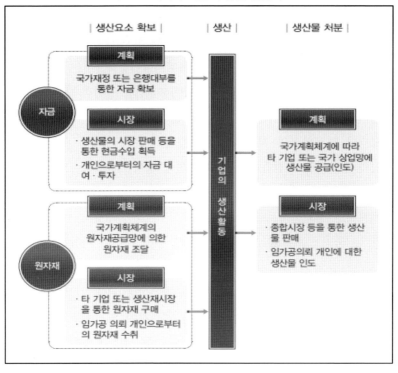

* 출처: 양문수, 『북한의 계획경제와 시장화 현상』(서울: 통일부 통일교육원, 2013),
  p. 91.

하거나 군사동맹에 편승하는 국가전략으로 전환하였다. 하지만 북한은
소국의 규모에도 불구하고 독자적으로 경제력과 국방력을 유지하려는
고전적 발전전략을 추진하고 있는 것이다.

선군경제노선은 체제수호를 위해 선군정치를 표방하며 인민군대를
앞세워 전략적인 부문인 국방공업과 농업을 중심으로 자원을 투자하면
서, 비전략적 부문에 대해 시장경제를 일시적으로 활용하여 계획경제를
정상화시키려는 전략이었다.[18] 따라서 선군경제노선은 2000년대 중반

───────────────

18) "김정일은 … 당 간부들에게는 일단 "내가 시장을 이용하자고 했지, 시장 경제

이후 강성대국 건설을 위한 공식적 재정 확보 차원에서 기업 자본의 시장 유출 등 불법적 사례에 대해 국가적 통제를 강화하였다. 국가 통제를 강화한 가장 대표적 사례는 구권 100원을 신권 1원으로 교체하여 시중의 돈을 국가로 흡수시킨 2009년 화폐개혁이었다. 이는 계획경제를 중심으로 시장경제를 보조적인 수단만이 아니라, 일시적으로 간주하는 북한 당국의 당시 관점을 그대로 나타낸 것이다.

그러나 코르나이의 지적처럼 시장을 활용하는 개혁적 조치를 통해 계획의 정상화를 실현하려는 '통제의 완성 경향'이 지니는 모순으로 인해서 북한 사회주의체제의 불안정성이 심화될 수 있다. 이것이 2009년 화폐개혁의 실패이며, 2012년 강성대국 진입의 실패였다. 물론 미사일 개발 등 국방공업은 발전되었다. 경험을 통해 북한은 시장을 일시적이고 보조적인 수단에서 시장을 제도적이고 합법적인 주요수단으로 인정하는 태도를 취하였던 것이다. 북한 당국은 2000년대 선군경제노선의 경험을 통해 경제-핵무력 병진노선을 채택하여 고전적 국가발전전략의 더욱 유연한 추진방식으로 핵무기 개발 등 국방력 강화를 지속하면서도 우리식 경제관리방법의 모색, 즉 사회주의기업책임관리제를 제도화하였다.

이는 군사력 강화를 견지하면서 시장을 실험적으로 활용한 선군경제노선의 경험이 낳은 북한식 시장사회주의의 제도적 모색이라고도 할 수 있다. 물론 북한식 시장사회주의도 코르나이의 '통제의 완성 경향'이 지니는 모순에 빠져서 북한 체제의 불안정성을 심화시킬 수 있다.[19] 따

로 넘어가자고 하지는 않았다"고 변명"을 했지만, "결국 김정일은 당의 손을 들어주고는 "내각이 사회주의 모자를 쓰고 자본주의 척후병 노릇"을 했다고 선언했다." 한기범, 『북한의 경제개혁과 관료정치』 (서울: 북한연구소, 2019), pp. 407~408.

19) "사회주의 경제체제의 변화 과정을 통제경제 → 분권화 → 시장화 → 사유화로 구분한다면 북한경제는 '시장화' 단계에, 명령경제체제 → 부분 개혁체제

라서 현재 사회주의경제건설 총력집중노선에 의한 북한식 시장사회주의의 본격적 도입은 향후 북한 당국에게 안보 문제와 더불어 새로운 도전적 과제가 되는 것이다.

V. 결론: 사회주의경제건설 총력집중노선으로의 전환과 안보문제

2013년 3월 채택된 경제-핵무력 병진노선이 대외개방을 예고한 북한의 개방형 정책선언이라는 주장이 회자되었다.[20] 이는 선군경제노선에 대한 평가 속에서 강성대국 건설이 제대로 이루어지지 못한 원인으로 대외관계의 문제가 거론되었기 때문이다. 그러나 북한은 대외문제를 해결하려는 요구에도 불구하고 대북제재를 강화시키는 핵무기의 건설을 지속시켰다.

우리는 북한의 모순된 선택을 어떻게 이해해야 하는가에 대한 질문을 던져야 한다. 북한 당국은 핵무력 건설로 인한 대북제재의 강화 상황에서도 꾸준히 대외관계를 개선해야만 실현가능한 지방급 경제개발구를 2013년부터 지속적으로 발표해왔다. 더불어 대북제재를 강화시키는 핵실험과 탄도미사일 발사실험을 유례없이 강화시켰다. 한마디로 모순의 증폭이다.

→ 사회주의 상품경제체제 → 사회주의 시장경제체제로 나눈다면 '사회주의 상품경제'단계에 진입했다고 볼 수 있다. 북한 당국이 시장을 인정하고 개별 생산단위에 경영권을 늘려주었으나, 수요·공급의 원리와 사유 재산제에 기초한 시장경제와 기업민영화의 수용에는 이르지 못했다는점에서 사회주의 시장경제에 진입했다고 보기는 어렵다." 이는 중국의 사회주의시장경제를 위주로 설명하는 관점이지만 북한식 사회주의시장경제를 설명하는 것에 적지 않은 시사점을 제공한다. 위의 책, p. 473.

20) 임수호, "북한 병진노선 폐기의 경제적 의미," 『이슈브리핑 18-13』 (서울: 국가안보전략연구원, 2018), p. 3.

모순의 증폭에 대한 이해의 실마리는 2017년 핵무력 완성 선언 이후 북한의 노선 변화에서 찾아졌다. 북한은 2018년 4월 조선로동당 중앙위원회 전원회의를 통해 경제-핵무력건설 병진노선을 성과적으로 결속짓고, 사회주의경제건설 총력집중노선으로 전환할 것을 결정하면서 풍계리 핵실험장을 폐쇄하였다. 이는 경제-핵무력병진노선을 통해 핵무력완성으로 체제안전을 꾀한 후, 자원의 민수부문으로의 대대적 이동과 대외관계 개선을 통해 경제도약에 매진하겠다는 의미를 지닌다. 이를 위해 한반도의 완전한 비핵화를 위한 협상을 진행하면서 대북제재 완화 및 해제, 체제안전 보장과 평화협정 체결을 통한 한반도 평화체제 구축에 나선 것이다.

현재 북한은 국방력 강화에 기초하여 대외관계 개선을 추구한다. 동시에 점진적인 경제회복을 개혁개방을 통해서 더 커다란 경제성장의 흐름으로 전화시키려는 것이다. 하지만 완전한 비핵화가 진행된다면 북한의 체제에 대한 안보를 어떻게 보장될 것인가라는 문제가 제기된다. 이는 사실상 고전적 발전국가의 맥락에 배치되기 때문이다.

따라서 북한은 비핵화협상을 통해 핵무기를 완전히 폐기하더라도 그에 기초하여 완전하게 체제의 안전을 보장받는 것을 요구할 것이다. 동시에, NPT협정에 입각하여 합법적으로 원자력 발전소 건설에 대한 지원보장을 받음으로서 경제와 국방을 스스로 강화하는 고전적 국가발전전략의 맥락에서 핵잠재력(Nuclear Latency)을 지닌 국가로 인정받으려 할 것이다. 이러한 관점에서 핵무기 과학자들의 원자력공업으로의 전업을 진행하고, 향후 북한이 지닌 우라늄 자원에 기초하여 전력 생산의 안정성도 확보하려고 할 것이다.

물론 이는 한반도 비핵화와 북한의 원자력에 대한 평화적 권리를 인정했던 2005년 6자회담 9.19성명의 국제적 합의사항이기도 하였다.[21] 이것으로 현재 북미협상의 난관이 조성될 수도 있다.[22] 미국 트럼프 대통령이 우주개발, 즉 인공위성 발사에 대한 규제가 빠지고, 원자력 산업이 보장된 이란 핵 합의를 파기하는 것에서 나타나듯이 북미합의가 어려울 수 있다. 하지만 북한의 핵무기를 완전히 폐기했다는 획기적인 성과에 기초하여 9.19성명으로의 복귀는 우리도 원자력산업과 우주산업을 발전시키는 상황에서 합의 가능한 타협점일 수도 있다.

결국 북한의 핵무기를 소멸시키는 한반도 비핵화를 실현하려면 북한의 안전을 보장하는 가운데 불가역적인 평화체제를 건설해야 하는 것이다. 또한 북한식 시장사회주의 변화를 금강산관광 우선 재개 등 남북교류협력을 통해 한반도의 번영으로 발전시켜 한반도 비핵화를 촉진함으로써 한반도 평화시대를 공고화하는 것이다. 이는 과거 박근혜 대통령처럼 "핵을 머리에 이고 살 수 없다"라고 말만 하는 것이 아니라, 실제 한반도의 비핵화를 위해서 당사자인 우리가 적극적으로 취해야 하는 해법이다.

21) "1. 6자는 6자회담의 목표가 한반도의 검증가능한 비핵화를 평화적인 방법으로 달성하는 것임을 만장일치로 재확인하였다. 조선민주주의인민공화국은 모든 핵무기와 현존하는 핵계획을 포기할 것과, 조속한 시일 내에 핵확산금지조약(NPT)과 국제원자력기구(IAEA)의 안전조치에 복귀할 것을 공약하였다. 미합중국은 한반도에 핵무기를 갖고 있지 않으며, 핵무기 또는 재래식 무기로 조선민주주의인민공화국을 공격 또는 침공할 의사가 없다는 것을 확인하였다. 대한민국은 자국 영토 내에 핵무기가 존재하지 않는다는 것을 확인하면서, 1992년도 「한반도의 비핵화에 관한 남·북 공동선언」에 따라, 핵무기를 접수 또는 배비하지 않겠다는 공약을 재확인하였다. 1992년도 「한반도의 비핵화에 관한 남·북 공동선언」은 준수, 이행되어야 한다.
조선민주주의인민공화국은 핵에너지의 평화적 이용에 관한 권리를 가지고 있다고 밝혔다. 여타 당사국들은 이에 대한 존중을 표명하였고, 적절한 시기에 조선민주주의인민공화국에 대한 경수로 제공 문제에 대해 논의하는데 동의하였다." 『VOA』, 2005년 9월 19일자, "6자회담 공동성명 (한글－영어) 전문."
22) "실무협상 과정에서는 '원자력의 평화적 이용'과 '우주의 평화적 이용을 위한 로켓 발사 권한' 문제를 두고도 북·미 사이에 이견이 컸다고 알려져 있다. 북측은 당연한 권리라고 생각하는 사안이 미국이 갖고 있는 '완전한 비핵화'에는 위배되는 요구이기 때문이다." 『시사IN』, 2019년 3월 30일자, "문정인 특보가 제안하는 북미 협상 해법."

그렇게 못한다면 유례없는 대북제재에서 북한은 경로의존적으로 핵무기 보유 등 국방력 강화와 북한식 시장사회주의 건설을 동시에 추진하는 방향에서 절충적으로 변형되었지만, 분명하게 고전적 국가발전전략을 지속적으로 추구할 것을 선언할 것이다. 이것이 북한이 추구하려는 '새로운 길'의 주요 내용이 될 수 있다. 이러한 예상은 선군경제노선의 재평가 속에서 명확하게 도출되는 시사점이다.

참고문헌

1. 국내문헌

린이푸 외. 한동훈·이준엽 역. 『중국의 개혁과 발전전략』. 서울: 백산서당, 2001.

배종렬. "북한의 딜레마: 경제강국 건설과 시장경제." 『수은북한경제』 2011년 여름호 (서울: 한국수출입은행, 2011).

양문수. 『북한경제의 구조』. 서울: 서울대학교출판부, 2001.

_____. 『북한의 계획경제와 시장화 현상』. 서울: 통일부 통일교육원, 2013.

이연호. 『발전론』. 서울: 연세대학교출판부, 2009.

이창희. "제7차 조선로동당 대회로 살펴본 북한 경제정책의 변화." 『현대북한연구』 제19권 3호 (2016).

임수호. "김정일 정권 10년의 대내 경제정책 평가: '선군경제노선'을 중심으로." 『수은북한경제』 2009년 여름호 (2009).

_____. "북한 병진노선 폐기의 경제적 의미." 『이슈브리핑 18-13』 (서울: 국가안보전략연구원, 2018).

통일연구원 편. 『독일지역 북한기밀문서집』. 서울: 선인, 2006.

한기범. 『북한의 경제개혁과 관료정치』. 서울: 북한연구소, 2019.

현대경제연구원. "북한 농업개혁이 북한 GDP에 미치는 영향." 『현안과 과제』 제36호 (2014).

_____. "최근 북한 경제정책의 특징과 통일에의 시사점." 『VIP 리포트』 제569호 (2014).

2. 북한문헌

김일성. "북조선공산당 각급 당단체들의 사업에 대하여(1945.12)." 『김일성 저작집 1』. 평양: 조선로동당출판사, 1979.

_____. "평양곡산공장 로동자들앞에서 한 연설(1947.04)." 『김일성 저작집 3』. 평양: 조선로동당출판사, 1979.

리기성. "현시기 사회주의경제강국건설의 주요과업." 『경제연구』 제1호 (평양: 과학백과사전출판사, 2009).

리창혁. "경제강국건설과 주체사상을 구현한 우리 식 경제관리방법."『경제연구』
제1호 (평양: 과학백과사전출판사, 2017).

송정남. "전략적경제관리방법의 본질적 특징."『경제연구』제4호 (평양: 과학백과
사전출판사, 2015).

정태식.『우리당의 자립적 민족경제 건설로선』. 평양: 조선로동당출판사, 1963.

편집부 편.『광명백과사전 5: 경제』. 평양: 백과사전출판사, 2010.

3. 국외문헌

Kornai. J. *The Socialist System*. Princeton: Princeton University Press, 1992.

4. 기타문헌

『세계일보』
『시사IN』
『연합뉴스』
『주간 북한동향』(통일부)
『통일뉴스』
『한겨레신문』
『VOA』

[제 9 장]

위기의 미학, 선군혁명문학의 탄생과 미래*

이지순

Ⅰ. 위기에서 발명된 선군혁명문학

선군은 위기의 매트릭스에서 탄생했다. 김정일에게 선군은 김일성 사후 연이어 발생한 갖가지 위기—식량난, 경제난, 국제적 고립, 대규모 주민이탈 등—를 극복할 '만능의 보검'이었다. 김정일은 선군을 발명하여 체제 위기의 시련을 이겨내고 '강성대국' 건설로 승리할 것을 꾸준히 주장해 왔다. 그러나 선군을 발명한 김정일이 사망하고, 선군 또한 발명된 지 20년이 훌쩍 넘어섰다. 김정은 체제에서 선군은 여전히 그림자를 드리우고 있지만 위력은 이전과 같지 않다.

1990년대 중반 이후 등장한 선군정치, 선군사상, 선군영도가 화두에 오르면서 선군은 반영적 차원이 아니라 범주의 차원에서 작동하게 되었다. 선군이 제도화되면서 이념화와 이론적 정초 작업도 이루어졌다. 현란한 구호와 실천 강령들이 포진한 다음에 시차를 두고 등장한 것이 선군혁명문학이었다. '선군혁명문학' 또는 '선군문학'이라는 개념어의 등장과 확산은 '선군'이 일상의 생각과 행동, 생활뿐만 아니라 문학적 순환과 재생산의 기제로 작동한다는 것을 보여준다.

---

* 이 글은 "선군혁명문학의 발명과 실재, 위기의 딜레마,"『비평문학』제72호 (2019)를 수정·보완한 것이다.

선군혁명문학은 발생 초기부터 창작과 평론에서 전쟁·군사 용어를
강박적으로 투입하는 문제가 지적되었지만, 2000년대 중반 이후부터는
이러한 논의 자체도 드물어졌다. 논의가 옅어진 것과 별개로, 작품에서
'선군'은 꾸준히 등장했다. 그러나 사유의 무게를 벗어놓은 '선군'은 관
습적인 레토릭이었다. '선군사상의 속류적 미학화'[1]로 진단될 정도였다.

선군혁명문학에 꾸준한 관심을 기울여 온 김성수는 선군혁명문학을
문학적 슬로건이자 수령형상문학론의 현실적 변이형태로 파악하였다.[2]
1994년 7월 김일성 사망 후 등장한 수령영생문학, 수령추모문학, 단군문
학, 태양문학 등의 변주들은 선군혁명문학으로 단일하게 정리되었다.[3]
선군혁명문학은 주체문학의 틀에서 벗어나지 않는다. 총대미학이라는
미학적 차원을 지향했지만 주요 내용은 수령론의 윤곽에 머물렀다. 반
면에 배성인은 선군혁명문학을 수령형상창조의 강화 형태로 보고, 천리
마문학과 같이 특정 시기의 특정한 정치적 목적을 위하여 강조되는 경
향성으로 파악하였다.[4] 김성수는 2012년 출범한 김정은 체제의 '사회주
의 강성국가' 민생담론이 지배이데올로기의 표면에서 강고한 위력을 발
휘하는 선군담론과 균열, 충돌한다고 보았다. '사탕 한 알과 총알 하나'
라는 극적 대비가 문학장에서 펼쳐지고 있다면서 선군의 약화를 예견
하였다.[5] 여기에 오태호는 김정은 체제에서도 수령형상문학은 문학의
핵심적 의제가 되며, 주체문학의 위세가 여전하다고 보았다.[6]

---

1) 김성수, "문학적 '통이(通異)'와 문학사적 통합,"『한국근대문학연구』제19호
   (2009), p. 58.
2) 김성수, "북한의 '선군혁명문학'과 통일문학의 이상,"『통일과 문화』창간호
   (2001), p. 120.
3) 김성수, "김정일 시대 문학에 대한 비판적 고찰: 선군시대 '선군혁명문학'의 동
   향과 평가,"『민족문학사연구』제27호 (2005).
4) 배성인, "김정일 시대 북한문학의 특징,"『통일문제연구』제43권 1호 (2005).
5) 김성수, "김정은 시대 초의 북한문학 동향,"『민족문학사연구』제50호 (2012);
   ""선군(先軍)"과 "민생" 사이,"『민족문학사연구』제53호 (2013).

대개의 논자들은 선군혁명문학이 위기를 극복하고 체제를 수호하기 위해 등장했다는 관점에 동의한다.[7] 논의의 대부분은 발생론적 측면에서 등장 초기에 주목했다. 그러나 2000년대 중반 이후 선군의 문학론은 북한과 남한 모두에서 공백이라 할 정도로 줄어들었다. '선군문학'은 잊을 만하면 드물게 등장했지만 새로운 것은 거의 없었다. 선군문학이 선군시대의 문학인지, 주체문학론과 비견할 정도의 위상인지, 실체가 불분명한 상태로 시간이 흘렀다. 김정일 체제 말기부터 김정은 체제 이후까지 선군문학의 밀도는 전반적으로 낮아졌다. 그렇다면 선군을 계승한 김정은 체제에서 김정일 시대에 발명된 선군혁명문학[8]은 어떤 향방을 지니는가? 최근 경향을 보면 '선군혁명문학'이나 '선군문학'이라는 용어는 『문학신문』에서 4.25 건군절이나 8.25 선군절 기념일 때, 또는 현상모집 공고에서나 간혹 등장했다. 조선작가동맹 기관지인 『조선문학』에서는 거의 등장하지 않았다. 그렇다면 선군혁명문학의 내핍을 쇠퇴 혹은 소멸로 볼 수 있는가? 김성수의 주장처럼 주체문학론과 같은 위상의 선군문학론이 없다는 것은 여전히 형성중인, 혹은 미완인 것으로 보아야 하는가? 아니면 배성인의 논의처럼 선군혁명문학은 단지 특정 시대를 반영하는 하나의 현상인가?

선군을 계승한 포지션으로 출범한 김정은 체제는 초기부터 포스트 선군으로 포착되었다. 포스트 선군은 김정일을 계승한다는 '후기'의 의미와 김정일을 벗어난다는 '탈(脫)'의 의미를 중첩하고 있다. 김일성의

---

6) 오태호, "김정은 시대 북한 단편소설의 향방,"『국제한인문학연구』제12호 (2013).

7) 노귀남, "체제위기 속의 북한문학의 대응과 변화,"『민족문화논총』제29집 (2004); 이성천, 『주체문학론』이후의 북한시 연구,"『한민족문화연구』제19권 (2006); 장사선, "북한의 체제 수호 위기 극복 문학 담론 연구,"『국제한인문학연구』제8호 (2011) 참조.

8) 이 글에서 '선군혁명문학'은 2009년부터 사용되기 시작한 선군문학을 함께 아우른다. 다만 당대적 용어로 '선군문학'이라고 지칭될 때에는 '선군문학'이라고 표기한다.

주체사상, 김정일의 선군사상으로 고정하는 과정에서 선군의 개념은 처음과 동일하게 유지되었다고 보기 어렵다.

선군의 기치 아래 핵은 만능의 보검이었다. 2018년 신년사에서 김정은은 2017년의 핵무력 완성을 국가의 자주권을 위해 헌신한 김일성·김정일의 염원의 해소이며 "평화수호의 강력한 보검"으로 평가하였다. 그러나 이때 선군은 등장하지 않았다. 반면에 김정일의 생일인 광명성절이 되자 『로동신문』은 사설에서 핵무력 건설이 김정일의 선군혁명업적의 계승이며, 김정은이 핵강국이자 군사강국을 실현했다고 강조했다.[9] 2019년 신년사에 와서는 선군도, 김정일도 모두 자취를 감추었다. 김정은은 앞선 2018년 4월 전원회의에서 핵 경제 병진노선의 종료를 선언하고 '새로운 전략적 노선'으로 경제건설 총력을 발표함으로써 김정일의 선군과 다른 길로 접어들 것을 가시화하였다. 이 과정에서 '선군'은 김정일의 업적이자 유산으로 김정은과 뚜렷한 변별점을 지니게 되었다.

이 글은 주체문학의 성채를 공고히 해 온 북한에서 선군혁명문학이 어떻게 기입되는지 분석하는 것을 목적으로 한다. 북한은 기획과 학습의 채널을 통해 정형적 패턴을 공유·축적하며 문학장을 구성해 왔다. 이 글은 '영도자의 문학'이라고 일컬어지는 선군혁명문학이 기획된 정황과 지향한 미적 이념, 패턴화의 양상을 살피고, 문학사적으로 어떻게 가치평가 되는지 살펴봄으로써 선군혁명문학의 '탄생–성장–쇠퇴(또는 지속)'의 여정을 밝히고자 한다. 또한 이 글은 문학론의 관점에서 선군혁명문학과 주체문학의 경계성을 의식하고, 선군혁명문학이 북한 사회와 정치 변화 사이에서 발명되고 전개되는 과정을 통해 그 실재가 무엇인지 규명하는 것을 목표로 한다.

---

9) "위대한 령도자 김정일동지의 애국념원, 강국념원을 빛나게 실현해나가자," 『로동신문』, 2018년 2월 16일.

II. 선군정치의 문학적 전회

선군혁명문학은 선군정치의 나팔수로 발명되었다. 선군혁명문학은 2000년『천리마』11호에 개념어로 처음 등장했다고 알려졌으나[10] 실제 등장은 그보다 앞선 2000년 7월 18일『로동신문』에서였다. 이 기사는 김정일이 "≪고난의 행군≫, 강행군시기에 시가문학을 비롯한 다양한 형식의 문학작품을 수백편이나 창작하여 피눈물의 바다, 고난의 험산준령을 헤쳐 넘는 우리 군대와 인민을 힘 있게 고무한데 대하여 만족을 표시"했다고 전했다. "령도자는 작가들을 영원한 동행자로 굳게 믿으시고 작가들은 령도자를 걸음걸음 따르는 일심동체의 혈연적뉴대"로 인해 "선군정치에 적극 이바지하고 시대정신이 맥박치는 훌륭한 문학작품들을 수없이 창작"하게 되었는데, 이것이 바로 선군혁명문학이라는 것이다.[11] 동일 지면에 수록된 기사 "인민이 사랑하는 작가, 시인들"과 "시대의 가수가 된 본분을 지켜"를 종합한 것이『천리마』2000년 11호에 수록된 방철림의 글이다.『로동신문』에서 김정일이 군대와 인민을 힘있게 고무한 문학작품으로 '감사와 만족'을 표했다는 내용이『천리마』에서는 "우리 인민과 군인들을 수령결사옹위정신, 자폭정신, 총폭탄정신으로 무장시키고 선군혁명문학창작에서 커다란 성과를 이룩하고 있는 우리 작가들의 창작활동을 여러 차례 료해하시고 대단히 만족"해 한 것으로 현란하게 장식, 정리되었다. '선군혁명문학'의 첫 모습은 고난의 행군을

---

10) 김성수는 "북한의 '선군혁명문학'과 통일문학의 이상"(2001)에서 방철림의 "위인의 손길 아래 빛나는 선군혁명문학"(『천리마』2000년 11호)을 통해 1994년 7월 김일성 사후 2000년 하반기까지 약 1만 5천여 편의 작품이 창작되었고 이들을 '선군혁명문학'이라고 지칭한 것이 선군혁명문학이라는 용어 성립에 결정적인 작용을 한 것으로 보았다. 이후 선군혁명문학에 대한 학계의 논의들은 김성수의 이 의견을 따르고 있다.

11) 송효삼, "선군혁명문학창작에로 이끌어 준 위대한 손길,"『로동신문』, 2000년 7월 18일.

이겨내도록 격려한 주체문학의 한 가지였고, 몇 개월 사이에 선군의 이념적 요소가 흡착되긴 했으나 주체문학과 구분되는 양상은 아니었다.

선군정치는 1998년 5월 『로동신문』 정론 "군민일치로 승리하자"에서 공식 사용되었으며, 1998년에 9월 최고인민회의 제10기 제1차 회의에서 제도화되었다. 그리고 1999년 신년 공동사설에서는 "김정일동지의 독특한 령도방식"으로 "선군혁명령도"를 규정했다. 영도업적의 기동적 반영은 시를 중심으로 했으나, 1999년 문학예술의 중심은 "제2의 천리마대진군에 떨쳐나선 근로자들의 투쟁을 고무추동"12)하는 명작의 양산에 있었다. '당창건 55돌'이 되는 '꺾인 해'이자 21세기를 준비하는 때였던 2000년에 고난의 행군 종식이 선언되었다. 그리고 맞이한 2002년은 김일성 탄생 90주년이자 건군 70주년, 2003년은 건국 55주년의 해였다. 정주년 기념일을 맞아 새로운 아젠다 제시가 필요한 시점이었다.

2000년에는 '강성대국건설의 3대기둥'으로 사상, 총대, 과학기술이 제시되었다면, 2002년에는 "인민군대제일주의"와 "우리제도제일주의"가 제시되었다. '우리 식 사회주의'의 발전된 형태인 '우리제도제일주의'는 "수령님의 한생이 어려 있는 주체의 사회주의를 견결히 옹호고수하고 끝없이 빛내여 나가려는 애국의 열정"으로 의미화 되었다.13) 사상과 군대제일주의는 결국 제도의 우월성을 높이는데 있다는 것이다. 2003년에는 관병일치, 군민일치, 군정배합이 제시되었다. 선군정치의 대표적인 외연은 '혁명적 군인정신'이다. 2000년의 혁명적 군인정신은 "한목숨 기꺼이 바쳐 령도자를 옹위하는 총폭탄용사, 령도자가 벽을 울리면 강산을 울리는 결사관철의 기수, 당의 뜻을 실현하기 위해서라면 돌우에도 꽃을 피우는 정열적인 실천가"14)와 관련되었다면, 2002년에는 "생활화, 체

---

12) 『조선중앙년감』 (평양: 조선중앙통신사, 2000), p. 206.

13) 신년 공동사설, "위대한 수령님 탄생 90돐을 맞는 올해를 강성대국 건설의 새로운 비약의 해로 빛내이자," 『로동신문』, 2002년 1월 1일.

질화"15)되어 인민은 군대제일주의를, 군대는 인민제일주의를 들고 혈연적 군민관계의 강화가 요구되었다.

그렇다면 선군혁명문학의 새로움과 발전된 형태의 기원은 어디에 연유하는가? 먼저 21세기가 시작되는 2001년 공동사설에 주목해 볼 수 있다. 이 사설은 "새 세기의 요구에 맞게 사상관점과 사고방식, 투쟁기풍과 일본새에서 근본적인 혁신"을 이룩하기 위해 "낡은 관념에서 벗어나 참신하게 사고하고 더 높이 비약"할 것을 요구했다.16) 이기동은 이를 구시대의 진부한 관습과 사고방식을 새롭게 바꿔 나가자는 '신사고'로 정의하였다. 신사고는 선군정치를 강화하고, 인민군대의 모범을 전체 사회에 확산시켜 사회주의 강성대국 건설을 실현하는 매개수단이었다.17) '새 세기의 요구'에 따라 선군혁명문학에도 새로운 형식과 내용이 요청되었다.

선군정치가 다양한 담론을 양산하며 밀도를 높여갈 때, "총대에 대한 심오하고도 참신한 서정세계를 통하여 장군님의 총대중시사상, 선군정치의 진리성, 정당성, 불패성, 영원성을 예술적으로 확증"18)하는 작품들이 생산되었다. 특히 김정일을 수령의 위인상으로 형상하는 것은 '선군혁명문학의 기본의 기본'19)으로 강조되었다. 『주체문학론』에서 수령 형상과 함께 강조된 수령의 후계자 형상은 김정일의 이미지를 후계자로

---

14) 신년 공동사설, "당창건 55돐을 맞는 올해를 천리마대고조의 불길속에 자랑찬 승리의 해로 빛내이자," 『로동신문』, 2000년 1월 1일.

15) 신년 공동사설, "위대한 수령님 탄생 90돐을 맞는 올해를 강성대국 건설의 새로운 비약의 해로 빛내이자," 『로동신문』, 2002년 1월 1일.

16) 신년 공동사설, "≪고난의 행군≫에서 승리한 기세로 새 세기의 진격로를 열어 나가자," 『로동신문』, 2001년 1월 1일.

17) 이기동, "북한의 '신사고', '선군정치' 그리고 정책변화," 『통일정책연구』 제10권 1호 (2001), p. 292.

18) 『조선중앙년감』 (평양: 조선중앙통신사, 2001), p. 195.

19) 리수립, "우리 문학은 위대한 우리 당의 선군혁명문학이다," 『문학신문』, 2001년 1월 20일.

제어한다. 그러나 수령의 후계자이되 더 이상 후계자로서만 머물 수도, 머물러서도 안 되는, 강력한 지도자 이미지가 김정일에게 필요했다. 선군혁명문학은 김일성 민족으로 영원한 수령의 영향력을 부정하지 않으면서 김정일에 의한, 김정일을 위한, 김정일만의 수령형상창조를 구성하고자 했던 것이다. 후대의 평가처럼 "위대한 장군님의 탁월한 선군혁명사상과 로선은 물론 그이의 신념과 의지, 포부와 리상, 감정과 정서까지도 철저히 구현"[20]하는 것이 선군혁명문학의 본질이기 때문이다.

김일성 사후 김정일의 통치는 '혁명실록'이자 '선군혁명실록'으로 기록되었다.[21] 김일성 시대와 구분되는 선군시대는 김정일의 시대이고, 김정일의 시대를 대표하는 선군혁명문학은 김정일을 위한 문학이 되는 것이다. 일제치하라는 위기에서 민족을 구원한 김일성의 항일혁명처럼, 김정일의 선군혁명은 고난의 행군이라는 위기에서 배태되었다. 이때 김일성의 주체사상과 주체문학은 김정일의 선군사상과 선군혁명문학으로 비견될 수 있다. 발명 초기에 '주체사실주의가 낳은 새 형의 문학'[22]이었던 선군혁명문학은 2003년에 오면 '주체문학의 발전된 단계'[23]로 정의되었다. 주체문학의 자장에서 벗어나지 않았지만, 새롭게 발전한 형태라는 의미로 규정되었다고 볼 수 있다.

---

20) 사회과학원 주체문학연구소,『위대한 령도자 김정일동지께서 주체적 문학예술창조와 건설에서 이룩하신 불멸의 업적』(평양: 사회과학출판사, 2013), p. 163.

21) "성스러운 혁명실록이 엮어지는 나날에 선군혁명령도의 거룩한 자욱,"『로동신문』, 1999년 4월 24일; "백두의 령장 김정일장군의 ≪고난의 행군≫혁명실록을 펼치며,"『로동신문』, 2000년 10월 3일; 사설 "위대한 김정일동지의 선군혁명실록을 깊이 체득하자,"『로동신문』, 2002년 1월 14일.

22) 최길상, "새 세기와 선군혁명문학,"『조선문학』, 2001년 1호 (2001), p. 5.

23) 최언경, "존엄 높은 조국과 더불어 영광 떨쳐온 주체문학의 55년,"『조선문학』, 2003년 9호 (2003), p. 9.

III. 정전(正典)의 형성과 선군혁명문학의 특질

선군혁명문학론이 선군시대의 대표적인 문학론이 되려면 내용, 형식, 언어구조, 스타일, 양식적 특징 등이 창작방법론과 함께 정립되어야 한다. 이 과정에서 필요한 것이 정전의 확정이다. 정전(正典, canon)은 위대하다고 인정받는 작가와 작품의 목록으로, 정전화과정(canonization)을 통해 문학사적으로 이상적인 텍스트들을 제도화한다. 선군혁명문학의 성공은 정전을 확정하고 독서의 장에 투입되어 널리 읽히고 재생산될 때 가능할 것이다.

그렇다면 선군혁명문학의 특질은 무엇이며, 주체문학과 구별되는 정전은 어떻게 형성가능한가? 우선 수립 초기의 선군혁명문학은 '조선인민군의 면모와 위력' 형상을 주요 과업으로 삼았다. 그러나 군사를 주제 대상으로 취급한다고 바로 선군혁명문학이 되는 것은 아니었다. 선행되어야 하는 것은 선군정치의 혁명정신을 재현할 군인들의 생활과 투쟁에서 "장군님의 전사들의 사랑스러운 성격들을 발견"하는 것이었다.[24] 단지 군복을 입었다고 해서 주인공이 되는 것은 아니었다. "수령결사옹위의 총폭탄으로 준비된 군인"[25]이자 "수령결사옹위의 자폭용사 길영조"[26]처럼 수령을 위해 서슴없이 목숨을 바치는 인물이 중심이 되어야 했다. 수령결사옹위정신, 결사관철의 정신이 바탕이 되어 돌진해 나갈 수 있는 '총폭탄정신, 자폭정신, 육탄정신'을 발현해야 했다. 이러한 혁명적 군인정신은 김정일 시대의 군대에만 고유한 것으로 평가받았다.[27]

24) 리수립, "우리 문학은 위대한 우리 당의 선군혁명문학이다," 『문학신문』, 2001년 1월 20일.
25) 한룡숙, "선군시대가 낳은 명작," 『문학신문』, 2001년 8월 11일.
26) 리현순, "문학예술에서 우리 수령제일주의정신의 형상적구현," 『문학신문』, 2002년 2월 9일.
27) 최언경, "선군혁명문학예술은 위대한 선군정치의 사상정서적정화," 『문학신문』,

2004년에는 사회과학원 주체문학연구소에서, 2005년에는 조선문학예
술총동맹 중앙위원회에서 선군혁명문학에 대한 그동안의 논의를 종합
한 산물을 내놓았다. 비록 완결된 형식으로 정립된 선군혁명문학론은
아니지만『총대와 문학』(2004),『선군혁명문학예술과 김정일』(2005)은
선군혁명문학의 발생과 전개를 정리하고 미적 특질을 규정한 점에서
주목된다.『총대와 문학』(2004)의「머리말」에서 선군혁명문학은 '총대중
시사상을 구현한 새 형의 문학'이자 '선군혁명노선을 구현한 문학'으로
정의되었다.『총대와 문학』은 김정일의 선군시대 문학예술영도, 선군혁
명문학의 특성과 창작의 요구, 백두산3대장군의 업적 형상, 가사문학,
선군영장의 풍모 형상, 인민군 군인들의 형상, 시문학, 아동소설 등에
관한 14편의 논문으로 구성되어 있다. 선군혁명문학은 '영도자의 문학'
이라고 일컬을 정도로 김정일이 그 형성과 발전에 영향을 끼쳤다. 이때
김정일이 제일 먼저 지도한 것이 노래〈높이 들자 붉은기〉였다.[28] 1995년
에 만들어진 이 노래는 김일성의 혁명업적과 유훈을 '붉은 기'를 높이
들고 지켜가겠다는 의지의 표현으로 규정되었다.

　선군혁명문학이라는 용어는 2000년에 처음 등장했지만,『총대와 문학』
은〈높이 들자 붉은기〉를 지도하던 1995년으로 기원점을 소급했다. 김
정일은 명작을 "위대한 수령님의 생전의 뜻이 담겨 있는 붉은기정신과
≪고난의 행군≫정신, 래일을 위한 오늘에 살자는 당의 혁명적인생관을
철저히 구현한 작품"[29]으로 정의하였으며, 이러한 요청이 선군시대 문

2003년 11월 29일.

28) 조웅철, "위대한 령도자 김정일동지께서 선군시대 문학예술령도에서 이룩하신
　불멸의 업적," 사회과학원 주체문학연구소,『총대와 문학』(평양: 사회과학출
　판사, 2004), pp. 5~7.

29) 김정일, "문학예술부문에서 명작을 더 많이 창작하자: 조선로동당 중앙위원회
　선전선동부, 문학예술부문책임일군들과 한 담화 1996년 4월 26일,"『김정일선
　집 14』(평양: 조선로동당출판사, 2000), p. 174.

학예술건설의 강령적 지침이 되었다는 것이다. 여기에 부합하여 새롭게
만들어진 '수령영생가요' 〈위대하신 수령님 영원히 우리와 함께 계시
네〉는 이후에 '수령영생송가'로 지칭되면서 "선군시대를 대표하는 명작
들"이 되었다.30) 조선인민군공훈합창단은 김정일의 지도를 받으며 혁명
의 수뇌부의 나팔수로, 선군혁명문학예술의 전초병으로 앞장섰다. 예컨
대 예술영화 〈비행사 길영조〉(1998)는 총폭탄영웅 · 자폭용사의 혁명적
신념을, 경희극 〈동지〉(1999)는 총대중시사상을 바탕으로 수령결사옹위
정신이 구현된 작품으로 평가되었다. 그리고 '불멸의 향도' 총서인『력
사의 대하』(정기종, 1997),『서해전역』(박태수, 2000),『총검을 들고』(송
상원, 2002),『총대』(박윤, 2003), 서정서사시「최고사령관과 근위병사들」
(류동호, 1997), 연시「전선길에 해가 솟는다」(집체작, 1996), 서정시「철
령」(황성하, 1999) 등이 "총대중시사상을 깊이있게 반영한 사상예술적으
로 우수한 문학예술작품"31)으로서 정전의 지위를 얻었다.

　선군혁명문학의 정전이 된 '불멸의 향도' 총서 작품들의 공통점은 김
정일이 "제국주의의 어떤 침략책동"에도 "사회주의위업, 주체혁명위업"
을 건설할 신념과 의지를 준 것에 있다.32) 시문학은 전선길을 가는 김
정일의 풍모와 그에 대한 '뜨거운 칭송의 사상감정'33)의 토로를 공통으
로 하고 있다.『총대와 문학』이 정전의 반열에 올린 작품들은 1996년부
터 2004년에 이르기까지 거의 모든 장르를 망라하고 있다. 당창건 55돌
기념으로 공연되었던 대집단체조 〈백전백승 조선로동당〉(2000), 대집단

---

30) 최언경,『선군혁명문학예술과 김정일 (1) 문학』(평양: 문학예술출판사, 2005),
　　pp. 50~51.
31) 조웅철, "위대한 령도자 김정일동지께서 선군시대 문학예술령도에서 이룩하신
　　불멸의 업적," 사회과학원 주체문학연구소,『총대와 문학』, pp. 16~17.
32) 리철, "총서 ≪불멸의 향도≫중 장편소설들에서 선군령장의 위대한 풍모에 대
　　한 형상," 사회과학원 주체문학연구소,『총대와 문학』, p. 81.
33) 김철민, "경애하는 장군님의 선군정치를 노래한 시문학의 사상정서적특성,"
　　사회과학원 주체문학연구소,『총대와 문학』, p. 112.

체조와 예술공연 〈아리랑〉(2002), 합창조곡 〈선군장정의 길〉(2003), 교향조곡 〈혈전만리〉(2004) 등이 정전으로 평가되었다. 예술영화에는 〈민족과 운명: 최현 편〉(1999), 〈옛 경위대원〉(1999), 〈중대는 나의 대학〉(1998), 〈고요한 전방〉(1996), 〈7련대의 아들〉(1997), 〈복무의 길〉(2001), 〈수호자들〉(1997)을 선정하고 있다. 경희극에는 〈축복〉(1997), 〈약속〉(1996), 〈편지〉(1998), 〈동지〉(1999), 〈철령〉(2003)이, 가요에는 〈병사가 거리를 지날 때〉(1990년대 말 추정), 〈우리 집은 군인가정〉(2000) 등이 더해졌다.

그렇다면 선군혁명문학의 문학적 특징과 미학적 특질은 무엇인가? 이를 구체적으로 정리한 것은 김정웅이다.[34] 김정웅에 의하면 선군혁명문학의 가장 중요한 특성은 선군정치, 선군혁명노선의 전면적인 구현에 있다. 선군혁명문학의 본질적 특성은 1)반제혁명사상의 전면적인 반영, 2)조국애의 구현, 3)시대정신의 구현, 4)견인력과 감화력의 효용 등 네 가지로 정리된다.

김정웅은 사회주의 문학의 사명이 제국주의자들을 반대하는 혁명투쟁에 있다는 기본 노선을 확인하면서, '대북고립책동'으로 고난의 행군이 발생했다는 기조에서 출발한다. 선군혁명문학은 기본적으로 혁명적 수령관에 기초하고 있으며, 이를 숭고한 높이에서 구현해야 '참다운 애국주의 문학'이 된다는 것이다. 이때 선군혁명문학이 담아야 할 혁명적 군인정신은 난관을 뚫고 강성대국을 건설할 에너지원이다. 선군혁명문학이 '선군시대의 미감에 맞는 새로운 형상수법들을 탐구'하여 예술성을 높였다는 김정웅의 평가는 총대중시, 군사중시사상을 신념으로 삼고 투쟁하는 인물을 중심으로 한다. 즉 형식의 새로움이 아니라, 선군을 표상하는 내용의 새로움인 것이다.

이어 김정웅이 정리한 선군혁명문학의 미학적 특질은 1)선군영장인

---

34) 김정웅, "선군혁명문학의 특성과 그 창작에서 나서는 요구," 사회과학원 주체문학연구소, 『총대와 문학』, pp. 23~37.

김정일의 혁명활동과 혁명업적, 2)인민군대의 형상, 3)혁명적 군인정신으로 살며 일하는 선군시대 사람들의 생활과 투쟁, 4)군민일치의 전통적 미풍, 5)선군시대의 지향과 미감에 맞는 형상수단과 형상수법의 탐구 등 다섯 가지 범주에서 추출된다. 이 가운데 노동계급이 아니라 군인을 시대의 주인공으로 내세우는 부분은 주체문학과 변별되는 지점이다. 특히 형상수단과 형상수법의 강조는 견인력과 감화력을 강조한 부분과 연계할 수 있다. 문학의 효용을 강조하는 것은 북한 문학에서 중시해온 입장이다. 더불어 독자들이 문학에 수동 반응하는 것이 아니라 적극 경험하라는 요청 또한 기존의 수용적 요구에서 크게 벗어나지 않는다. 형상수단과 수법의 강조는 '선군시대'라는 시대적 패러다임에 맞는 새로운 형식 탐구와 관련되고, 이는 독자의 수용을 견인하는 것으로 순환된다. 김정웅은 혁명적 군인정신으로 살며 일하는 인간들의 생활과 사상감정을 가볍고 명랑한 웃음으로 반영한 경희극과 축하시, 새 형의 장시와 같은 새로운 시문학 형식에서 찾고 있다.

『총대와 문학』(2004)이 김정일의 영도 아래 새롭게 창조되고 발전되는 선군혁명문학의 특성·성과·경험을 분석하고 묶었다면, 『선군혁명문학예술과 김정일』 총서 5권(2005)은 1995년 1월부터 2004년까지의 선군혁명 10년을 정리하고, 『20세기문예부흥과 김정일』(2002)의 연속편으로 조선문학예술총동맹 중앙위원회가 편찬한 것이다. "선군혁명문학예술의 일대 전성기를 안아오신 경애하는 장군님의 령도의 위대성과 불멸의 업적을 내외에 널리 과시하며 우리 작가, 예술인들을 장군님의 선군혁명동지로 더욱 튼튼히 준비시키는데 적극 이바지"[35]하는 것을 목표로 '문학,' '음악예술,' '영화·연극예술,' '미술,' '무용예술·교예' 등 5권의 총서로 출간되었다. 총서의 각권은 거의 동일한 체제로 구성되어 있

---

35) 최언경, 『선군혁명문학예술과 김정일 (1) 문학』, p. 24.

다. 김일성 형상은 '수령영생'으로, 김정일 형상은 '선군령장'으로 명명하며 수령형상을 앞에 두고, 장르별 정전 평가와 김정일과 예술가들의 지도 관계를 뒤에 배치하는 식이다.

『선군혁명문학예술과 김정일』(2005)은 『총대와 문학』(2004)과 1년 정도의 시차를 가지고 있지만, 김정일의 문학예술 영도에 초점을 맞추어 선군시대의 정치적 의미와 문학의 역할을 상세히 서술하고 있다. 영도 업적이 중심이 되었지만 장르별로 접근한 점에서 선군혁명문학론의 버전에 가깝다. 선군의 매트릭스였던 '고난의 행군'은 선군혁명문학의 모태로 재론되었다. 김정일은 고난의 행군 시기를 "시와 노래로 군민의 심장에 불굴의 투쟁정신과 신념을 안겨주어야 할 때"로 규정하고 "선군혁명문학의 전투적기치를 밝"힌 것으로 정식화 했다. 김정일은 "한편의 혁명적인 시나 명곡은 천만자루의 창검을 대신할수 있다"는 『주체문학론』의 구절을 재차 강조했으며, 이 같은 지적은 선군시대 명작창작의 진로를 다시 밝힌 명언으로 재평가되었다.[36]

'수령영생문학'이나 '선군영장형상문학'은 선군혁명문학의 중요 특징이다. '선군혁명시문학'의 경우 '주체의 시론'에 연원한 것으로 규정되면서 주체문학론과 연속성을 지니게 되었다. 그러나 서정시가 아니라 '가사문학'을 선군혁명시문학의 선봉에 세운 입장은 『총대와 문학』과 차이를 보여준다. 『총대와 문학』에서 가사는 "음악정치가 낳은 고귀한 결실"[37]이었지만, 『선군혁명문학예술과 김정일』에서 와서는 김정일이 "시대를 선도하는 투쟁의 기치로 시문학의 맨 앞장에서 전진해나가도록 정력적으로 이끌어"[38] 준 장르로 중요시되었다. 가사를 폭넓고 자세히

---

36) 최언경, 『선군혁명문학예술과 김정일 (1) 문학』, pp. 52~53.
37) 엄용찬, "선군시대의 숨결과 기상이 힘있게 나래치는 혁명적인 가사문학," 사회과학원 주체문학연구소, 『총대와 문학』, p. 139.
38) 최언경, 『선군혁명문학예술과 김정일 (1) 문학』, p. 353.

논하고 나서야 '다양한 시문학'의 일종으로 서사시, 장시, 서정시 등이 서술되었다. 그 외에 정론시, 장편기행시 등이 '다양한' 시의 형태로 언급되었다. 소설의 경우에도 주체문학론에서 출발하여 김정일이 '중장편 창작전투'를 통해 작가들을 지도하고, 개별 작품들을 어떻게 선군시대 명작으로 영도했는지를 밝히는 순서로 기술되었다.

이 총서는 김정일의 문학예술 '영도사'의 성격을 가지고 있다. 바로 여기에서 선군혁명문학론이 새로운 문예론으로 주체문학론과 비견할 지위를 갖기 어려운 태생적 한계를 발견할 수 있다. 신생 문학예술의 탄생이 아니라, 지도자의 리더십의 결과물로 규정되었기 때문이다.

IV. 새로움의 자동화와 침체

선군이 정치와 사상에 불러온 것은 '군' 중심의 혁신과 사고의 전환이었다. 이는 선군혁명문학의 개념화에도 이입되었다. 김정일의 선군영도 업적을 반영한 '령도자의 문학'이 문학의 형식과 양상을 새롭게 탐구·개척하여 다양하고 다채로운 면모를 갖추도록 하며 모든 장르를 전반적으로 발전시켰다는 것이다.

초기에 선군혁명문학을 개념화한 최길상에 의하면, 소설은 혁명전설·실화소설·운문소설·환상소설·추리소설·풍자소설 등이, 시문학은 송년시·추대시·추모시·련시·련시초 등이, 아동문학은 유년기문학·지능동화·속담동화·우화소설 등이 선군혁명문학의 새로운 장르로 발전했다고 한다. 소설은 모든 낡은 요소와 도식적인 틀을 없애고 새 세기에 맞는 형상수법과 형태를 다양하게 개척하며, 시문학은 자기의 모양을 새롭고 참신하게 채색해야 한다고 설명되었다.[39] 수령형상

---

39) 최길상, "새 세기와 선군혁명문학," 『조선문학』 2001년 5호 (2001), pp. 5~6.

창조의 경우 지난 시기의 진부한 관습을 버리고 새롭게 실천해야 하며, 수령을 걸출한 위인으로 그리기 위해 모든 창작역량을 동원할 것이 요구되었다. 군인들의 '총폭탄정신'과 강성대국 건설을 위한 인민들의 영웅적 투쟁도 감동깊이 그려야 했다. 이 같은 문학적 요구는 소설 부문에서 제4차(2000)와 제5차(2001) 장중편형식의 작품 100편 창작을 목표로 세워 달성한다던가, 시 부문에서 김정일의 위대성과 선군혁명영도업적을 기동적으로 반영하는 것으로 나타났다.[40]

『총대와 문학』(2004)에서 대집단체조와 예술공연, 합창조곡, 교향조곡 등의 형식은 "선군시대의 기념비적대걸작"을 낳은 새로운 형식으로 평가되었다. 문학에서는 추대시, 축하시, 기행련시, 산수시초, 실화소설, 환상소설, 운문소설, 우화소설, 지능동화, 속담동화 등 다양한 형식의 작품들이 '수많이' 창작되어 풍만하고 이채롭게 장식되었다고 한다.[41]

앞에서 언급한 시와 소설의 갖가지 형식들은 『조선문학사 16』에서 『주체문학론』이 규정한 "문학의 모든 형태를 다양하게 발전시킬데 대한 사상"에 따라 "이 시기의 시대정신과 현실을 반영하면서" "력사적으로 내려오는 문학의 기본형태와 형식이 이 시기의 시대적내용을 반영하면서 더욱 세련되고 풍부하게 발전"했다는 평가를 받았다.[42]

새로운 혁신으로 규정되는 선군혁명문학의 형식들이 새로움을 촉진하여 선군혁명문학의 신흥 장르로 자리매김하려면 아류작들이 풍성하게 생산되어야 한다. 예컨대 비교적 성공작으로 꼽히는 한웅빈의 '련속단편소설' 〈채 쏘지 못한 총탄〉(2005)은 "선군시대 우리 군대와 인민들의 숨결"[43]을 보여준다고 평가받았지만, 형식의 새로움에 대해선 '련발

40) 『조선중앙년감』(평양: 조선중앙통신사, 2001), p. 195; 『조선중앙년감』(평양: 조선중앙통신사, 2002), pp. 182~183.
41) 조웅철, "위대한 령도자 김정일동지께서 선군시대 문학예술령도에서 이룩하신 불멸의 업적," 사회과학원 주체문학연구소, 『총대와 문학』, pp. 18~20.
42) 류만·최광일, 『조선문학사 16』(평양: 사회과학출판사, 2012), pp. 31~32.

사격식 구성'44)이라는 모호한 분석 정도로만 그쳤다. 한웅빈 홀로 '련속 단편소설형식' 소설 2편을 발표했으나, 단편소설을 여러 회차에 나누어 연재한 것과 어떤 미적 차별성이 있는지 알 수가 없다. 새로운 형식을 지향하되, 내용상으로는 그렇게 새롭지 않다. 시의 경우 묘사 대상에 따라 형태별로 다양하게 구분되는 풍경시, 교훈시, 기행시, 단상시 등에서 시인들의 탐구적 노력이 있었다고 평가되었다. 그러나 이들 장르는 새로운 형태를 실험, 모색한 것이 아니라 기존의 양식을 '개척하고 발전시키려는 노력'을 기울인 것이었다. 내용의 소재적, 주제적 차원의 전환이었으며 형식상으로는 관습적 문학의식을 그대로 유지하고 있었다. 라벨로 붙여진 '새로운' 장르명들은 전위적인 이종교배(hybridization)로 실험한 것이 아니었다. 그럼에도 부상한 새로운 형식들은 새것으로 시대를 돌파하려는 움직임의 흔적이었다.

'새로운 형식'들은 선군문학의 특징으로 문학사와 접속했으나, 정전화(canonization)의 특혜를 누리지 못했다. 다양한 형태의 하위 장르들을 모색하고 열거했지만, 주변장르와 하위장르의 잉여성에 머물렀다. 또한 실제 작품으로 군락을 형성하지 못하고 산발적인 낱알로 존재한 '새로운 형식'들은 2000년대 중반을 지나면 이조차 거의 등장하지 않게 되었다.

오히려 문제적인 것은 전투, 군사, 전쟁 어휘의 난무에 있었다. 군사를 생활로써 적극 탐구하는 과정에서 흔히 사용하게 된 "≪총대가정≫, ≪원군가정≫"은 "선군정치가 사회의 말단세포인 가정에 이르기까지 새로운 생활세계를 형성"한 "참신한 말들"45)이었지만, "총대, 최고사령부

---

43) 고철훈, "선군시대정신의 민감한 반영과 형상적탐구," 『문학신문』, 2005년 8월 27일.

44) 한미영, "총탄처럼 박히는 련속단편소설의 형상세계," 『조선문학』 2006년 4호 (2006), pp. 51~53.

45) 리수립, "우리 문학은 위대한 우리 당의 선군혁명문학이다," 『문학신문』, 2001년 1월 20일.

야전차, 야전식사, 다박솔초소, 섬초소, 바다초소, 최전연, 전선길, 천리 전선… 그리고 오성산, 대덕산… 이것은 최근시기 우리 시작품에서 때 없이 자주 찾아보게 되는 표현들"이 되었다. 결국 "추상적웨침, 생경성" 을 경계하라는 지적이 있었지만[46] 여전히 계속된 "군사중시의 문학예술 이라 하여 총포성만 요란하게 울"[47]리는 모습은 선군혁명문학이 풀어야 할 과제가 되었다. 그럼에도 선군사상을 정서적, 미적으로 용해하지 못 하고 구호를 선언하거나 군사 용어를 습관적으로 사용하는 행태는 줄 어들지 않았다.

선군은 익숙한 사물이나 관념이었던 '군'에 대한 패러다임 전환을 이 끌었다. 이때 획득한 새로움(defamiliarization)이 생활의 모든 분야를 지 배했으며, 어디에나 편재했다. 관습적 표현의 차원이 된 선군은 처음의 낯설음이 사라지자 자동화(automation)되었다. 2005년 이후의 시대담론 은 사회주의 강성대국 건설을 위해 정치, 군사, 경제, 문화의 모든 분야 에서 '선군혁명총진군'에 박차를 가하자는 것이었다. 선군정치의 국가 전략목표로 제시된 '강성대국론'은 1998년 '사회주의 총진군'에서 2005년 에 '선군혁명총진군'으로 제시되었다. '총진군'은 전당, 전군, 전민의 일 심단결이다. 2012년에는 '선군대고조'시대를 비롯해 새로운 용어를 창출 했지만 개념적 차이는 거의 발견되지 않았다. 그리고 선군과 총대, 선 군혁명영도와 총진군은 여전히 오늘날까지 자기장을 유지하고 있다.

선군혁명문학으로 명확하게 명명되는 경우는 점점 드물어졌다. 2009년 부터 예술을 포괄한 경우엔 '선군혁명문학예술'로, 문학은 '선군문학'으 로 구분되기 시작했다. 2009년, 강성대국건설을 위해 선군혁명총진군에 이바지하는 문학작품 창작에 앙양을 일으키자는 글에서 '선군문학'은 "부르죠아 사상문화적 침투책동과 심리모략전을 짓부시기 위해 주체문

---

46) 류만, "시의 서정은 새롭게 탐구되여야 한다," 『문학신문』, 2002년 4월 20일.
47) 고철훈, "우리 당의 선군사상과 문학예술작품창작," 『문학신문』, 2003년 1월 25일.

학의 순결성을 확고히 고수해 나갈것"[48]이 요구되었다. 선군문학의 사명을 논하는 자리에서 '주체문학의 순결성'이 요구된 것이다. 탈주를 막는 보수적이면서 견고한 성새로 주체문학을 호출한 것이다.

발명기 때의 선군혁명문학은 주체문학의 '새 형태'로 규정되었지만, 이제는 '주체문학'의 계승성, 그것도 순결성이 강조되는 것이다. 선군혁명문학과 선군문학, 선군혁명문학예술과 선군시대 문학예술의 용어가 혼용되었다. 그렇다고 '혁명'의 탈각이 용어 개념에 결정적 영향을 끼쳤다고 보기는 어렵다. 더군다나 개념적 지위 차이도 발견되지 않는다. 2000년대 말에서 김정은 등장 전까지 선군혁명문학은 주체문학과 거의 구분없이 사용되었다. 총서 문학을 더 많이 창작해야 하는 "선군시대 문필가의 본분"이 강조될 뿐이었다.[49]

2010년에는 1961년에 초연되었던 경희극 〈산울림〉이 '김일성상'을 수상하면서 선군시대 문학예술의 대표작으로 재평가되었다. 2011년에는 1997년 국립연극단이 무대에 올렸던 〈오늘을 추억하리〉가 선군시대 문학예술의 대표작으로 재평가되었다. 〈산울림〉은 산간지대 농업근로자들의 헌신적 투쟁과 보람찬 생활을 펼치는, "선군시대의 미감에 맞는 사상예술성이 완벽한"[50] 경희극이라는 것이다. 〈오늘을 추억하리〉는 군인의 건설 동원을 긍정적으로 그리고, "슬픔에 대한 추억이 아니라 신념과 의지에 대한 추억"을 해명함으로써 "군대와 인민의 가슴마다에 혁명적인생관, 미래관을 새겨주는 훌륭한 교재"로서 강조되었다.[51] 이 두 작품은 주체적 연극예술의 기념비적 걸작이면서 선군시대 문학예술을

---

48) "우리 당의 선군혁명령도를 높이 받들고 올해 선군문학 창작에서 앙양을 일으키자," 『조선문학』 2009년 1호 (2009), 6쪽.
49) "풍만하게 가꾸어진 선군문학의 화원," 『문학신문』, 2009년 9월 19일.
50) "김정일총비서 경희극 《산울림》 관람," 『로동신문』, 2010년 4월 26일.
51) "연극 《오늘을 추억하리》에 대한 주체적문예사상연구모임 진행," 『로동신문』, 2011년 8월 5일.

대표하는 또 하나의 기념비적 걸작이라는 공통점으로 묶인다.[52] 그리고 선군혁명문학은 선군문학, 선군시대의 문학예술, 선군혁명문학예술, 주체문학, 주체적 문학예술과 같이 '오늘의 선군현실을 반영'[53]하는 범주가 되면서 경계선이 모호해졌다. '새형'의 새로움을 추구했던 선군혁명문학은 자체의 동력을 잃고 개념과 창작 모두에서 약화의 길을 걸었다.

V. 선군혁명문학의 미래

선군이 주었던 낯설고 새로운 느낌은 시간이 지날수록 익숙해지면서 자동화되었다. 김정은은 '선군'을 계승했지만, 문학예술에 대한 좌표는 불분명했다. 김정은 체제 원년인 2012년에는 선국혁명문학이 다시 부흥하는 것처럼 보였다. 김정일을 추모하며 김정은에게 승리를 보고하고 모든 것을 선군의 역사로 만들겠다는 새해결의를 비롯해,[54] 주체혁명위업을 달성하기 위해 김정은에 대한 절대불변의 신념을 수령형상문학으로 창작해야 한다는 당위성[55]은 '선군혁명문학'이 김정일의 계승이자 수령형상의 중심임을 보여준다. 또한 김정일의 선군혁명영도 52돌을 기념하는 선군절에 선군혁명문학은 김정일의 선군혁명영도로 달성된 선군시대의 명작으로 의미화 되었다.[56] 선군혁명문학의 성과로 평가된

52) "≪산울림≫은 시대를 뒤흔든다," 『로동신문』, 2010년 4월 28일; "연극 ≪오늘을 추억하리≫에 대한 주체적문예사상연구모임 진행," 『로동신문』, 2011년 8월 5일.
53) "결정적 전환의 해를 빛내인 우리의 주체문학," 『문학신문』, 2010년 12월 10일.
54) 정기종, "선군혁명문학건설의 자랑찬 한해로 빛내일것이다," 『조선문학』 2012년 1호 (2012), p. 42.
55) 김려숙, "피끓는 심장으로 선군혁명문학의 새로운 포성을 울리자," 『조선문학』 2012년 3호 (2012), pp. 22~25.
56) "선군혁명문학의 전성기를 안아오시여," 『문학신문』, 2012년 8월 25일.

2012년에는[57] 선군혁명문학이 존속하는 것처럼 보였다. 그러나 2013년에는 선군문학 내지 선군혁명문학이라는 용어가 거의 사용되지 않기에 이르렀다. 그러다가 2014년 제9차 전국예술인대회가 개최되면서 선군혁명문학예술은 그 목적과 사명, 지위와 역할로 다시 호명되었다. 반면에 2015년에는 한 해의 문학적 성과를 결산하며 선군혁명문학이 언급되는 정도에 그쳤다.[58] 2016년에는 조선작가동맹 창립 70돌 기념 기사에서 선군혁명위업을 받들어나가는 사상전선의 제일기수이자 나팔수의 역할을 회상하는 기사에서 언급되었다.[59] 이제 선군혁명문학은 '군'을 떠올릴 수 있는 건군절이나 선군절 같은 기념일에 『문학신문』 기획 기사나 현상모집 공고에서나 볼 수 있게 되었다. 용어는 잔존하고 있지만 기세가 회복될 전망은 요원하다. 2017년을 지나 2018년에 오면 선군영장, 선군혁명위업, 선군시대 등의 용어는 여전히 사용 중이지만, 유독 문학과 관련해서는 사용 빈도가 점점 드물어졌다.

김정은은 문학예술을 선전선동의 중요 수단으로 다루었던 김정일과 여러 모로 다르다고 할 수 있다. 김정은이 명작창작을 강박적으로 요구하면서 모범으로 내세운 '모란봉악단의 창조기풍'은 방법론적으로 모호했다. 김정은이 이어받은 '선군'이 문학에 어떻게 궤적을 그리는지 불분명한 상태에서 선군혁명문학은 김정일 시대의 특징으로 귀결되었다. 이러한 작업은 1990년대 문학을 정리한 『조선문학사 16』(2012), 김정일의 문학 영도업적을 집대성한 『위대한 령도자 김정일동지의 선군시대 문학령도업적』(2014)과 이의 세부적 전개과정인 『위대한 령도자 김정일동

57) "새로운 주체 100년대의 첫장을 빛나게 수놓아온 우리의 선군혁명문학," 『문학신문』, 2012년 11월 24일.

58) "혁명적 대경사의 해를 빛나게 수놓아온 우리의 선군혁명문학," 『문학신문』, 2015년 12월 31일.

59) "영원히 우리당을 따라 운명을 함께 할 신념의 붓대, 혁명의 필봉," 『로동신문』, 2016년 10월 13일.

지의 현명한 령도밑에 개화발전한 선군시대 소설문학』(2016), 『위대한
령도자 김정일동지의 현명한 령도밑에 개화발전한 선군시대 극문학』
(2016) 등에서 확인할 수 있다. 이 같은 논저들은 김정일 시대를 정리한
것이기에 향후 선군혁명문학의 존속을 이야기하기는 어렵다.

신생 문학은 창작방법과 그것의 실천인 작품과 아류의 확산, 대표 정
전(canon)의 확정이 제도화될 때 주류 문학의 지위에 오른다. 선군혁명
문학의 등장은 새로운 사상과 새로운 창작방법론, 새로운 미학관이 대
두한 것으로 판단케 하였다. 그러나 지금까지 살펴본 바에 따르면 주체
문학론과 유사한 방식의 창작의 기율이 선군혁명문학에는 부재하고 있
다. 이는 선군혁명문학이 김정일의 리더십의 결과물로 정리되었기 때문
이다. 게다가 김정은 체제하에서 선군혁명문학에 새롭게 덧붙여진 의미
는 거의 제로에 가깝다.

『문학예술대사전』(2006 DVD)에 등재된 용어 가운데 선군과 관련한
것은 '선군문학예술' 하나이다. 선군문학예술은 "넓은 의미에서 선군시
대에 창조된 문학예술을 가리키는 의미"로 정의되어 있다. 선군문학이
라는 협의의 의미는 광의의 범주에서만 포착될 뿐이다. 또한 김정은 체
제하에서 선군시대에 새롭게 창출된 용어만 모아놓은 『선군시대어』(2013)
에는 '선군문학예술' 용어 자체가 없다.[60]

선군혁명문학의 전성기는 『선군혁명문학예술과 김정일』(2005) 출간
시점이었다. 약하게 존속되다가 김정일이 사망한 이후 쇠퇴의 수순을
밟았다. 선군혁명문학은 북한 문학사에서 김정일의 영도 업적으로 기입
되면서 김정은의 리더십과 분리되었다. 북한에서 새로운 문학적 현상은

---

60) 선군, 선군정치, 선군장정, 총대철학, 총관, 혁명의 주력군, 혁명적군인정신,
   혁명적군인문화, 군민일치사상, 강계정신, 성강의 봉화, 대홍단기풍 등 선군시
   대의 정치 사상 용어를 비롯해 55개의 용어 해설이 들어 있다. 채희원, 『선군
   시대어』(평양: 외국문출판사, 2013).

자생적으로 발생하지 않는다. 김정은은 2019년 신년사에서 선군도, 김정일의 그림자도 걷어내며 자신의 리더십을 공고히 하는 움직임을 보였다. 선군이라는 어휘가 여전히 잔존하더라도 문학에서 선군은 현재와 미래의 핵심어로 더 이상 작동하지 않으리라 추정된다.

김일성의 항일혁명과 김정일의 선군혁명은 모두 위기에서 탄생했다는 공통점이 있다. 김일성이 겪은 위기는 민족과 역사의 위기였으며, 그것의 승리는 북조선의 탄생이었다. 김정일이 겪은 위기는 고난의 행군이었고, 고난의 행군의 종식은 승리의 역사이지만 동시에 상처의 역사이기도 하다. 기본적으로 북한의 문학예술은 영웅의 서사이다. 영웅담은 주인공의 시련-극복-성공의 구조를 지니고 있다. 승리를 이야기하려면 고난과 시련이 회고되어야 한다. 그러나 고난의 행군 시기의 시련은 재해, 아사, 붕괴의 고통이라는 점에서 북한의 트라우마이자 수치의 역사이다.

시간이 지남에 따라 고난의 행군에 기원을 두고, 김정일의 문학예술 영도에 초점을 둔 선군혁명문학은 소멸의 길을 걸으며 시대의 유산으로 남게 되었다. 선군혁명문학의 그림자는 오히려 보편적 원리인 주체문학론으로 복귀하고 있다. 이제 '군인'은 인물의 하나로 등장하는 것이 언제나 가능하지만, 노동계급을 선도하며 선군시대에 화학적으로 반응한 선군혁명문학과 같은 모습은 아닐 것이다.

참고문헌

1. 국내문헌

김성수. "북한의 '선군혁명문학'과 통일문학의 이상."『통일과 문화』창간호 (2001).
_____. "김정일 시대 문학에 대한 비판적 고찰: 선군시대 '선군혁명문학'의 동향
　　　과 평가."『민족문학사연구』제27호 (2005).
_____. "문학적 '통이(通異)'와 문학사적 통합."『한국근대문학연구』제19호 (2009).
_____. "김정은 시대 초의 북한문학 동향."『민족문학사연구』제50호 (2012).
_____. ""선군(先軍)"과 "민생" 사이."『민족문학사연구』제53호 (2013).
노귀남. "체제위기 속의 북한문학의 대응과 변화."『민족문화논총』제29집 (2004).
배성인. "김정일 시대 북한문학의 특징."『통일문제연구』제43권 1호 (2005).
오태호. "김정은 시대 북한 단편소설의 향방."『국제한인문학연구』제12호 (2013).
이기동. "북한의 '신사고'. '선군정치' 그리고 정책변화."『통일정책연구』제10권 1호
　　　(2001).
이성천. "『주체문학론』이후의 북한시 연구."『한민족문화연구』제19권 (2006).
장사선. "북한의 체제 수호 위기 극복 문학 담론 연구."『국제한인문학연구』제8호
　　　(2011).

2. 북한문헌

류만·최광일.『조선문학사 16』. 평양: 사회과학출판사, 2012.
리현순.『위대한 령도자 김정일동지의 선군시대 문학령도업적』. 평양: 사회과학
　　　출판사, 2014.
_____.『위대한 령도자 김정일동지의 현명한 령도밑에 개화발전한 선군시대 극
　　　문학』. 평양: 사회과학출판사, 2016.
사회과학원 주체문학연구소.『총대와 문학』. 평양: 사회과학출판사, 2004.
_____.『위대한 령도자 김정일동지께서 주체적 문학예술창조와 건설에서 이룩
　　　하신 불멸의 업적』. 평양: 사회과학출판사, 2013.
조선문학예술총동맹 중앙위원회 편찬. 최언경.『선군혁명문학예술과 김정일 (1)

문학』. 평양: 문학예술출판사, 2005.

_____. 김득청·남상민·정봉석. 『선군혁명문학예술과 김정일 (2) 음악예술』. 평양: 문학예술출판사, 2005.

_____. 한룡숙. 『선군혁명문학예술과 김정일 (3) 영화, 연극예술』. 평양: 문학예술출판사, 2005.

_____. 량연국·함인복. 『선군혁명문학예술과 김정일 (4) 미술』. 평양: 문학예술출판사, 2005.

_____. 박병화·림채강·김시호·남용진. 『선군혁명문학예술과 김정일 (5) 무용, 교예』. 평양: 문학예술출판사, 2005.

채희원. 『선군시대어』. 평양: 외국문출판사, 2013.

최광일. 『위대한 령도자 김정일동지의 현명한 령도밑에 개화발전한 선군시대 소설문학』. 평양: 사회과학출판사, 2016.

3. 기타자료

『로동신문』
『문학신문』
『조선문학』
『조선중앙년감』
『천리마』

제 10 장

선군사상에 대한 전통사상의 영향*

함규진

Ⅰ. 들어가며

'선군사상'과 전통사상을 함께 운위함은 일견 부적절해 보일 수도 있다. 북한에서 '봉건체제를 정당화하던 낡고 비과학적인 사상체계'라 보고 있는[1] 전통사상은 근본적으로 사회주의 사상, 김일성에서 김정일, 김정은으로 이어지는 북한 지도자의 사상과 평행선을 달린다고 보아야 마땅할 것이기 때문이다.

그러나 상이한 기원과 지향점을 가지는 사상이라 해도 당대 또는 이전 시대의 사상의 일정한 영향을 가질 가능성은 존재한다. 그 가능성은 첫째, 해당 사상이 상이해 보이는 사상의 일부 구성요소(components)를 명시적 또는 암시적으로[2] 포함하고 있을 경우, 둘째, 해당 사상의 발전

---

* 이 논문은 건국대학교 인문학연구원,『통일인문학』제76권 (2018)에 게재된 논문을 일부 수정한 것이다.
1) "조선로동당은 주체사상교양을 강화하며 자본주의사상, 봉건유교사상, 수정주의, 교조주의, 사대주의를 비롯한 온갖 반동적, 기회주의적사상조류들을 반대 배격하며 맑스-레닌주의의 혁명적원칙을 견지한다."(『조선로동당규약』서문); "유가사상 : 유교교리를 내용으로 하는 반동통치배들의 보수적이며 반동적인 사상," 이서행 외 편,『남북한학술용어비교사전』(성남: 한국학중앙연구원출판부, 2010), p. 481.
2) '명시적 포함'은 A사상의 중요한 용어, 개념들이 B사상에도 포함되어 있을 경우를, '암시적 포함'은 B사상의 창시자나 정리자가 A사상의 영향하에 있었다는

과정상의 사회적, 문화적 맥락(context)이 상이해 보이는 사상의 맥락과 동형성(isomorphism)을 띠고, 아마도 그 결과로써 두 사상 사이에도 동형성이 발견될 경우에 강하게 지지될 수 있다.

전자의 경우는 가령 '개화사상에 실학사상이 미친 영향'을 논의할 때 박지원, 정약용 등 중요한 실학자들의 후손이나 제자들의 학문적 영향을 중요한 개화사상가들이 받았다는 사실이 근거로 제시되거나, '양계초의 사상은 근본적으로 유가적'이라는 명제를 뒷받침하기 위해 그가 본래 양명학 계통의 유학을 공부했고 유교개신론을 추구한 강유위의 제자였으며, 불가와 묵가를 유가와 병칭하면서도 '중국 역사문화 속에서 유가학설의 주도적인 지위는 틀림없다'고 보았다는 경우 등에서 찾을 수 있다.[3]

한편 후자의 경우는 프로테스탄티즘의 개인주의, 금욕주의, 현세의 노력을 강조하는 입장 등이 '자본주의의 정신'과 '친화성'이라고 불릴 만한 동형성을 띤다는 막스 베버의 주장이나, 명말청초라는 전환시대를 맞이한 양명학자들의 입장과 근대화라는 전환시대를 맞이한 양계초의 입장이 유사성을 띨 뿐 아니라, 양계초의 '심력(心力)' 개념이 양명학에서의 심론(心論)과 유사하다는 점에서 '양계초의 사상은 근본적으로 유가적'이라는 명제를 지지하는 주장 등에서 찾을 수 있다.

1990년대 말 이래 북한의 '통치 이데올로기'로 여겨져 온 '선군사상'의 경우, 기존의 연구자들은 구성요소 중심의 이해를 시도하거나, 맥락적 동형성 중심 이해를 하거나 하며 통합적인 시각을 결여한 경우가 많았다. 다시 말해서, 주체사상 이래 북한의 통치 이데올로기에서 전통적, 유교적 성격을 찾으려는 연구는 구성요소 중심적 이해에 중점을 두었

근거, B사상의 텍스트 내적 맥락이 A사상의 맥락과 유사성을 보일 경우 등을 통칭한다.

3) 鄭家棟, 한국철학사상연구회 역, 『현대신유학』(서울: 예문서원, 1993), p. 167.

다.[4] 한편 정치 이데올로기 자체의 성격을 분석하려는 연구는 맥락적 동형성에 주목하여, 마르크시즘－주체사상－선군사상의 관계를 '순수 이데올로기와 실천 이데올로기'의 틀에 따라 규명하려 했다.[5]

이 글은 선군사상에 유교를 비롯한 전통사상이 미친 영향을 규명하려는 목적의식을 갖고, 상기한 대로 구성요소와 맥락적 동형성을 모두, 체계적으로 갖추면서 비교 분석을 실시하려 한 것이다.

II. 선군사상의 연혁

선군사상의 기원에 대해서는 북한 내부에서도 여러 가지 담론이 있다. 가장 이르게는 1930년, 김일성이 카륜 회의에서 선군사상을 창시했다고 하는데[6] 이는 이에 앞서 제시된, 김일성이 주체사상을 창시했다는 '신화적' 시점과 일치한다.[7] 다음으로는 1960년 8월 25일 김정일이 김일

---

4) 重村智計,『北朝鮮デ-タブック : 先軍政治,工作から核開發,ポスト金正日まで』 (東京: 講談社, 2002); 박광호, "김일성 통치에서 전통의 활용에 관한 연구" (서울대학교 박사학위논문, 2003); 경규상, "북한 주체사상의 유교적 성격 규명" (한국교원대학교 석사학위논문, 2008).

5) 곽승지, "선군사상의 향배," 강성윤 편,『김정일과 북한의 정치』(서울: 선인, 2010); 정영철, "주체사상의 실천이데올로기화와 새로운 실천 이데올로기의 등장,"『한국과 국제정치』제31권 제3호, 통권 제90호 (2015); 김근식, "김정은시대의 '김일성－김정일주의'," 박재규 외,『새로운 북한 이야기』(파주: 한울아카데미, 2018); 김광수,『사상강국－북한의 선군사상』(서울: 선인, 2012). 여기서 '순수 이데올로기'란 생각을 적절히 정립할 수 있도록 일관성 있는 세계관을 제공하는 관념체계이며, '실천 이데올로기'란 순수 이데올로기를 바탕으로 적절히 정립된 생각을 주어진 상황에 맞게 실천에 옮길 방식을 제공하는 관념체계가 된다. 즉 순수 이데올로기는 실천 이데올로기에 시간적으로 선행하며, 위상적으로 근본이 된다. Frantz Shurmann, *Ideology and Organisation in Communist China* (Berkeley, C.A.: University of California Press, 1968), pp. 18~24.

6) 김금숙,『위대한 령도자 김정일동지께서 밝히신 선군정치의 전면적확립에 관한 주체의 리론』(평양: 사회과학출판사, 2014), p. 145.

7) 김창하 · 김재현,『영생불멸의 주체사상』(평양: 조선로동당출판사, 1973), p. 90.

성과 조선인민군 근위 서울 류경수 105 땅크사단을 현지 지도하는 자리에서 '선군혁명도'가 시작되었다고 한다.[8] 이는 김일성이 주체사상을 처음으로 분명히 제시했다는 1955년[9]에서 5년 뒤다.

 그러나 주체사상 자체도 1960년대 말에서 1970년대 초에 이르는 시기, 대내외 경제 및 안보 불안에 수령의 권위에 도전하는 세력이 포착됨에 따라 유일지도성 강화 차원에서 비롯되었다고[10] 일반적으로 보듯, 선군사상은 그보다 훨씬 늦게, 1980년대 말의 사회주의권 몰락과 김일성 사망, 자연재해 등에 따른 '고난의 행군' 도래 등 북한의 위기적 상황에 맞춰 새로운 통치담론의 필요성에서 개발되었다고 여겨진다.[11]

 이런 관측에 가까운 북한의 선군사상 기원 제시는 1995년 1월 1일, 김정일이 다박솔중대의 현지지도에서 '선군정치의 첫 역사적 계기'를 마련했다는 데서 찾을 수 있다. 이어서 1996년 6월 10일, 역시 김정일이 안변청년발전소 건설현장 현지지도에서 "혁명적 군인정신"을 처음 언급했으며, 『로동신문』의 공동사설에서도 1995년과 1996년에 "군사를 중시하는 기품 확립"이 필요하다고 제시되었다. '선군'이라는 용어가 『로동신문』 공동사설에 처음 등장했을 때는 1999년 신년사설에서 쓰인 "선군혁명도"였다. 이 시점에서도 김정일은 주체사상을 강조하고 선군사상이라는 표현은 많이 쓰지 않고 있었으나, 1998년의 헌법 개정에서는 국가주석직과 중앙인민위원회의가 폐지되는 한편 국방위원회가 강화되며 선군정치 방식의 실현이 주목되었다. 2000년대로 넘어가면서는 『로동신

---

8) 김금숙, 『위대한 령도자 김정일동지께서 밝히신 선군정치의 전면적확립에 관한 주체의 리론』, p. 81.
9) 『로동신문』, 1966년 8월 12일자, "론설".
10) 인교준, "북한 유일사상체계 형성의 문화대혁명 요인" (북한대학원대학교 박사학위논문, 2016), pp. 114~115.
11) 김광수, "북한의 선군사상에 관한 연구 : 주체사상과의 비교를 중심으로" (경남대학교 박사학위논문, 2012), p. 54.

문』사설에서 '주체'보다 '선군'의 빈도가 늘어가기 시작했고[12] 2001년에
천 '군민(軍民) 대회'가 해주에서 개최됨으로써 기존의 '인민대중'이 '군
과 민'으로 재해석되는 선군사상적 용어 수정이 '비국가' 영역에서도 나
타났다. 2004년에는 '다박솔 초소의 설경'을 비롯한 '선군팔경(先軍八景)'
이 제정되어 예술작품의 소재 등으로 권장되는 등 선군정치 및 선군사
상의 통치 이데올로기화 작업이 심화되었고, 마침내 2009년 4월의 최고
인민회의 제12기 제1차회의에서는 주체사상과 함께 선군사상이 '국가활
동의 지도적 지침'으로 공인되고, 다시 헌법을 개정, 선군사상의 통치이
데올로기적 지위가 확립되기에 이른다.[13]

　이처럼 외부 분석자의 시각에서 선군정치 및 선군사상은 김일성의
죽음과 북한체제에 대한 다각적인 도전에 맞서 김정일 중심으로 체제
를 재정비하기 위해 도출된 것이며, 주체사상을 훼손하거나 대체하지
않으면서도 새로운 담론-사상을 제시할 필요에 따라 '우리식 사회주의'
나 '붉은기 사상' 등을 거쳐 최종적으로 정립된 것으로 보인다.[14]

　그러나 북한 내부적으로는 1980년대 말에서 1990년대에 이르는 북한
의 위기가 선군사상의 등장 배경이었음을 인정하면서도, 그것은 '창시'

---

12) 위의 논문, p. 2.

13) 그 내용을 보자면 제3조에서 "조선민주주의인민공화국은 사람중심의 세계관
　이며 인민대중의 자주성을 실현하기 위한 혁명사상인 주체사상, 선군사상을
　자기 활동의 지도적지침으로 삼는다."고 하여 기존의 주체사상에 선군사상을
　병기했으며, 제4조에서 "조선민주주의인민공화국의 주권은 로동자, 농민, 군
　인, 근로인테리를 비롯한 근로인민에게 있다."라 하여 기존의 주권자 열거에
　군인을 추가했고, 제59조에서 "조선민주주의인민공화국 무장력의 사명은 선군
　혁명로선을 관철하여 혁명의 수뇌부를 보위하고 근로인민의 리익을 옹호하며
　외래침략으로부터 사회주의제도와 혁명의 전취물, 조국의 자유와 독립, 평화
　를 지키는데 있다."라 하여 군의 역할을 강화했으며, 100조~105조를 신설하고
　제3절과 4절 내용을 수정함으로써 국방위원회를 사실상의 국가최고기구로 승
　격시키는 한편 최고인민회의의 권한을 축소한 등등이다.

14) 서유석, "북한 선군담론에 관한 연구 : 재생담론화 과정과 실천양상을 중심으
　로" (동국대학교 박사학위논문, 2008), pp. 86~87.

가 아니라 어디까지나 '전면적 확립'일 따름이라고 한다. 선군사상은 이미 김일성에 의해 창시되고 김정일에 의해 정리되었으며, 그것은 근본적으로 주체사상과 별개의 사상이 아니라는 것이다.

> "우리 당의 선군정치는 위대한 수령님의 총대중시, 군사중시사상과 로선을 계승하고 변화된 정세의 요구에 맞게 심화발전시켜 내놓은 우리 시대의 위력한 정치방식입니다."15)

> "선군정치는 미제를 비롯한 제국주의자들과의 치렬한 대결을 동반한 우리 혁명의 특성에 맞게 이미 오래전부터 실시되어왔지만 그 전면적확립은 1990년대 중엽이후 혁명의 기본전선으로서의 반제군사전선의 중요성이 그 어느때보다도 커진 엄혹한 정세의 요구를 반영한 것이다."16)

> "주체이자 선군이고 선군이자 주체인 것이다."17)

김정은의 집권 직후 이루어진 2012년의 헌법 개정에서는 선군사상의 지위가 별 변동 없이 유지된 모습이다. 다만 김정은은 '4.6 담화'에서 조선로동당을 '김일성 – 김정일의 당'이고, 당의 지도사상은 '김일성 – 김정일주의'라고 제시했다.18) 그리고 동년 4월 11일의 제4차 당대표자회의에서 당규약을 개정해 이를 반영했다. 주체사상과 선군사상을 동일시하

---

15) 김정일, "선군혁명로선은 우리 시대의 위대한 혁명로선이며 우리 혁명의 백전백승의 기치이다,"『김정일선집 15』(평양: 조선로동당출판사, 2004), p. 370.
16) 김금숙, 『위대한 령도자 김정일동지께서 밝히신 선군정치의 전면적확립에 관한 주체의 리론』, pp. 8~9.
17) 『로동신문』, 2004년 6월 16일자, "론설".
18) 김정은, "위대한 김정일동지를 우리 당의 영원한 총비서로 높이 모시고 주체혁명 위업을 빛나게 완성해나가자(조선로동당 중앙위원회 책임일꾼들과 한 담화 / 2012년 4월 6일)," 『로동신문』, 2012년 4월 19일자.

는 기조는 유지하되, 그 명칭을 창시자−정리자인 김일성, 김정일에게
귀속시킨 것이다. 김일성주의, 김정일주의가 있다면 '김정은주의'도 있
어야 할 것이다. 북한이 한동안 주체사상−선군사상을 유지 및 존중해
나가겠지만[19] 앞으로 '또 다른 정리'를 통한 기조의 변화를 모색할 가능
성을 내포하는 움직임이라고 볼 수 있다.

Ⅲ. 선군사상에 미친 전통사상의 영향 분석

1. 구성요소 중심 분석

가. 유일사상 체계 수립 이전까지 북한에 미친 전통사상의 영향

상기한 대로 유교를 비롯한 전통사상은 북한 체제에서 부정적으로
평가되며, 그 점은 다른 마르크시즘 체제에서와 마찬가지다. 그러나 김
일성의 부친은 한학 교육을 받았다고 하는데, 김일성의 자전적 서술에
그 자신도 그러한 교육을 받았다거나 부친에게서 유교적 교훈을 받았
다는 언급은 없다. 그렇지만 그는 '효성', '절개' 등의 유교적 가치에 대
해 기본적으로 긍정하고,[20] 개인사적으로 효와 '혁명 대의' 사이에서 갈

---

19) 김정은이 본격적으로 집권에 들어간 2012년 1월 1일에 첫 공식 현지지도 장소
　　로 선군사상의 기원과 깊이 연관된 류경수 제105땅크사단을 방문한 점도 그런
　　상징적 정치행위로 해석되고 있다. 김창희, 『김정은 정치의 프레임 : 체제·이
　　념·승계·시장·핵』(서울: 법문사, 2016), p. 71.
20) "외적이 침노하여 이 나라 인민들을 도륙하고 괴롭힐 때마다 녀성들은 몸을
　　더럽히는 수치를 당하지 않으려고 깊은 산중이나 절간 같은데로 피신해버리
　　군하였다. 미처 피신하지 못한 녀성들은 자결로써 놈들에게 항거하였다. 임진
　　왜란때 나라에 등록된 렬녀의 수가 충신의 수보다 30배이상이나 더 많았다고
　　하니 이 나라 녀성들의 절개가 얼마나 강했는가 하는것은 능히 짐작할수 있을
　　것이다. 최익현이 대마도에 가서 단식으로 순국했을 때 그의 부인은 3년상을

등하기도 했음을[21] 밝히고 있다.

사실 유교를 비롯한 전통 사상은 유일사상체계의 수립 이전까지 북한에서 상당 수준까지 명맥을 유지하고 있었다. 정약용 연구의 선구자인 최익한이나 삼균주의를 제창한 조소앙 등이 1960년대 무렵까지 북한에서 유학과 동양사상을 연구하고 가르쳤다고 하며, 1967년 3월에 '유일

마치고 자결로써 남편과 같은 길을 걸었다고 한다. 인륜의 도리를 볼 때에는 그것을 나라에는 충성하고 남편을 위해서는 절개를 지키는 최대의 도리라고 응당하게 평가할수 있을것이다." 김일성, "비운이 드리운 나라,"『김일성저작집 45』(평양: 조선로동당출판사, 1996), p. 9.

21) "사람이 혁명을 한다고 가정을 망각한다는것은 힘든 일이며 그것은 도저히 있을수도 없는 일이다. 혁명도 인간을 위한것인데 혁명가들이 어떻게 가정을 무시하고 부모처자의 운명에 무심할수 있겠는가. 우리는 항상 가정의 행복과 나라의 운명을 하나의 맥락에서 보아왔다. 나라가 역경에 처하면 가정도 편안할수 없으며 가정에 그늘이 지면 동시에 나라의 표정도 어두워진다는것이 우리의 지론이었다. 이런 신념을 가지고 있었기 때문에 우리는 한 전사의 가족을 구출하기 위해 적구에 한 개 련대의 병력을 파견하는 전쟁사상 류례없는 조치도 서슴없이 취할수 있었다. 이것은 조선의 공산주의자들만이 지킬수 있는 의리이고 도덕이었다. 나도 초기에는 이 도덕에 충실하려고 노력하였다. 감옥에서 나와 동만땅으로 활동무대를 옮긴 다음에는 돈화와 안도를 중심으로 하여 여기저기를 왔다갔다하면서 집에도 종종 들리고 어머니의 병에 도움이 될만한 약재도 뻔질나게 구해드리였다. 그런데 그것이 그만 어머니의 노여움을 사게 되었다. 내가 집에 드나드는 회수가 잦아지게 되자 어머니는 어느날 나를 앞혀놓고 이렇게 타이르는것이었다. '네가 혁명을 하려거든 혁명에 전심하고 세간살이를 하려거든 세간살이에 전심하고 량자간에 어느 하나를 택하거라. 내 생각 같아서는 집에 철주도 있고 우리들끼리 벌어먹을수 있으니 너는 집근심일랑 하지 말고 혁명에만 전념하는것이 좋겠다' 나는 이런 말을 들은 다음부터 집으로 다니는 회수를 줄이였다. 반일인민유격대를 조직한 후에는 거의나 집에 드나들지 않았다. 나는 그것이 후회되었다. 어머니가 경계하더라도 나로서는 자식으로서의 도리를 다했어야 했을것이 아닌가 하는 생각이 들어서 가슴이 아팠다. 가정에도 충실하고 나라에도 충실한다는것은 참으로 쉽지 않은 일이였다.(···) 나는 차라리 그 말을 듣지 말았더라면 좋았을걸 하는 생각을 하였다. 그 비통한 최후에 대한 이야기는 나의 오장을 갈기갈기 찢어내는것 같았다. 일생을 바쳐 자식들의 뒤바라지를 해오신 어머니인데 그 품에서 자라난 자식들에게는 림종을 기다리는 어머니의 곁에서 머리를 빗어드릴 효성마저 없었단 말인가." 김일성, "시련의 해,"『김일성저작집 46』(평양: 조선로동당출판사, 1998), p. 153.

사상체계'가 처음 언급되고 그해 5월 로동당 중앙위원회 제4기 제15차 전원회의에서 『목민심서』와 같은 봉건유교 서적을 두루 읽히게 하는 등 사상적 해당행위를 했다'는 이유로 박금철 등 갑산파를 숙청함으로써 그러한 움직임은 한계에 부딪쳤다고 할 수 있다. 하지만 당시에도 전통사상의 가치가 일체 부정되지는 않았으며,[22] 주체사상의 특성상 '사대주의를 배격'하고 '고유의 민족문화의 가치를 고수하고 발전시킨다'는 원칙을 내세워야 했기에, 이후에도 전통사상, 가치가 철저히 배격되고 금기시되었던 중국과 같은 상황은 벌어지지 않았다.

나. 충효(忠孝)

충과 효는 본래 선진유가(先秦儒家)에서는 짝을 이루거나 동일한 위상의 관념이 아니었다.[23] 그러나 한왕조대의(후대의 위작으로 의심받는) 『효경』에서

> 효로 임금을 섬김이 바로 충이다.[24]

라고 풀이한 이래 '충효'는 중국, 한국 등 전통 동아시아 정치사회의 핵심이 되는 덕목으로 강조되어 왔다.[25] 상기한 대로 김일성은 자신의 생

---

22) "물론 실학파들의 사상이나 『목민심서』와 같은 도서들이 우리 나라의 력사에서 일정한 의의를 가지는 민족문화유산인것만은 사실이지만 그것이 오늘 우리 간부들의 사업에서 지침으로 될수는 없습니다." 김정일, "작가, 예술인들 속에서 당의 유일사상체계를 철저히 세울데 대하여(당사상사업부문 및 문학예술부문 책임일군들과 한 담화 / 1967년 7월 3일)," 『김정일선집 1』 (평양: 조선로동당출판사, 1998), p. 120.

23) 한성구, "조선시대의 한국적 가치 연구," 『한국적 가치 지형도 탐구』 (한국학중앙연구원 제4회 AKS 포럼 발표문, 2013.12.9), pp. 80~84.

24) 以孝事君, 則忠. 『孝經』「士章」.

25) 김두진, 『고려시대 사상사 산책』 (서울: 국민대학교출판부, 2009), pp. 214~216.

애를 되돌아보며 효의 가치를 지목했으며, 말년에 이르러 김정일의 권위를 높여 주려는 의도에서 여러 차례 그의 '충효'를 칭찬하는 모습을 보였다.

"김정일동지는 나에 대한 충성심이 매우 높고 효성이 지극합니다. 내가 나이 80이 넘도록 건강한 몸으로 혁명사업을 하고있는것은 전적으로 김정일동지의 덕분입니다. 김정일동지는 늘 나의 건강에 특별한 관심을 돌리고있으며 모든것을 나의 건강에 복종시키고있습니다. 그는 내가 문건을 많이 보면 시력이 나빠지고 피곤해할것을 념려하여 나에게 보고하는 문건을 록음하여 내오고있습니다. 그래서 나는 문건을 록음한것을 사무실에서도 듣고 산보하면서도 듣습니다. 자료 같은것도 기술성원들이 옆에서 읽어주기때문에 피곤을 많이 덜고있습니다. 김정일동지는 내가 문화정서생활을 할수 있도록 새로운 영화와 음악이 나올 때마다 그것을 록화하거나 록음하여 보내주고있습니다. 그래서 나는 정서생활을 하면서 락천적으로 살고있습니다."[26]

김정일 스스로의 언어에서도 충효의 덕목을 강조하고 있는데, 그것은 선군사상의 구성요소에서 '수령결사옹위정신'[27]으로 풀이되고 있다,

"자기 수령, 자기 령도자에 대한 충성과 효성은 혁명전사의 가장 중요한 정치도덕적품성입니다. 청년들은 우리 당의 위대성을 심장깊이 새기고 당의 령도를 충효일심으로 받들며 어떤 역경속에서도 우리 당과 운명을 같이해 나가는 진짜배기충신, 효자가 되여야 합니다.

---

26) 김일성, "문학예술부문 일군들과 한 담화(1993년 2월 12일)," 『김일성저작집 44』 (평양: 조선로동당출판사, 1996), p. 33.
27) 선군사상의 핵심 정신인 '혁명적 군인정신' 가운데 가장 앞서는 것으로, '수령의 건강과 안녕을 최대로 보장한다. 각자 맡은 업무를 책임적으로 수행해 수령께 기쁨을 드리고, 수령의 사업부담을 최대한 줄여드린다'로 풀이되고 있다, 김금숙, 『위대한 령도자 김정일동지께서 밝히신 선군정치의 전면적확립에 관한 주체의 리론』, pp. 120~121.

수령결사옹위는 당과 수령에 대한 충실성의 최고표현이며 당과 혁명, 조국과 인민의 운명을 수호하고 빛내이기 위한 기본담보입니다."[28]

　물론 주체사상과 선군사상의 텍스트에 등장하는 충효는 전통적 관념 체계에서의 충효와 동일하지는 않다. 그런 '관념의 재조정'은 이미 1940년 대, 공산주의자 백남운의 텍스트에서 제시된 적이 있다.[29]

　그러나 비슷한 관념 내용을 다른 언어로 표현할 수도 있는데, 굳이 전통적 언어에서 차용하여 표현했다는 것은 두 가지 추정적 의미를 내 포한다. 첫째는 전통적 관념－가치체계가 청자(인민 대중)에게 이미 깊 이 내면화되어 있으므로 새로운 관념의 전파와 내면화를 위해 전략적 으로 채택되었을 가능성, 둘째는 화자 스스로가 전통적 관념－가치체계 에서 완전히 이탈하지 않았으며, 다만 새로 유입된 사상과 당대에 직면 한 환경의 이질성 때문에 '다른 관념'임을 강조하면서도 전통적 언어를 차용했을 가능성이다.

　결국 유교적 전통이 오랜 북한에서 정치적 정당성을 확보하려면 충 효 관념을 무시하기 어려웠다는 점, 그리고 수령의 절대권력 체제와 세 습을 정당화하기 위해서는 충효 관념을 강조할 필요가 있었다는 점이 주체사상－선군사상에서 충효라는 전통 관념 요소가 존립하는 이유로 추정된다.[30]

---

28) 김정일, "청년동맹초급조직들의 역할을 더욱 높이자(김일성사회주의청년동맹 모범초급일군대회참가자들에게 보낸 서한 / 1999년 9월 29일),"『김정일선집 14』(평양: 조선로동당출판사, 2000), p. 189.

29) 그는 유교적인 인(仁), 충(忠), 예(禮) 등의 관념이 봉건적 압제와 착취에 복무 해 온 '봉건도덕'의 관념들이라고 하면서도 이를 현대적 조건에 맞도록 재조정 하면 '민주도덕'으로 활용이 가능하다고 보았다. 백남운,『조선민족의 진로 · 재론』(파주: 범우사, 2007), pp. 80~91.

30) 박광호는 북한 주요 매체에서 '충성', '효성' 등의 언급이 나타나는 빈도를 분석 하여, 김일성에서 김정일로 권력 승계가 이루어지는 시점에 특히 그 빈도가 늘었음을 지적한다. 박광호, "김일성 통치에서 전통의 활용에 관한 연구," pp.

다. 가족으로서의 국가

"경애하는 김일성동지는 가장 숭고한 인간애, 인민에 대한 뜨거운 사랑과 믿음을 천품으로 지니신 위대한 인간이시였으며 인민의 위대한 어버이이시였습니다. 우리 당은 위대한 수령님의 고매한 사상과 덕성을 따라 사랑과 믿음의 정치, 인덕정치로 인민들을 이끌어 주고 보살펴 주는 진정한 어머니당입니다. 우리 인민의 아름다운 정신도덕적풍모는 어버이수령님과 어머니당의 자애로운 품속에서 형성발전되였으며 오늘과 같은 숭고한 높이에 이르게 되였습니다. 어버이수령님의 위대한 풍모와 어머니당의 인덕정치로 하여 우리 인민은 동지를 사랑하고 혁명선배들을 존대하며 당과 혁명에 충실하고 사회와 집단을 위하여 헌신하는 고상한 도덕의 리심을 지니게 되였으며 우리 사회에서 동지적단결과 협조, 사랑과 믿음에 기초한 참다운 공산주의적인간관계가 꽃 펴 나게 되였습니다."[31]

주체사상과 선군사상이 정통 마르크시즘과 대조되는 특성 가운데 가장 두드러진 것 중 하나가 '사회정치적 생명체론'이다. 이 개념은 본래 김일성이 창시한 것으로 보이는데,[32] 당시에는 '육체적 생명은 부모에게 받으며, 사회정치적 생명은 당에게서 받는다. 그런데 사람의 삶에는 사회정치적 생명이 더 의의가 있으므로 그만큼 당에 충성해야 한다' 정

208~212. 경규상은 이에 덧붙여, '아버지답지 못하더라도 효도해야 하며', '군주답지 못하더라도 충성해야 한다'는 전통 유교적 요청을 고난의 행군 시기를 전후해 흔들리던 체제의 정당성 강화에 활용하려 했을 것으로 본다. 경규상, "북한 주체사상의 유교적 성격 규명," p. 32.

31) 김정일, "혁명선배를 존대하는것은 혁명가들의 숭고한 도덕의리이다(조선로동당 중앙위원회 기관지 ≪로동신문≫에 발표한 담화 / 1995년 12월 25일)," 『김정일선집 14』 (평양: 조선로동당출판사, 2000), p. 46.

32) "사람의 육체적생명은 부모가 주지만 정치적생명은 당이 줍니다. 당에서는 사람들을 무료로 공부시켜 주며 공산주의사회의 역군으로 키워줍니다." 김일성, "새로 배치된 사로청중앙위원회 일군들과 도사로청위원장들 앞에서 한 연설(1972년 12월 16일)," 『김일성저작집 27』 (평양: 조선로동당출판사, 1984), p. 545.

도의 의미였다. 말하자면, 맥락적 동형성으로 볼 때 '선공후사(先公後私)' 정도에 그쳤던 셈이다. 그러나 이는 주체사상의 심화와 선군사상의 진행을 겪으면서 더 포괄적인 의미를 갖게 된다. 사회정치적 생명체란 수령과 당과 대중, 나아가 수령－당－군－대중이 일치를 이루는 체제이며 "하나의 생명으로 결합되어 운명을 같이하는"[33] 구성체이다.

종전의 사회정치적 생명 개념에서 수령의 '가부장적' 지위를 추가하고, 단지 육체적 생명(생물학적 개인으로서의 삶)과 대비되는 의미(사회적 구성원으로서의 삶)에서 개인의 경계(小我)를 뛰어넘는 유기체적 존재(大我)로 의미를 발전시키며, 구성원들이 '하나의 생명이자 운명공동체'로 상호작용한다는 의미 또한 추가함으로써, 사회정치적 생명체론은 국가를 '확장된 가족'으로 보는 가치관, 세계관을 구성했다고 볼 수 있다. 이제 수령은 어버이, 당은 어머니가 되었으며 그들의 자애와 양육에 대해 자식으로서의 인민 대중은 충효로 보답해야 한다. 그리고 동지를 사랑하고 혁명선배를 존대, 다시 말해 형우제공(兄友弟恭)의 예의를 다해야 한다. 이는 분명 유교의 가족주의적 가치관, 세계관과 거의 일치하는 듯 보인다.[34]

다만 전통사회에서도 '화가위국(化家爲國)'이라 하여 국가를 하나의 가족으로 보는 관점이 있었지만, 그것은 실제의 가족의 선행을 전제로 한다. 그에 비해 사회정치적 생명체론에서는 사회적 가족, 국가가 실제 가족에 선행하는 것처럼 보인다. 이는 전통적 가치관에서는 수용하기 어려운 문제다. 또한 선군사상에서 군이 대중과 구별되어 부각되는 까닭도 '유교철학의 재수용'으로 사회정치적 생명체론을 이해할 때[35] 설

---

33) 김정일, "주체사상교양에서 제기되는 몇가지 문제에 대하여(조선로동당 중앙위원회 책임일군들과 한 담화 / 1986년 7월 15일),"『김정일선집 8』(평양: 조선로동당출판사, 1998), p. 449.
34) "孝弟也者, 爲仁之本與"『論語』「學而」.
35) 경규상, "북한 주체사상의 유교적 성격 규명," 37쪽.

명하기 어렵다. 이는 맥락적 동형성 차원에서 접근할 필요가 있다.

2. 맥락적 동형성 분석

가. 성즉리(性卽理), 심즉리(心卽理)의 관념

북한 연구자들 사이에서 가령 이상우 등은 '선군사상'이 체계적이지 못하며 필요에 따라 구현된 정황이 짙다는 이유에서, 실제로 '사상'이 아닌 지침, 또는 구호에 지나지 않는다고 본다.[36] 그러나 이는 너무 표층적인 접근이며, 선군사상이 군을 핵심 혁명역량, 정치주체로 부각함으로써 마르크스주의는 물론 주체사상과도 다른 성격을 제시하고 있다는 '내적 관점'과 선군사상이 최소한 김정일 집권기, 나아가 현재까지의 김정은 집권기까지 오히려 주체사상보다 더 강조되는 통치 이데올로기로 거듭 강조되고 있다는 '외적 관점'을 모두 도외시했다고 할 수 있다.

정영철, 김근식 등 여러 연구자들은 셔먼(Franz Schumann)의 '순수 이데올로기와 실천 이데올로기' 개념을 응용해, 북한이 '주체의 시대'로 접어든 1960년대 이후 북한에서 마르크시즘이 순수 이데올로기로, 주체사상을 실천이데올로기로 정착했다고, 그리고 다시 선군사상이 본격적으로 대두한 1990년대 이후로는 주체사상이 순수 이데올로기로, 선군사상이 실천이데올로기로 되었다고 본다.[37]

그러나 이런 이념 위상의 구조화는 마르크스주의와 주체사상 사이의

---

36) 이상우, 『북한정치 변천 : 신정체제의 진화과정』(서울: 오름, 2014), pp. 34~35, 39.

37) 정영철, "주체사상의 실천이데올로기화와 새로운 실천 이데올로기의 등장"; 김근식, "김정은시대의 '김일성 – 김정일주의'," 김창희는 선군사상의 '주체사상에 대한 부가성'을 강조하면서도, 이러한 접근 역시 가능하다고 본다. 김창희, 『김정은 정치의 프레임 : 체제 · 이념 · 승계 · 시장 · 핵』, p. 164.

관계에서는 어느 정도 통용될지 몰라도, 주체사상과 마르크시즘 사이의 관계에서는 무리가 있다.

첫째, 본래의 마르크스주의와 이후 현실사회주의 시대의 스탈린주의, 모택동주의, 주체사상 등은 역사적 선후관계가 분명하며, '순수 이데올로기'로서의 마르크스주의를 각 시대와 상황에 맞도록 응용할 실천적 필요성에서 비롯되었다고 볼 수 있다. 그러나 선군사상은 '주체사상과 함께 태어났다'고 주장되고 있다.

둘째, 순수 이데올로기와 실천 이데올로기 사이에는 후자가 전자의 모호함이나 부적절함을 보완, 수정한다는 의미가 개재되어야 한다. 자본주의가 극에 달하면 사회주의로 이행한다는 마르크시즘의 교리는 공업화 수준이 낮은 러시아, 중국, 북한 등에서는 일정한 보완과 수정을 필요로 했다. 주체사상의 경우에는 그것이 북한의 수령 중심 체제를 정당화하는 지배이데올로기가 되면서 '프롤레타리아 독재'를 '수령-당-대중의 사회정치적 생명체'로 대체하고,[38] 사실상 유물론과 사회주의 정치론에서 벗어났다고 볼 수 있다.[39] 그러나 선군사상은 주체사상을 수정하거나 보완하는 사상이 아님을 강조한다.

물론 정영철의 분석처럼, 선군사상이 주체사상을 수정 및 보완한다고 볼 수 있는 부분도 있다. '수령-당-대중의 사회정치적 생명체'가 '수령-당-군-대중의 사회정치적 생명체'로 바뀌고, 계급이 아닌 직능집단인 군이 사회의 중추세력으로 자리매김되었다는 점 등이다.[40] 그러나

---

38) 정영철, "주체사상의 실천이데올로기화와 새로운 실천 이데올로기의 등장," pp. 68~70.

39) 이종석, 『새로 쓴 현대북한의 이해』(서울: 역사비평사, 2000), pp. 127~139.

40) 정영철, "주체사상의 실천이데올로기화와 새로운 실천 이데올로기의 등장," pp. 76~78. 군이 전면에 부각된 점이 기존의 마르크시즘 및 주체사상에서 탈피하는 의미가 있다고 보는 예로는 양무진, "주체사상과 선군사상 : 지배이데올로기의 변화 가능성,"(『한국과 국제정치』 제24권 3호 (2008), p. 86)이 있고, 반면 그것이 최소한 주체사상에서의 이탈 요건이 되지 않는다고 보는 예로는

'사회정치적 생명체'라는 개념이 변경된 것은 아니며, '계급이 아닌 집단'
으로는 이미 '대중'도 나타나 있었다.[41] 군에 대한 당의 절대우위를 강
조하는 사회주의 국가의 관행으로 볼 때 선군정치는 독특하다고 볼 수
있으나,[42] 그것은 관행의 파괴이지 교리의 전환이라고까지는 볼 수 없
다.

그러면 어떻게 볼 것인가. 주체사상과 선군사상의 관계를 나타낼 때
먼저 떠오르는 관념체계는 기독교의 '삼위일체'다. 성부와 성자는 개별
성을 띠지만 동시에 하나의 존재다. 예수는 기원전 7년 즈음에 지상에
출현하여 33년 동안 생존했던 한 개인이지만, 동시에 시간을 초월하여

다음과 같은 것이 있다. 정성장, "북한의 통치이념,"『북한연구학회 2003 춘계
학술회의 발표집』(서울: 북한연구학회, 2003); 박형중 외,『김정일시대 북한의
정치체계』(서울: 통일연구원, 2004).

41) "인민대중이라는 말은 사회계급적관계를 반영하지만 그것은 순수 계급적개념
이 아니다. 원래 인민대중은 각이한 계급과 계층으로 이루어진다. 인민대중의
성원인가 아닌가를 가르는데서 사회계급적처지를 보아야 하지만 그것을 절대
화하여서는 안된다. 사람의 사상과 행동은 사회계급적처지의 영향만 받는것
이 아니다. 사람이 혁명적영향을 받고 선진사상을 체득하면 사회계급적처지
는 어떠하든 인민대중을 위하여 복무할수 있다. 인민대중의 성원인가 아닌가
를 가르는 기본척도는 어떤 사회계급적토대를 가졌는가 하는데 있는것이 아
니라 어떤 사상을 가졌는가 하는데 있다. 각계각층의 사람들을 인민대중으로
결합시키는 사상적기초는 사회주의, 공산주의 사상만이 되는것은 아니다. 나
라와 인민, 민족을 사랑하는 애국, 애민, 애족 사상을 가지면 누구나 인민을
위하여 복무할수 있으며 따라서 인민대중의 성원으로 될수 있다." 김정일, "사
회주의는 과학이다(조선로동당 중앙위원회 기관지 《로동신문》에 발표한
론문 / 1994년 11월 1일),"『김정일저작집 13』(평양: 조선로동당출판사, 1998),
p. 190.

42) "지난 시기 사회주의운동사에서는 혁명군대를 사회주의 건설을 무력으로 담
보하는 수단으로 보았을뿐 사회주의건설의 기둥, 주력부대로는 인정하지 않
았다. 이것은 혁명군대를 물질적소비자로만 보고 창조와 건설과는 인연이 없
는 것으로 보는 일변적인 견해였다. 우리 당은 우리의 사회주의경제건설앞에
전대미문의 어려운 시련과 난관이 조성되었던 고난의 행군시기에 인민군대를
기둥으로 내세워 조성된 난국을 뚫고나갔다." 김금숙,『위대한 령도자 김정일
동지께서 밝히신 선군정치의 전면적확립에 관한 주체의 리론』, p. 54.

알파이자 오메가로 존재하는 신이기도 하다. 1990년대 말 이후의 상황
에 조응하지만 김일성이 만주에서 혁명무장투쟁을 하던 때, 조선인민공
화국이 세워지기도 한참 전부터 이미 존재했다는 선군사상, 김일성의
사상이면서 김정일의 사상인 선군사상은 그와 매우 유사한 관념적 구
조를 가지고 있다.

그런 한편, 전통 유학사상에서도 이와 비슷한 관념적 구조, 사상적
동형성이 발견된다. 바로 성즉리(性卽理)의 사상이다.

> "이와 기를 물으매, 대답하기를, 정이천 선생의 말씀이 좋다. 이일
> 분수(理一分殊)라 하셨으니, 천지만물을 통틀어 말하면 오직 하나의
> 이가 있을 뿐이나, 사람으로 말하면 사람 개개인이 하나의 이를 갖추
> 고 있다."[43]

성(性)은 곧 삶(生)이며, 따라서 개별성을 띤다. 그러나 그 일체는 이
(理)에 따라 지배될 뿐이다. 그 이는 태초부터 변함없이 존재하는 보편
적이고 영원불멸의 형이상자(形而上者)인데, 형이하자(形而下者)인 개
별 생명체마다 각각 이가 품부되어 있으나 그 이는 개별성을 띠지 않는
다. 따라서 성은 곧 이이며, 이는 하나이면서 수없이 많다. 이러한 관념
구조는 김일성의 개인적 삶과 김정일의 개인적 삶이 별개이고, 그들의
시대가 별개라는 사실과 동시에 '주체이자 선군이고 선군이자 주체'라고
풀이하는 관념구조와 거의 완전한 동형성을 띤다.

그런데 그렇다면 심즉리(心卽理)라고도 볼 수 있느냐 하는 문제가 제
기된다. 자연스럽게 일어나는 것이 마음이라고 본다면 이 또한 성이며,
따라서 이라고 할 수 있는 것인가? 양명학자의 경우에는 이를 긍정하

---

43) 問理與氣. 曰. 伊川說得好. 曰. 理一分殊. 合天地萬物而言. 只是一箇理. 及在
人. 則又各自有一箇理『朱子語類』4권. 「性理 1」.

며, 자연스러운 마음은 곧 선하다고 본다. 그러나 주자학에서는 대체로
이를 부정하는 편이다. 심즉리일 수도 있지만, 마음은 삿된 정(情), 사
사로운 욕망에 이끌릴 소지가 크다. 따라서 마음을 다잡고 천리에 맞는
마음만을 보존할 필요가 있다(存天理去人慾). 그 방법이 바로 마음의
주체를 세우는 일, 주경(主敬)이다.

> "인심이 만물을 대할 때 교감이 이루어짐은 당연하니, 그 생각함
> 을 금지함은 어렵다. 만약 이를 면하려 한다면, 오직 마음의 주체를
> 세워야 하며, 주체를 세우려 하면, 오직 주경(主敬)해야 할 따름이다.
> 마음의 주체를 세운즉 사욕이 없는 허허로운 마음이 된다. 허허로움
> 은 삿된 마음을 들일 수 없게 한다. 마음의 주체가 없다면 허허롭지
> 않음인데, 허허롭지 않으면 사욕이 침탈하고 만다, 무릇 인심이 두
> 가지로 쓰여서는 안 된다. 한 가지에만 마음을 써야 하며, 그러면 다
> 른 것이 침탈하지 못하며, 한 가지 일에만 주체일 수 있게 한다."[44]

이것은 '사상에서의 주체'를 강조하며 모든 사회구성원이 '일심단결'하
여 수령의 영도에 따르고, 다른 사상이나 논리가 끼어들지 못하게 해야
한다는 북한의 입장과 일치한다.

> "수령과 전사, 당과 인민이 일심단결되고 사람들이 친혈육과 같이
> 서로 사랑하고 도와 주며 하나의 화목한 대가정을 이루고 있는 우리
> 사회의 모습은 정신도덕분야에서의 주체사상의 빛나는 승리를 보여
> 주는것이며 우리 식 사회주의의 우월성을 과시하는것입니다."[45]

---

44) 人心, 不能不交感萬物, 難爲使之不思慮. 若欲免此, 惟是心爲主, 如何爲主敬而
已矣. 有主則虛, 虛謂邪不能入. 無主則實, 實謂物來奪之. 大凡人心不可二用,
用於一事, 則他事更不能入者, 事爲之主也. 『近思錄』 「存養編」.

45) 김정일, "혁명선배를 존대하는것은 혁명가들의 숭고한 도덕의리이다(조선로동
당 중앙위원회 기관지 ≪로동신문≫에 발표한 담화 / 1995년 12월 25일)," 『김
정일선집 14』 (평양: 조선로동당출판사, 2000), p. 46.

여기서 '보편적 이(理)'에 비할 수 있는 주체사상 – 선군사상은 이상우가 말했듯 "정치발전의 목표와 정치활동의 지침을 결정해 주는 최고 이념이며, 사회구성원 모두의 일상생활의 행위준칙을 결정해 주는 도덕규범이며, 행위의 선악을 가려주는 종교"[46]가 된다. 즉 단순한 정치 이데올로기가 아닌 도덕적 규범이며, 사회의 양식이며, 구성원의 일거수 일투족을 규율하는 지침이 되는 것이다. 통치 이데올로기로써 이 정도의 가치를 포괄한 예로는 유교사상에서만 동형성을 찾을 수 있다.

유교사상사에서 성즉리에서 심즉리로 나아가느냐, 이에 맞게 각자의 심을 단속하는 쪽으로 나아가느냐는 시대적 환경에 좌우되는 경향이 있었다. 주자학이 발전된 남송은 오랑캐로 멸시했던 금에게 밀려 중원 일대를 잃어버리고, 북방민족의 위협에 항상 노출되어 있는 불안한 환경이었다. 그리하여 사상의 경직화, '일심단결'의 강조를 담지하는 사상의 유행이 가능했다. 임진왜란과 병자호란을 겪은 뒤의 조선사회가 더욱 엄격한 성리학 위주의 사회로 변화했던 것과도 유사하다. 그리고 이는 선군사상이 출현하게 되는 북한의 고난의 행군 전후 상황과 흡사하다.

> "나는 우리 나라가 처한 특수한 환경으로부터 선군혁명령도원칙을 내놓고 인민군대의 강화발전에 선차적인 힘을 넣어 우리 인민군대를 무적필승의 강군으로 만들었으며 전체 인민이 혁명적인 군인정신을 따라 배워 혁명의 수뇌부를 결사옹위하며 당의 령도 따라 주체혁명위업의 완성을 위하여 더욱 억세게 싸워 나가도록 하였습니다. 「고난의 행군」에 이어 사회주의강행군을 벌리는 과정에 우리의 정치사상적위력, 혁명대오의 일심단결이 더욱 강화되었으며 그 어떤 힘으로도 깨뜨릴수 없는 불패의것으로 되었습니다."[47]

---

46) 이상우, "정치이념, 사회변화와 대남정책," 김준엽 · 스칼라피노 공편, 『북한의 오늘과 내일』(서울: 법문사, 1985), p. 294.
47) 김정일, "올해를 강성대국건설의 위대한 전환의 해로 빛내이자(조선로동당 중앙위원회 책임일군들과 한 담화 / 1999년 1월 1일)," 『김정일선집 14』(평양: 조

주체사상 자체도 수령-당-대중의 일심단결을 주장하며 다양성이나 자발성을 억제하는 것이지만, 체제 위기 상황에서 이를 더욱 경직화하고 대안적 사고나 아래로부터의 반발을 억제할 필요가 있었다. 따라서 기존 사상의 기본틀을 유지하면서도 군, 즉 가장 위계적이고 경직적인 집단의 에토스가 강조되며, 사회 구석구석에 모범으로 제시될 필요가 있었던 것이다.

> "혁명군대를 사상전선의 제일선에 내세우고 그를 본보기로 하여 사회주의사상진지를 굳건히 다져나갈 것을 요구하는 선군정치를 전면적으로 확립할 때 혁명군대는 사상전선의 제일초병으로 더욱더 튼튼히 준비되고 인민들은 혁명군대군인들처럼 수령의 혁명사상으로 튼튼히 무장하고 순간순간을 수령결사옹위정신으로 빛내이며 사회주의에 대한 확고한 신념을 간직하게 된다. 그렇게 되면 사회에는 그 어떤 이색적인 사상조류도 발붙일 틈이 없게 되고 오직 수령의 혁명사상, 사회주의사상만이 맥박치게 되며 사회의 모든 성원들이 수령결사옹위의 견결한 투사로, 사회주의사상과 신념의 강자들로 자라나게 된다. 이렇게 사회의 모든 성원들이 사회주의에 대한 사상의 강자, 신념의 강자로 될 때 사상의 강국으로 되는 것이다."[48]

나. 민본(民本)

2009년 이래 북한은 '이민위천(以民爲天)' 즉 '국민(백성)을 하늘로 여긴다'는 글귀를 헌법 전문에 명기해 왔다.

> "김일성동지와 김정일동지께서는 「이민위천」을 좌우명으로 삼으

선로동당출판사, 2000), p. 184.

48) 김금숙,『위대한 령도자 김정일동지께서 밝히신 선군정치의 전면적확립에 관한 주체의 리론』, p. 24.

시여 언제나 인민들과 함께 계시고 인민을 위하여 한평생을 바치시
었으며 숭고한 인덕정치로 인민들을 보살피시고 이끄시여 온 사회를
일심단결된 하나의 대가정으로 전변시키시었다."

이 '이민위천'은 본래 『사기』에서 나오는 "임금은 백성을 하늘로 여기
며, 백성은 먹을 것을 하늘로 여긴다(王者, 以民爲天. 而民, 以食爲天)"
는 글귀에서 비롯되며, 여러 유학자들이 이를 군주가 명심해야 할 교훈
으로 제시했다.[49]

그런데 이민위천에 대한 유학자들의 전통적 해석이, 그 뒤에 반드시
'이식위천'이 동반하는 데서도 보이듯 '애민(愛民)', 즉 '백성의 생계를 고
려해야 한다. 임금이 사치를 삼가고 부세를 줄이며 구휼에 힘써야 한다'
는 의미에 집중되었던 반면, 이민위천에 대한 북한의 의미는 다르게 해
석된다.

"사람중심의 세계관인 주체사상은 인민대중을 가장 귀중한 존재
로 내세우고 모든 것이 인민대중을 위하여 복무하게 할것을 요구하
는 이민위천의 사상이며 사람들에게 참다운 조국애를 키워 주고 민
족의 자주적발전과 륭성번영의 길을 밝혀 주는 애국애족의 사상입니
다."[50]

---

49) 가령 "臣按, 君依於國, 國依於民. 王者以民爲天, 民以食爲至. 民失所天, 則國失
所依. 此不易之理也. 王者之政, 不過以父母斯民爲心, 紓民之力, 厚民之産, 使
所天有裕, 得以保其本然之善心而已."『栗谷先生全書』25권, 「聖學輯要 七」;
"嗚呼. 君以民爲天, 民以食爲天. 故裕民食阜民財, 乃祈天永命之道也. 是以, 尹
鐸損其戶數而晉室以保."『孤山遺稿』2권, 「疏」. "乙亥疏"; "嗚呼. 王者以民爲天,
民以食爲天. 無民無食, 國將何依."『同春堂先生文集』2권. 「疏箚」. "乞解職兼
陳所懷疏"

50) 김정일, "재일조선인운동을 새로운 높은단계에로 발전시킬데 대하여(재일본조
선인총련합회결성 40돐에 즈음하여총련과 재일동포들에게 보낸 서한 / 1995년
5월 24일)," 『김정일선집 14』 (평양: 조선로동당출판사, 2000), p. 18.

   "「이민위천」의 원리를 구현한 선군정치는 민중의 자주성을 외부
의 침략으로부터 옹호·고수할 뿐 아니라 대내적으로도 사회적 진보
를 실현해 나가는 것을 근본목적으로 내세우는 정치방식이다"[51]

   이것은 애민이라기보다 '민본(民本)'의 관념에 가깝다. 민본이란 정의
에 따라 애민을 포함하기도 하지만, '정권이 국민(백성)의 복지와 안녕
을 근본목적으로 여긴다는 사실'을 정당성의 유일한 근거로 삼으면서,
그러한 사실이 전복되지 않는 한 국민은 정권의 교체나 탄핵을 시도하
지 않는다는 이념으로 정리될 수 있다.[52]

   말하자면 유교적 수호자주의(guardianship)라고 할 수 있는 이 이념은
그 범위에 어떤 사상을 포함하느냐에 따라 온정주의(paternalism), 또는
민주주의까지 친화성을 띨 수 있으나, 이대로는 결국 권위주의의 정당
성 기반이 된다. 주권이 상징적으로 국민에게 있다고 해도 그 주권으로
실질적으로 정권을 감시, 비판, 교체할 기회는 주어지지 않기 때문이다.

   남한에서도 박정희 정권 등이 민본사상에 의거하여 권위주의 체제의
정당성 확보를 시도했던 적이 있거니와, '이식위천'을 함께 운위하지조
차 않는 이민위천은 집권세력의 정치적 책임성을 최소화하는 정치사상
으로 연결될 수 있다.

   선군시대 북한의 경우, 비교적 최근에 선군사상을 해설하고자 출판된
책에서 국민의 경제, 민생 해결 문제는 단 한 차례도 거론되지 않는 것
에서 볼 수 있듯[53] 이민위천은 국민의 복지가 아닌 안녕만을 명분으로

---

51) 김철우, 『김정일장군의 선군정치 : 군사선행, 군을 주력군으로 하는 정치』(평
    양: 평양출판사, 2000), p. 68.
52) 이에 대해 자세한 내용은 溝口雄三, 김용천 역, 『중국 전근대 사상의 굴절과
    전개』(서울: 동과서, 2007); 함규진, "한국적 민주주의의 형성과 민본주의의 역
    할," 『정치·정보연구』 제19권 제1호 통권 39호 (2016) 참조.
53) 김금숙, 『위대한 령도자 김정일동지께서 밝히신 선군정치의 전면적확립에 관
    한 주체의 리론』.

삼는54) 극단적 권위주의 정치의 표제가 되고 있다.

다. 거간이합(去間而合)의 정치사상

앞서 제시했듯, 사회정치적 생명체론은 국가를 거대한 가정으로 보는 한편, 왜 '작은 가정'의 가치가 외면되는가, 군이 대중과 구별되어 전면에 등장하는가 등의 문제를 내포하고 있다. 그 문제에 대해서는 이제까지 본 '성즉리', '민본'과 동형의 관념구조도 어느 정도 설명이 되지만, 한편 '거간이합'의 관념구조 역시 논의될 수 있다.

> "만일 군신, 부자, 친척, 붕우의 사이에 사이가 벌어지고, 둘로 나뉜다면 원망이 일어날 것이다. 참언과 삿된 짓이 나타나게 될 것이다. 간격을 없애고 합하게 하면, 모두가 화합을 이룰 것이다. 서합(噬嗑 : 벌어진 틈을 입으로 씹어서 합치도록 함)이란 그러므로 천하를 다스림에 있어 큰 쓰임이 있는 것이다."55)

주자학적 사상체계에서는 종전의 유학사상과는 달리, '절대적으로, 엄격하게 만민의 일탈을 방지해야 한다'는 인식이 강력하게 존재했다. 그리하여 새로 등장한 사상 중 하나가 거간이합이다. 임금과 신하, 부모와 자식 등 인의(仁義)에 따라 친할 당위성이 있지만 현실적으로 별개의 개체인 존재들 사이, 그 사이에 조금의 '간격'도 없어야 하며, 서로 완전히 일치(合)하게끔 어느 정도는 강제적인 조치마저(씹어 합치는) 필요하다는 사상이다. 이는 체제 유지의 전망이 불확실할 때, 기존의

---

54) 위의 책, 61쪽.
55) 若君臣, 父子, 親戚, 朋友之間, 有離貳, 怨隙者, 蓋讒邪, 間於其間也. 去其間隔而合之, 則無不和且洽矣. 噬嗑者, 治天下之大用也. 『近思錄』「治國平天下之道篇」.

권위적 지배세력과 피지배세력의 결합성을 이데올로기적으로 강화하려는 시도에서 동형적으로 나타난다.

"당안에서 사상과 령도의 유일성을 실현하는것은 민주주의와 모순되지 않을뿐아니라 참다운 민주주의를 보장하는 확고한 담보로 된다. 당안에서 사상과 령도의 유일성이 보장되지 못하고 무원칙한 민주주의가 허용될 때에는 당적세련이 부족한 일군들속에서 나타나는 관료주의와 전횡에 의하여 민주주의가 억제당할수 있으며 당안에 잠입할 불순분자들에 의하여 당의 통일단결이 파괴되고 분렬이 조장될수 있다. 지난 시기 일부 당들에서 무규률과 무질서가 조성되고 당안에 분파가 생겨 당이 사분오렬되고 나중에는 그 존재자체를 유지할수 없게 된것은 민주주의만을 내세우면서 당안에서 사상과 령도의 유일성을 보장하지 못한것과 적지 않게 관련되여있다. 당안에서 사상과 령도의 유일성과 민주주의가 옳게 결합될 때 당원들사이의 진정한 동지적단합이 이루어지고 상하합심이 원만히 보장될수 있으며 당의 로선과 정책이 성과적으로 관철될수 있다.(···) 당의 통일단결을 강화하는것은 우리 당 건설의 중심과업이다. 당의 통일단결은 당의 생명이며 그 위력의 원천이다. 당의 통일단결이 파괴되면 당이 자기의 존재자체를 유지할수 없다. 당의 통일단결은 온 사회의 정치사상적통일을 이룩하기 위한 선결조건이다. 광범한 인민대중이 당과 수령의 두리에 하나로 굳게 뭉쳐 투쟁해나가는데 사회주의사회를 빨리 발전시키는 기본추동력이 있으며 그 불패의 힘의 원천이 있다. 온 사회의 정치사상적통일은 당의 통일단결을 떠나서는 생각할수 없다. 당은 인민대중을 수령과 조직사상적으로 결합시켜주는 핵심력량이다. 인민대중을 수령의 두리에 굳게 묶어세워 온 사회의 정치사상적통일을 이룩하자면 그 핵심력량인 당대렬부터 통일단결되여야 한다.
당의 가장 공고한 통일단결은 수령을 중심으로 하는 전당의 사상의지 및 도덕의리적 통일단결이다. 의무감에 의한 결합이나 실무적단합은 오래갈수 없으며 혁명의 엄혹한 시련을 이겨낼수 없다. 오직

하나의 사상의지와 혁명적의리에 기초하여 수령의 두리에 굳게 결속
된 일심단결만이 그 어떤 난관과 시련도 이겨내는 불패의 통일단결
로 될 수 있다."[56]

　"미제국주의자들이 우리 혁명의 수뇌부와 인민을 갈라놓으려고
발악하지만 그것은 어리석은 짓입니다."[57]

결국 국가를 이끌고 나가는 엘리트들 사이에서, 그리고 엘리트와 대
중 사이에서 '간격'은 없어져야 한다. 달리 말하면 그런 구성원들의 자
율성은 제거되어야 한다. 개체 사이의 공간이 없다면 개체들의 자율적
운동의 여지도 없어지기 때문이다. 주자학에서 내우외환의 환경에 직면
해 '군주와 신하들이 하나로, 또한 지배층과 백성이 하나로 결합해야 한
다. 어떤 중간 세력도, 개별적인 움직임도 허용할 수 없다'고 확신했던
바에 따른 '간격을 없앤다'는 사상이 '그 어떤 난관과 시련도' 이겨내려
는 북한 체제의 입장에서 동형적으로 고안되었다고 할 수 있는 것이다.
그리고 그 가장 모범적인 사례는 다름아닌 군이었다.

　"군대는 무장을 들고 적과 싸워야 하는것만큼 조직체계에 있어서
나 활동방식에 있어서 다른 사회적집단들과 근본적으로 다른 특징을
가지고 있다. 군대는 명령지휘체계에 기초하여 조직화된 집단이며
규률준수에서 일치성과 무조건성을 띠는 집단이다. 하나의 명령지휘
체계에 따라 움직이지 않고 제멋대로 활동하는 것은 오합지졸이며
군대로서의 사명을 수행할 수 없다. 혁명군대가 가장 조직화되고 규

---

56) 김정일, "혁명적당건설의 근본문제에 대하여(조선로동당창건 47돐에 즈음하여
　　집필한 론문 / 1992년 10월 10일)," 『김정일선집 13』 (평양: 조선로동당출판사,
　　1998), pp. 77~78.
57) 김정일, "기자, 작가들은 혁명의 필봉으로 당을 받드는 선군혁명투사가 되어야
　　한다(기자, 작가들과 한 담화 / 2003년 2월 3일)," 『김정일선집 15』 (평양: 조선
　　로동당출판사, 2004), p. 376.

률있는 무장대오로 되자면 수령의 유일적령도체계에 따라 움직이여
야 한다. 혁명군대가 상부로부터 하부말단에 이르기까지, 지휘관으
로부터 병사에 이르기까지 하나의 정연한 명령지휘체계에 따라 움직
일 때 조직성과 규률성이 강한 무장대오로 될수 있다. 모든 군인들
이 명령에 절대복종하고 그에 따라 한결같이 움직이며 명령을 즉시
에 집행하고 결사관철하는 군사규률과 규범은 오직 수령의 유일적령
도체계를 통해서만 철저히 준수된다."[58]

Ⅳ. 나가며

기본적으로 계량적 접근이 곤란한 이상, 한 사회의 지배문화, 한 체
제의 지배이데올로기를 정밀하게 분석하고 그에 미친 타 사상·문화의
영향을 명확하게 분석하기란 어려운 일이다. 그러나 가령 북한 선군사
상의 경우, 이를 사회주의 이데올로기의 발전사에서 기준하여 분석해볼
수도 있고, 동아시아 사상문화의 전통적 맥락에 기준하여 분석해볼 수
도 있다. 이 논문은 그 두 가지 접근법을 모두 취함으로써 유학사상과
선군사상이라는, 공식적, 표면적으로는 가장 상관성이 부족해 보이는
사상 사이의 영향관계를 추적해 보았다.

이러한 접근법에 일말의 사회과학적 유용성이 있다면, 그것은 매우
미흡하나마 향후의 사상적, 정치사적 발전에 대한 예측 범위를 상정
하는 데 있을 것이다. 선군사상은 유학사상을 비롯한 한국 전통 사상에
일정한 영향을 받은 것으로 보인다. 그것은 구성요소 중심적 접근법에
서도, 맥락 동형성적 접근법에서도 확인될 수 있다. 그리고 그것은 북
한 사상사ー정치사의 발전이 서구적 모델, 즉 경쟁하는 여러 사상 및

---

58) 김금숙,『위대한 령도자 김정일동지께서 밝히신 선군정치의 전면적확립에 관
한 주체의 리론』, pp. 37~38.

정치체제 모델이 시대별로 패러다임적 위치를 확보하고, 상당히 급진적인 전환을 추구해 나가는 모델보다 동아시적 모델, 즉 고전에서 현대에 이르는 중국에서처럼 패러다임적 위치를 갖는 사상−문화는 크게 달라지지 않으면서, 시대 상황적 변화에 따라 습합(習合), 재해석, 재정리를 통해 다른 시대를 열어나가는 모델에 가까울 수 있다는 가능성을 추정하는 데 근거한다.

다시 말해서, 주체사상이 한국전쟁 이후 김일성 지도체제의 위기에 대한 대응으로 정립되었듯, 선군사상은 고난의 행군 전후의 김정일 지도체제의 확립을 위한 대응으로 수립되었다. 그러나 그것이 새로운 패러다임의 수립이라기보다 재해석, 재정리의 형태를 취했으므로, 김정은 시대에는 역시 큰 틀에서 벗어나지 않으면서도(따라서 정권과 체제의 기본 틀이 유지되면서도) 색다른 방향으로 중점이 이동할 가능성이 있다. 그것은 선군시대에 억눌려 있던 '애민'의 관념체계가 전면에 부상하며 '선경(先經)', '선민(先民)'이라는 중점을 중심으로 주체사상과 선군사상의 규칙들이 재해석, 재정리될 가능성도 내포한다.[59]

---

59) 이와 비슷한 관점을 보여주는 예로 김근식, "김정은시대의 '김일성−김정일주의'," pp. 48~51. 박상철은 김정은 시대의 헌법과 노동당규약 개편에서 당의 역할이 다시 강화되었다는 점에서 '선당(先黨)'이라는 중점을 거론하지만, 이를 사상적 차원에서의 전환으로 여기지는 않고 있다. 박상철, "북한체제 유지 및 작동규범 연구 : 헌법과 당규약,"『안보학술논집』제27집 (2016).

참고문헌

1. 사료

『論語』
『史記』
『孝經』
『近思錄』
『朱子語類』
『栗谷先生全書』
『孤山遺稿』
『同春堂先生文集』

2. 국내문헌

곽승지. "선군사상의 향배." 강성윤 편.『김정일과 북한의 정치』. 서울: 선인, 2010.
경규상. "북한 주체사상의 유교적 성격 규명." 한국교원대학교 석사학위논문, 2008.
김광수. "북한의 선군사상에 관한 연구 : 주체사상과의 비교를 중심으로." 경남대
　　　학교 박사학위논문, 2012a.
＿＿＿＿.『사상강국－북한의 선군사상』. 서울: 선인, 2012b.
김근식. "김정은시대의 '김일성－김정일주의'." 박재규 외.『새로운 북한 이야기』.
　　　파주: 한울아카데미, 2018.
김두진.『고려시대 사상사 산책』. 서울: 국민대학교출판부, 2009.
김창희.『김정은 정치의 프레임 : 체제·이념·승계·시장·핵』. 서울: 법문사, 2016.
박광호. "김일성 통치에서 전통의 활용에 관한 연구." 서울대학교 박사학위논문,
　　　2003.
박상철. "북한체제 유지 및 작동규범 연구 : 헌법과 당규약."『안보학술논집』제
　　　27집 (2016).
박형중 외.『김정일시대 북한의 정치체계』. 서울: 통일연구원, 2004.
백남운.『조선민족의 진로·재론』. 파주: 범우사, 2007.

서유석. "북한 선군담론에 관한 연구 : 재생담론화 과정과 실천양상을 중심으로." 동국대학교 박사학위논문, 2008.

양무진. "주체사상과 선군사상 : 지배이데올로기의 변화 가능성."『한국과 국제정치』제24권 3호 (2008).

이상우. "정치이념, 사회변화와 대남정책." 김준엽－스칼라피노 공편.『북한의 오늘과 내일』. 서울: 법문사, 1985.

이상우.『북한정치 변천 : 신정체제의 진화과정』. 서울: 오름, 2014.

이서행 외 편.『남북한학술용어비교사전』. 성남: 한국학중앙연구원출판부, 2010.

이종석.『새로 쓴 현대북한의 이해』. 서울: 역사비평사, 2000.

인교준. "북한 유일사상체계 형성의 문화대혁명 요인." 북한대학원대학교 박사학위논문, 2016.

정성장. "북한의 통치이념."『북한연구학회 2003 춘계학술회의 발표집』(서울: 북한연구학회, 2003).

정영철. "주체사상의 실천이데올로기화와 새로운 실천 이데올로기의 등장."『한국과 국제정치』제31권 제3호 (2015).

한성구. "조선시대의 한국적 가치 연구."『한국적 가치 지형도 탐구』(한국학중앙연구원 제4회 AKS 포럼 발표문, 2013.12.9).

함규진. "한국적 민주주의의 형성과 민본주의의 역할."『정치 · 정보연구』제19권 제1호 통권 39호 (2016).

鄭家棟. 한국철학사상연구회 역.『현대신유학』. 서울: 예문서원, 1993.

溝口雄三. 김용천 역.『중국 전근대 사상의 굴절과 전개』. 서울: 동과서, 2007.

3. 북한문헌

『조선민주주의인민공화국 사회주의 헌법』

『조선로동당규약』

김금숙.『위대한 령도자 김정일동지께서 밝히신 선군정치의 전면적확립에 관한 주체의 리론』. 평양: 사회과학출판사, 2014.

김일성. "새로 배치된 사로청중앙위원회 일군들과 도사로청위원장들 앞에서 한 연설(1972년 12월 16일)."『김일성저작집 27』. 평양: 조선로동당출판사, 1984.

_____. "문학예술부문 일군들과 한 담화(1993년 2월 12일)." 『김일성저작집 44』. 평양: 조선로동당출판사, 1996a.

_____. "비운이 드리운 나라." 『김일성저작집 45』. 평양: 조선로동당출판사, 1996b.

_____. "시련의 해." 『김일성저작집 46』. 평양: 조선로동당출판사, 1996c.

김정은. "위대한 김정일동지를 우리 당의 영원한 총비서로 높이 모시고 주체혁명 위업을 빛나게 완성해나가자(조선로동당 중앙위원회 책임일꾼들과 한 담화 / 2012년 4월 6일)." 『로동신문』, 2012년 4월 19일자.

김정일. "작가, 예술인들 속에서 당의 유일사상체계를 철저히 세울데 대하여(당 사상사업부문 및 문학예술부문 책임일군들과 한 담화 / 1967년 7월 3일)." 『김정일선집 1』. 평양: 조선로동당출판사, 1998a.

_____. "주체사상교양에서 제기되는 몇가지 문제에 대하여(조선로동당 중앙위원회 책임일군들과 한 담화 / 1986년 7월 15일)." 『김정일선집 8』. 평양: 조선로동당출판사, 1998b.

_____. "혁명적당건설의 근본문제에 대하여(조선로동당창건 47돐에 즈음하여 집필한 론문 / 1992년 10월 10일)." 『김정일선집 13』. 평양: 조선로동당출판사, 1998c.

_____. "사회주의는 과학이다(조선로동당 중앙위원회 기관지 ≪로동신문≫에 발표한 론문 / 1994년 11월 1일)." 『김정일저작집 13』. 평양: 조선로동당출판사, 1998d.

_____. "재일조선인운동을 새로운 높은단계에로 발전시킬데 대하여(재일본조선인총련합회결성 40돐에 즈음하여총련과 재일동포들에게 보낸 서한 / 1995년 5월 24일)." 『김정일선집 14』. 평양: 조선로동당출판사, 2000a.

_____. "혁명선배를 존대하는것은 혁명가들의 숭고한 도덕의리이다(조선로동당 중앙위원회 기관지 ≪로동신문≫에 발표한 담화 / 1995년 12월 25일)." 『김정일선집 14』. 평양: 조선로동당출판사, 2000b.

_____. "올해를 강성대국건설의 위대한 전환의 해로 빛내이자(조선로동당 중앙위원회 책임일군들과 한 담화 / 1999년 1월 1일)." 『김정일선집 14』. 평양: 조선로동당출판사, 2000c.

_____. "청년동맹초급조직들의 역할을 더욱 높이자(김일성사회주의청년동맹 모범초급일군대회참가자들에게 보낸 서한 / 1999년 9월 29일)." 『김정일선

집 14』. 평양: 조선로동당출판사, 2000d.

_____. "선군혁명로선은 우리 시대의 위대한 혁명로선이며 우리 혁명의 백전백승의 기치이다." 『김정일선집 15』. 평양: 조선로동당출판사, 2004a.

_____. "기자, 작가들은 혁명의 필봉으로 당을 받드는 선군혁명투사가 되어야 한다(기자, 작가들과 한 담화 / 2003년 2월 3일)." 『김정일선집 15』. 평양: 조선로동당출판사, 2004b.

김창하 · 김재현. 『영생불멸의 주체사상』. 평양: 조선로동당출판사, 1973.

김철우. 『김정일장군의 선군정치 : 군사선행, 군을 주력군으로 하는 정치』. 평양: 평양출판사, 2000.

『로동신문』, 1966년 8월 12일자 「론설」.

『로동신문』, 2004년 6월 16일자 「론설」.

4. 국외문헌

重村智計, 『北朝鮮デ-タブック : 先軍政治,工作から核開發,ポスト金正日まで』. 東京: 講談社, 2002.

Frantz Shurmann. *Ideology and Organisation in Communist China*. Berkeley, C.A.: University of California Press, 1968.

선군시대에서 탈(脫) 선군시대로의 이행

이상숙

북한은 2019년 사회주의 헌법 개정으로 헌법에 '김일성·김정일 주의'를 공식적으로 명시하였다. 김일성의 사상이 '주체사상'이라면, 김정일의 사상은 '선군사상(선군정치)'이다. 김일성 시대가 주체의 시대라면, 김정일 시대는 선군의 시대였다. 이에 따라 김정은의 시대는 선군 정치의 토대 위에서 시작되었다. 김정은 위원장은 국방위원회 제1위원장에 등극하고 국방위원회 시스템에서 권력 기반을 다져왔다.

그러나 새로운 시대에 새로운 지도자에게는 새로운 사상이 필요하였다. 김정은 위원장은 2016년 제7차 당대회를 기점으로 김정은 시대의 실질적 개막을 알렸다. 이와 동시에 김정은 시대를 이끌어가는 사상으로 '인민제일주의(애민)'과 '국가제일주의(애국)'를 강조하기 시작하였다. 김정은은 군사를 국정의 최우선순위로 삼으라는 선군사상의 요구에서 벗어나 민생을 국정의 최우선순위로 삼는 우리 국가제일주의를 주창하였다.

물론 김정은 시대의 애민과 애국은 선대를 부정하는 것이 아니라, '김정일애국주의'에서부터 그 기원을 찾았다. 김정일 사상인 선군정치의 부정이 아니라 김정일 사상에서 크게 조명되지 못한 부분에 대한 새로운 발견으로부터 시작되었다는 것이 북한의 주장이다.

그럼 김정은 시대의 '인민제일주의'와 '국가제일주의'는 김정일 시대의 선군정치를 대체한 것인가. 이 책은 "과연 김정은 시대에 '선군'은 어디로 가고 있을까"라는 문제 제기로부터 시작되었다. 열 명의 필자들은 공통적으로 김정일 시대의 선군정치는 탈냉전 이후 사회주의 체제 전환과 북한의 경제난이라는 체제 생존의 위기 상황에서 나온 위기에 대한 대응 사상이라고 설명한다. 이것은 북한이 체제 생존의 위기에서 벗어나면 선군정치의 필요성이 축소될 것이라는 분석을 가능하게 한다.

열 명의 필자들은 선군정치가 애민과 애국으로 대체된 것인지, 김정은 시대의 선군정치는 어떤 모습으로 변화하고 있는 것인지에 대해 북한의 각 분야별로 심층적으로 분석하였다. 결론적으로 말하면 김정은 시대 선군정치의 모습은 각 분야별로 그 속도가 차이가 있으나 변화했거나 변화하고 있다.

2018년 4월부터 북한은 선군시대 '이후' 시대로의 이행, 곧 '탈(脫)선군시대'가 시작됐다고 평가할 수 있다. 2018년 이후 조선중앙통신에서 '선군'이라는 용어가 급격하게 사라지는 현상은 이를 반영한다. 동시에 2018년부터 신년사에서도 선군은 사라졌다. 이에 따라 이 책에 실린 10편의 글은 2018년 4월 '탈선군시대' 이전까지 김정은 시기의 선군정치의 변화를 분석한 것이다. 김정은 시기가 시작된 2012년부터 2016년 제7차 당대회 이전까지 선군정치는 지속과 변화 모습을 동시에 보여주었고, 2016년 제7차 당대회 이후부터 2018년 4월까지 선군정치의 쇠퇴의 모습을 보여주었다. 이것은 2018년 4월부터 북한은 체제 생존의 위기에서 벗어났다는 것을 의미한다.

2018년 4월 북한의 조선노동당 제7기 제3차 전원회의에서 김정은 위원장은 병진노선에서 경제 총력의 새로운 전략적 노선으로의 전환을 선언하였다. 이러한 노선 전환은 2017년 11월 29일 ICBM급 화성-15형 시험발사 성공을 통해 '국가 핵무력 완성'을 선언하였기 때문에 가능했던 것이다. 실제로 북한 당국은 위의 회의에서 경제건설을 우선시하는 새로운 전략적 노선 도입이 가능한 원인을 "핵무기의 소형화, 경량화, 초대형 핵무기와 운반수단 개발을 위한 사업이 순조롭게 진행되어 '핵무기 병기화'를 실현"하였기 때문이라고 설명하였다.

따라서 2012년부터 2016년 제7차 당대회까지 김정은 시대의 병진노선은 김정일 시대 선군정치의 바탕 위에서 김정은 후계체제 구축을 위한 시기였다고 분석된다. 이 시기의 김정은 위원장은 병진 노선을 통해 '체제 안정'에 집중하였다.

이후 2016년 제7차 당대회 이후 2018년 4월 당 제7기 제3차 전원회의까지 시기는 탈선군 시대를 준비하기 위한 시기였다고 평가된다. 이 시기는 핵잠재력을 지닌 국가로서 체제 위기를 극복한 상태에서 '체제 발전'에 집중하고 있다. 이를 위해 대외관계 개선을 이루고 경제건설에 집중하겠다는 김정은의 결단이 어떤 결과를 나을지 지켜봐야 할 것이다.

집필진(목차순)

김일한_ 동국대학교 DMZ평화센터 연구위원

김진환_ 통일교육원 교수

이중구_ 한국국방연구원 안보전략연구센터 선임연구원

임상순_ 평택대학교 통일학전공 주임교수

장철운_ 통일연구원 부연구위원

이상숙_ 국립외교원 연구교수

신대진_ 성균관대학교 좋은민주주의연구센터 선임연구원

이창희_ 단국대학교 경제학과 외래교수

이지순_ 통일연구원 부연구위원

함규진_ 서울교육대학교 교수